はじめての
相談援助演習

相談援助演習研究会
[編]

ミネルヴァ書房

まえがき

　社会福祉士（ソーシャルワーカー）の資格を取得しようとする学生の皆さんは，大学や専門学校で「相談援助演習」という科目を履修しなければなりません。社会福祉士養成課程では，この演習を通して教員指導の下，学生同士でロールプレイ・ディスカッション・発表などを通して相談援助技術を学ぶこととなっています。その意味では，演習科目は数多くの講義科目よりも，さらに学生自らの主体性が求められます。

　一方，教員の皆様におかれましても，昨今，社会福祉士を養成する大学や専門学校からなる日本社会福祉士養成校協会（社養協）から「相談援助演習のための教育ガイドライン（案）」が公表され，当該科目の共通認識が各養成校において浸透しつつあります。

　本書では演習科目の初級から中級レベルを意図した内容を目指し，相談援助演習の授業に携わっている研究者及び教育者が研究会を立ち上げました。そして，学生目線で相談援助演習の教科書を作成できないかとの問題意識から検討を進め，完成にいたったものです。

　その意味でも相談援助演習（ソーシャルワーク演習）において欠かすことのできない事例を多数掲載し，理論的な内容と併せて相談援助演習を実施していくうえで有効な教材になるよう努力したつもりです。

　ぜひ，相談援助演習の学びのきっかけとして，本書を活用いただければ幸いです。

2015年2月

大乗淑徳学園理事長
長谷川匡俊

はじめての相談援助演習

目　　次

まえがき

序　章　なぜ，相談援助技術を演習で学ぶのか……………………… 1
　　　　──人に関わる力を身に付けるために
　1　実践の基礎となる人への関わり …………………………………… 2
　2　主体的に学ぶ──問いを発すること ……………………………… 4
　3　自分の課題を明確にする …………………………………………… 5

第1章　相談援助演習の学び方 ………………………………………… 7
　1　相談援助技術とソーシャルワーク実践 …………………………… 8
　2　相談援助演習という授業 …………………………………………… 12
　3　ソーシャルワーカーになるということ …………………………… 13
　4　社会福祉士の資格と相談援助 ……………………………………… 16
　5　社会福祉実践現場が期待する相談援助演習の学び ……………… 20
　6　ソーシャルワーカーってこんな専門職 …………………………… 24

第2章　相談援助を体験してみよう …………………………………… 37
　1　体験してみよう！　相談援助演習 ………………………………… 39
　　　──なぜソーシャルワーカーにはこの授業での体験学習が必要なのか
　2　「相談援助」や「社会福祉士」の役割を学ぼう ………………… 44
　3　人権・権利について考えよう ……………………………………… 47
　4　社会福祉士の倫理綱領について学ぼう …………………………… 52
　5　価値観について考えよう1──自分の価値観と他者の価値観の違いとは… 55
　6　価値観について考えよう2──社会福祉実践における価値 …… 60
　7　コミュニケーションについて考えよう1 ………………………… 63
　　　──言葉を中心にしたコミュニケーション
　8　コミュニケーションについて考えよう2 ………………………… 67
　　　──非言語コミュニケーション

目　次

9　コミュニケーションについて考えよう3 …………………………………73
　　——非言語コミュニケーション・面接での座る位置
10　「クライエントを理解する」とは1 ……………………………………76
　　——高齢者福祉施設での支援事例を通して考えよう
11　「クライエントを理解する」とは2——ロールプレイを通して考えよう…82
12　「クライエントを理解する」とは3 ……………………………………85
　　——地域における支援事例を通して考えよう
13　個人と制度について考えよう ……………………………………………91
14　記録の技法を学ぼう ………………………………………………………95
　　——面接場面の逐語記録を基にした相談票の作成
15　導入期の相談援助演習——振り返りとまとめ ………………………101

第3章　相談援助の支援過程を体験的に学んでみよう1 …………109
　　　　——利用者との出会いと支援の開始期

1　自己・他者紹介 ……………………………………………………………111
2　相談援助とは ………………………………………………………………113
3　対象者の理解1——手紙による相談への対応 …………………………116
4　対象者の理解2——手紙の返事にみる理解の多様性 …………………120
5　面接技術を身に付けよう1——ロールプレイの体験 …………………122
6　面接技術を身に付けよう2——利用者主体の援助関係の形成の体験……125
7　生活場面面接1——日常生活から面接への展開 ………………………128
8　生活場面面接2——突然の問いかけへの対応 …………………………131
9　生活場面面接3——集団への介入場面のロールプレイの体験 ………135
10　相談機関における面接を学ぼう1——福祉事務所 ……………………138
11　相談機関における面接を学ぼう2——婦人相談所 ……………………142
12　相談機関における面接を学ぼう3——障害者相談支援事業所 ………145
13　医療機関における面接を学ぼう1——病　　院 ………………………149
14　医療機関における面接を学ぼう2——病　　院 ………………………151

15　自己評価——自らの成長を確認しよう ………………………………… 155

第4章　相談援助の支援過程を体験的に学んでみよう2 …………… 157
　　　——支援の展開と評価
　　　1　相談援助の過程 …………………………………………………………… 158
　　　2　問題の発見 ………………………………………………………………… 162
　　　3　アウトリーチ ……………………………………………………………… 167
　　　4　インテーク ………………………………………………………………… 171
　　　5　面接記録とマッピング技法 ……………………………………………… 174
　　　6　アセスメント1——情報収集 …………………………………………… 177
　　　7　アセスメント2——面接の実際 ………………………………………… 182
　　　8　アセスメント3——情報分析とニーズ把握 …………………………… 185
　　　9　アセスメント4——記録作成 …………………………………………… 188
　　　10　プランニング1——ニーズを支援につなげる ………………………… 194
　　　11　プランニング2——支援計画を立てる ………………………………… 198
　　　12　モニタリング1——どのような点を誰に確認するか ………………… 201
　　　13　モニタリング2——クライエントの生活の経過観察 ………………… 206
　　　14　終結に向けての評価 ……………………………………………………… 208
　　　15　終　結 ……………………………………………………………………… 213

第5章　相談援助の実際を学ぼう——専門職の機能と役割 …………… 219
　　　1　高齢者虐待と権利擁護 …………………………………………………… 221
　　　　——認知症の妻を虐待する養護者である夫への支援事例
　　　2　ホームレスと生活困窮者支援 …………………………………………… 226
　　　3　建設現場の宿舎で生活する胃がん患者——入院と退院の支援 ……… 229
　　　4　社会的養護施設で暮らす子どもたちの現状と権利擁護 ……………… 233
　　　5　障害者の人権と社会参加——知的障害者の社会参加の支援 ………… 237
　　　6　孤立化する人々——孤独死対策から考える …………………………… 240

7 若者の孤立と自死 ……………………………………………………… 245

第6章　次の学びに向けて準備しよう ……………………………………… 251
　　1 次の相談援助演習の準備に向けて ……………………………………… 252
　　2 相談援助実習との関連性 ………………………………………………… 257
　　3 精神保健福祉士の資格と相談援助 ……………………………………… 260
　　4 スクールソーシャルワークの資格と相談援助 ………………………… 263

終　章　"共に生きる社会"を目指して …………………………………… 269
　　1 ソーシャルワークの新たな定義が示すもの …………………………… 270
　　2 ソーシャルワーカーのアイデンティティと共生 ……………………… 273

あとがき
索　引

序　章　なぜ，相談援助技術を演習で学ぶのか
　　　　──人に関わる力を身に付けるために

社会福祉を学ぶなかで多くの人は現場での実践をイメージし，自分もやがて援助者として実践の場に立つことを思い描くでしょう。もちろん，相談援助を講義や演習・実習などから総合的に学ぶことで，あなたも実践の場でソーシャルワーカーとして働く可能性を実現することができます。そのとき"かたち"として何を学んだかだけではなく，どのように学んだかという中身が問われることになります。

　相談援助演習の学びは，講義で相談援助や制度や政策についての学ぶことと相談援助実習とをつなぐ位置にあります。あるいは，将来のあなたが実践することにつなげるためのものだと言ってもよいでしょう。そうしたなかで基本となることは，相談援助の対象となるのは〈人〉であり，相手を大切にできるかが鍵となります。まずは相手に関心をもち，理解することが必要になります。相手を理解できるようになると，あなたからすれば些細な生活の出来事に「クライエントはなぜ，こだわるのか」，相手の見えなかった部分や面が見えるようになります。こうした発見は，相談援助を面白く感じたり，自分からもっと学んでみようとするきっかけにもなります。

　では，実際にどのように学んだらよいのでしょうか。個々の具体的な内容については以下の章で展開されていきます。ここでは，相談援助技術を学ぶための基本となることを確認し，今後のあなたの学びや実践おいて困ったり，悩んだときに支えとなる基礎となることを紹介していきましょう。

1　実践の基礎となる人への関わり

　相談援助の実践は，生活することに困っている，しづらさを感じている人々を対象者として行われます。たとえば，「失業して収入がなくなり生活が苦しい」「病気の治療は終わったが障害が残り職場復帰ができない」「姑の介護をするのは私だけで，その大変さを夫がわかってくれない」など多様な生活問題があり，最近ではある家族が一つの問題を抱えているだけではなく，数種の複合した問題のある事例が増えてきています。たとえば，脳梗塞で倒れた夫の介護

をする妻も精神障害があり，さらに娘も精神障害で通院していることがわかると，介護だけではなく家族が健康で安定した生活をできるようにすることも課題になります。

　私たちは生活の課題を抱えている人々にどのように対応したらいいのでしょうか。相談援助で学ぶことは，まさにこうした人々へ適切な関わりができ，一緒になって問題解決に取り組んでいくことです。ここで明確にしたいのは，〈人〉が自分の課題として受け止め，向き合うということです。問題が人と無関係にあるのではなく，〈人〉が生活のしづらさを感じているのです。そのため相手のことを理解していかないと，問題が理解できないのです。しかし，問題も多様ですが，それ以上に人が一人ひとり異なるために相手を理解することは簡単なことではありません。このように示されると，皆さんは「私にできるのかな」と不安を感じるかもしれません。安心してください。これから相談援助を学んでいくことで，できるようになります。

　まずは，皆さんが毎日会っている人々との関係を思い浮かべてください。相談援助の対象者は特別な人ではなく，日常的に接している人々と同じです。したがって，学習のときだけでなく日々の生活の中で出会っている人々とどのように関わっているのかを振り返ることで学びを広げられます。あなたが「相手に関心があるのか，無関心なのか」「自分のことをわかってもらおうとしているのか」「苦手な相手にどんな態度をとっているか」といったことに気づくことができます。

　相談援助演習の授業や実習で現場に入っていくとき，私たちは日常の自分と別人になることはできません。反対に日常の自分が現れてきます。したがって，現在の自分を使ってしか相手に関わることができないのですが，相手を理解することを通して自分のことがわかるようになってきます。また，演習や実践で発見したことは，日常の出会う人々との関わりにもつながっていきますし，そうすることで確かなものになります。

　もう一つ大切なことを紹介しておきます。相談援助演習でロールプレイ，事例演習などいろいろな方法で学びますが，演習でともに学ぶ相手は〈人〉であ

り，授業であっても人への関わりを実践していることになります。したがって，演習での学びが授業のためのものとしてその中で完結させたら何の意味もありません。先に指摘したように，あなたの日常の人間関係につながり，また実習や実践につながっていくことで役立つのです。こうした学びから，人に関わる力が培われるのですが，同時に実践の基礎になってくれます。さまざまな応用に対応できるには，個々の専門的な領域の問題への関心だけではなく，この人に関わる力を鍛えることが不可欠になります。

2　主体的に学ぶ――問いを発すること

　主体的に学ぶということは，社会福祉を学ぶ学生に限らずどの学問分野においても共通して求められています。誰かに指示されて学ぶのではなく，自ら学ぶ態度がポイントになるのですが，どのようにしたら身に付けることができるのでしょうか。

　たとえば，相談援助実習の最初の時期にある学生が体験したことです。障害によってことばが発せられないクライエントが，実習生（男子学生）に何かを伝えようとしているのですが，彼は相手が何を伝えようとしているかわかりません。しかも一度だけでなく，何度も同じ相手が訴えてくるのです。学生は頭の中が真っ白になり，本当に困ってしまったそうです。こんなとき，あなたならばどうしますか。

　多くの場合，どのように対応したらいいかを実習指導者に相談するでしょう。実際に，この学生も職員に困ったことを相談して，対処方法を学ぼうとしました。ところが指導者から返されたのは，彼の相手を受け止める態度への確認だけで，具体的な答えをもらえませんでした。そのため自分の態度を振り返りながら，悩みながら関わることになったのですが，そのことが逆に本人の学びに役立ったようです。

　ここに主体的な学びを生み出すヒントがあります。まず，困ったことがあると多くの学生は〈答え〉を欲しがります。答えを手に入れることによって，困

難な状況から脱出しようとしているのです。そのため，先の指導者のように〈答え〉を与えるのではなく，学生が自分で悩んで考えてもらう対応をしているのです。そのことによって，問いを発することができるようになれます。クライエントは私に一生懸命に自分のことを伝えようとしている。なぜ，「初対面の私に真剣になってくれるのだろう」「相手の気持ちに応えるにはどうしたらいいのだろう」といったことが〈問い〉として生まれてくると逃げないで相手と向き合うことが可能になります。

　あなたが相談援助を学ぶなかで，問いを発することができるようになると，単に対処の方法を技術や知識として習得するだけでなく，相手に関わる態度が問われていることになります。つまり，問いを発するだけでなく，あなたは「相手や人生から問われることになり，そのことに具体的な行動で応えること」[1]を求められます。当然ですが，相手の生に対して，また自分の専門職のあり方として責任ある対応をすることになります。このように自分から動けるようになることが，主体的な学びになるということを体験的にわかってきます。相談援助の演習では，そうした学びを生み出すための入り口です。

3　自分の課題を明確にする

　これまで相手を理解し，関わることの大切さを強調してきました。そこでは，相手が誰であれその人の個別性を尊重し，かけがえのない一人の人として接していくことが基本になります。当然のことですが，クライエントが一人ひとり異なるように，相談援助を学んでいる私たちも異なります。したがって，本章を読んでいても「そうそうわかる」「少し難しいな」と感じるなど，人によって受け止め方が違うでしょうし，また，違っていてあたりまえです。この点がとても大切なことです。うやむやにして済ませるのではなく，「わからないことはわからない」と明確にすることです。

　自分のことをわかることとは，肯定的に受け止められることだけでなく，知りたくないこと，たとえば，「できない自分」と向き合うことが出てきます。

そのとき，あなたが学んだことを「わからない」と明言すると，みんなからどのように思われるか心配になるでしょう。また，実践ではクライエントから信頼されなくなると思うかもしれません。しかし，わからないことをわかったようなふりをすることは，専門職としてもっとも無責任な態度です。

　反対に課題を明確化することで，自分の学びをハッキリさせることができます。自分がわからないことを受け入れたり，できないことを認めることは，つらいことです。しかし，自分のことがわかることで，そこからスタートができます。「わかるようになりたい」と気持ちが動くことで本気になって学ぶことができます。早くこのことに気づいた方が取り組みやすいのですが，遅すぎることはありません。気づいたときがいつでもスタートですが，最も困るのは「わかっているが」と言って先延ばしにすることです。そのままでは，永遠に課題と向き合うことができなくなってしまいます。相談援助を講義だけでなく，演習で体験的に学ぶことの意義がこうしたところにあります。

　相談援助を演習で学ぶ必要性を理解できたでしょうか。これまで示してきたように自分の人にかかわる態度を横において，相手に向き合うことはできません。私たちは，今の自分を使って，自分を出すことによってクライエントに関わっていきます。自分の課題を明確にして相手に接することは，相手を大切にすることであり，同時に自分自身を大切にすることになります。本書を通して相談援助の魅力と奥深さを感じていただき，あなたの人に関わる力を生み出すという旅を始めていきましょう。

注
(1) フランクル，V.／山田邦男・松田美佳訳『それでも人生にイエスと言う』春秋社，1993年，110-111頁。

第 1 章　相談援助演習の学び方

1　相談援助技術とソーシャルワーク実践

（1）相談援助技術とは，そしてその役割について

　相談援助技術とは，生活のなかで何らかの生きづらさ，暮らしづらさを抱えた人々（子ども，家族，グループ，成人）を，その人々の個性（生活観，世界観）や人権を尊重しつつ，より快適に暮らせるように支えていく上で不可欠な相談活動に伴う援助技術です。具体的には，個人と家族，そしてつながりのある人々と「対面」しながら，個人や家族の暮らし課題をともに解決していく過程で活用していきます。相談活動に伴う援助技術は，主として次の3つから構成されます。

① 個別援助技術：その人々（個人，家族）と向き合っていく上で必要な技術。
　（ケースワーク）　個人や家族，関係者のニーズ充足や暮らし課題解決に向けてさまざまなサービス提供や生活環境調整に伴う技術。
② 集団援助技術：共通の悩み（課題）を抱える人々相互の話し合いを，
　（グループワーク）豊かで実りあるものにしていく上で必要な技術。関係者が相互に抱える暮らし課題について話し合い，グループそして一個人としての洞察や成長を促す技術。
③ 地域援助技術：地域社会がそこに住む人々の暮らしやすさ，暮らし課
　（コミュニティワーク）題解決に必要な社会資源となっていくため，地域で広く福祉的な活動に携わる人々，行政担当者相互による話し合いや協働に必要な技術（対面で行う場合）。

　図1-1，中央の枠囲みのもの（前述の①②と③の一部）は，社会福祉の援助技術と言われるなかでも個人や家族，地域関係者が抱える悩み事を直接"顔のみえる"関係を介して用いる技術であり，対面式（face to face）によって展開

第1章　相談援助演習の学び方

図1-1　相談援助技術と他の社会福祉援助技術とのつながり

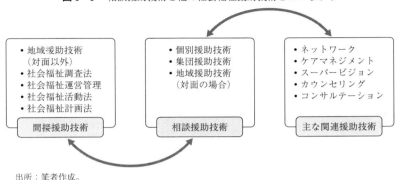

出所：筆者作成。

していくことから，"相談援助技術"というくくりでまとめることができます。この他にもこうした技術を用いて明らかになった情報に基づき，さらに掘り下げることで，現行体制に潜む矛盾や歪みを明らかにし，サービス整備につなげていく技術である，④社会福祉調査法，また福祉関係機関や団体，施設における運営管理上の課題解決を目指す技術としての，⑤社会福祉運営管理，そして地域社会に存在する福祉サービスの改善や向上に向け，世間一般の意見や考えを呼び覚まし，行政対応をはたらきかけていく技術である　⑥社会福祉活動法や⑦社会福祉計画法，なども広く援助技術に含まれてきます。さらには支援網の確立やその促進に必要な技術である，⑧ネットワークやケアマネジメント，問題解決に必要な知見を有する専門家との　⑨スーパービジョン，カウンセリング，コンサルテーションといった技術も含まれます。これら④〜⑨の援助技術は，①〜③の相談援助技術に広がりや奥行をつくりだす上で不可欠な援助技術でもあるのです。

　本書で取り扱う援助技術は主に，①〜③の相談援助技術です。しかしその大前提として，全体としての相談援助技術が互いにつながり合いながら活用されるところに大きな意味があることを，読者の皆さんには忘れないでいただきたいと思います。

図1-2 相談援助技術を"ブレンド"する

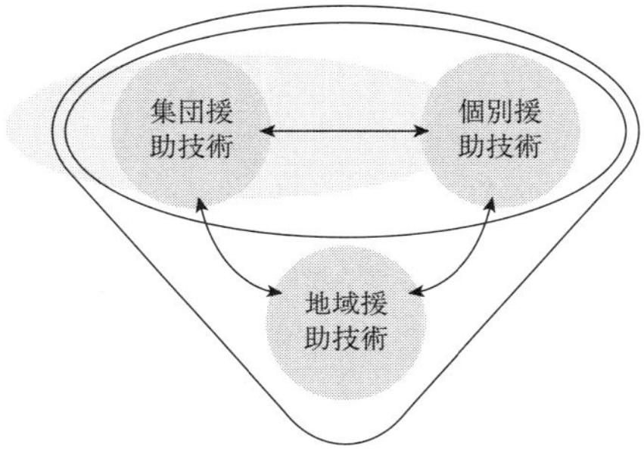

（集団援助技術 ⇔ 個別援助技術 ↑↓ 地域援助技術）

（2）相談援助技術はブレンドされることで真価をより発揮する

　ソーシャルワーク実践は，先の"相談援助技術（①～③）"を軸足としつつ，同時に他の援助技術ともつながりながら，"人を支える援助技術"として大きな効果性をつくりだしていきます。

　相談援助技術は言うなれば，人々が個別に，あるいは共通して抱える暮らし上の課題を緩らげたり，解決したり，副産物として何らかの成長を引き起こすことにより「潤滑油（人間関係に直接関わるわだかまりを和らげたり解決に導くもの）」として大きな役割を果たすことになります。こうした役割を担う相談援助技術は，その人固有の暮らし方を尊重しながら，課題解決の進捗に応じてブレンドされることで，一つひとつの技術が真価をより発揮できることになります。ソーシャルワーク実践過程では1種類の援助技術だけで終始する方がめずらしいのです。

　①～③の相談援助技術を，その人が抱える暮らし課題の内容や程度によって，どうブレンドしていかなければならないのかを，"実践的・総合的訓練"を通して，将来のソーシャルワーカー（社会福祉）としての"基礎体質"に組み込んでいくことが必要なのです。その人の生きにくさや，つまづき具合を丁寧に見定めながら，"合わせ技"としての相談援助技術を自然体でつかえるよう，ジェネラリストワーカー，すなわちソーシャルワーカー（社会福祉士）としての奥義（技術の奥深いところ）を極めていってほしいと思います。（社）日本社会

福祉士養成校協会 演習教育委員会「相談援助演習のための教育ガイドライン（案）」（2013年5月25日）では，社会福祉士の行う相談援助をソーシャルワーカーと同義に解釈しています。このことから本書でも社会福祉士とソーシャルワーカーを同義に捉えていきます。

（3）「全体性の原理」はソーシャルワーク実践の"要（かなめ）"

　その人固有の暮らし方のなかで"肝（きも）となる部分（その人にとって譲れない大切な観点）"が何であるかをしっかり見定め（アセスメント），その部分をその方とつながりのある人々も含み込んだ"生活圏"全体のなかで俯瞰（ふかん）していく（肝となる観点に基づいて本人の生活全体を捉え直す）訓練ほどソーシャルワーク実践にとって重要な訓練はありません。何故ならその人の抱える課題は，一見"一つの暮らし課題"にみえたとしても，大小さまざまな課題が絡み合っていることがほとんどだからです。例えばある人の「自立」を妨げている背景には，自身が抱える病気以外にも，同居する老親の介護，生活スキルの未熟さ，コミュニケーションの不適切さなどが絡みあっていたりします。そうした人とソーシャルワーク実践を展開していくには，課題相互がどのように影響を与え合っているかという「内情（＝内々の事情）」を明らかにしていかねばなりません。そのために，その人の暮らしをまるごと見つめていくことが必要なのです。社会福祉の研究者である岡村重夫はそれを「全体性の原理」と表現しました。

　"ある観点から暮らしの全体を捉え直す"訓練を続けることは，「俯瞰する」という行為を確実に上達させていきます。事実間の関係性を捉える過程で相談援助技術を，その人の生活シーンで使い，他の援助技術とどうつなぎ合わせるか（合わせ技）を検討し，諸課題の全体像（その人に固有の俯瞰図）をイメージしながら活用していくのです。この行為を安定的に継続できて初めて，真のソーシャルワーカー（社会福祉士）に「なっていく」のです。

　以下の章では，提示された事例から見えてくる暮らしの水面下で起こっている実情を見定め，"合わせ技"の訓練をさまざまなアングルから試行できるよう，学習者自らの"思考力"をアクティヴに鍛錬していけるよう構成されてい

ます。

2　相談援助演習という授業

(1) 拡大した相談援助演習の時間数

　社会福祉士国家試験受験のための資格を得る要件の一つとして相談援助演習という科目を修めることが義務づけられています。相談援助演習という科目は，「社会福祉士及び介護福祉士法（昭和62年5月26日法律第30号）」の制定により，わが国の社会福祉増進に寄与することを目的として法定された社会福祉士の受験資格を取得するための科目です。当初は社会福祉援助技術演習という名称でしたが，その後の急激な社会情勢の変化によって，より複雑多様化した暮らし課題（ニーズ）に対応できる人材養成を目指し，社会福祉士の教育課程において，実際に考え動けるソーシャルワーカー（社会福祉士）の養成をということから，"演習"という形態による教育訓練がより重視されていきました。そして2007年の「社会福祉士及び介護福祉士法」の一部改正を受け，それまでの社会福祉援助技術演習という名称も相談援助演習に変更され，時間数も120時間から150時間へと大幅に拡大していったのです。

(2) 相談援助演習とは

　（社）日本社会福祉士養成校協会演習教育委員会「相談援助演習のための教育ガイドライン（案）」(2013年5月25日) によれば，相談援助演習は，「相談援助の知識と技術に係る他の科目との関連性も視野に入れつつ，社会福祉士に求められる相談援助に係る知識と技術について，次に掲げる方法を用いて，実践的に習得するとともに，専門的援助技術として概念化し理論化し体系立てていくことができる能力を涵養する」ことが目的とされています。そしてそのために「①総合的かつ包括的な援助及び地域福祉の基盤整備と開発に係る具体的な相談援助事例を体系的にとりあげること，②個別指導並びに集団指導を通して，具体的な援助場面を想定した実技指導（ロールプレイング等）を中心とする演

習形態により行うこと」とされているのです。

　すなわちこの科目は講義科目と実習（アクション）を結びつける，ある意味重要な役割を担う科目なのです。本書ではこれ以降の章立てを通し，前述の教育ガイドライン（案）にある①や②をふまえつつ，さまざまな演習課題が立てられていきます。読者の皆さんはそうした演習課題と向き合いながら，最終的には登場人物に生きづらさや暮らしづらさをもたらしているさまざまな事実間の関連性や水面下にある背景をイメージし，事例全体としての包括的理解ができるようになっていってほしいと思います。そしてその過程で相談援助の価値・知識・技術を実践へと応用していく訓練を継続させていってください。

　社会福祉士養成教育課程では，実習関連科目（相談援助実習指導，相談援助実習）と並行しつつ相談援助演習が展開されていくことになりますが，本書を通じて得た学びを読者の皆さんが今後，現実社会で関わることになる多様な人間関係へと広く応用し，相談援助技術の「力」の大きさと深さを実感していってもらいたいと願っています。

3　ソーシャルワーカーになるということ

　読者の皆さんがもつ弾力性に富んだしなやかな力を伸ばしていくためには，どう段階的に方向づけていったら良いのか，そのことはソーシャルワーカー（社会福祉士）になるというゴールに向けて，教え手側も心に強く刻み込んでおかねばならないことがらです。以下ではソーシャルワーカー（社会福祉士）を志望する読者の皆さんにとって重要なことがらを整理してみました。

（1）「連想力」「想像力」を身に付けよ

　いつ，どんなときでもサービス利用者（個人，家族）のことを最優先に考え，その人が適正かつ公平にサービスを獲得できるよう，そして今後さらに複雑なニーズにも対応していける高度なソーシャルワーカー（社会福祉士）を養成していくためには，養成教育の始まりから連想力，想像力を身に付ける訓練が何

よりも重要になります。それは，暮らし課題を抱える個人や家族，関係者とのつながりをふまえ，そこに広がる暮らし全体を捉える"感覚"のことです。すなわち，全体をとらえる眼力(がんりき)（鳥の目のように物事を広く捉える力）と局所をとらえる眼力（虫のように細かな部分を捉える力）の訓練が「連想力」や「想像力」の育成にとって不可欠なのです。

そのためにも本章第1節（3）で述べた「全体性の原理」をふまえた行動が欠かせません。いったん目のつけどころがズレてしまうと，アクションの方向性を大幅に見誤ることにもなりかねません。実践の最中には，事前にわからなかったことや予測し得なかったことが起きたり，事態の急転によって緊急的なアクションを余儀なくされることも出てきます。そのためにどんな場合にも臨機応変に行動できる素地としての事例固有の俯瞰図をイメージする感覚を鍛え抜いておくことが必要なのです。

それこそが連想力，想像力なのです。第4章第6節に出てくるエコマップ作成も，文字によって「絵」を描くような感覚を鍛えるという意味で，この訓練に一役かうことになります。また私たちはソーシャルワーカー（社会福祉士）以前に，常日頃から幅広い視野でいろいろなことに関心を持つことが重要で，その習慣がやがていろいろなアングルから事例を「映像」として描ける感覚（連想力，想像力）を培っていくことにつながるのです。

(2)「リスク」は積極的に追え——失敗から学べ

積極的にさまざまなリスクを負うことは，未来のリスクを最小限にすることにつながります。失敗から学ぶという力を地道につけていくことが，近い将来ソーシャルワーカー（社会福祉士）として貴重な財産になるのです。失敗は誰しも思い出したくない出来事かもしれませんが，あえてその失敗を振り返るという過程のなかに，今後起こり得るリスク回避の貴重なヒントが隠されているかも知れません。いつか突然襲ってくる危機的事態を乗り切るため，援助者としての"基礎体質"をどうつくっていけるかが鍵なのです。

実践記録（第4章第10節）もそんなときの重要アイテムとなります。自分の

関わりを振り返ることでいろいろな場面がよみがえり「こうすればいい」がいろいろと導き出されていくのです。学生時代の良さは何にでも興味を持ち，新しいことをどんどん吸収しようとするエネルギーに満ちあふれていることです。そしてもう一つ，読者の皆さんが事例の検討過程で生じる自らの"負の部分（自分の短所）"といかに向き合うか，ソーシャルワーカー（社会福祉士）として強く大きく"なっていく"ために必要な試練でもあるのです。

（3）「知識」や「技術」は安定的に身に付けよ

　ソーシャルワーク実践が，普段の日常と大きく異なる点は，そこで展開される人間関係が，単なる一過性のひらめきや勘で進められるのではなく，同じような場面では幾度も安定的に同じ知識や技術を活用できなければならず，そのための訓練を重ねることが大切なのです。そうした訓練の継続によってソーシャルワーカー（社会福祉士）としての知識や技術がある法則性（経験がより研ぎ澄まされた次元のこと）に基づき安定的に応用できるようになるのです。その域になるともはや勘ではなくサイエンスの域に達していきます（→ EBS：Evidence Based Social Work）。

　技術や知識が安定化していく道のりは不安定な期間の方がもしかすると多いかも知れません。事例と向き合う場合，自身の蓄積（援助経験）が少ない学生時代は特にそうです。そんな期間であっても，皆さんなりの事例との向き合い方で全然かまわないのです。私たちはこれまでに体験した経験則の範囲内でしか物事を見ることができないのは当然だからです。大切なことはこうした不安定な期間を自分なりの目標をもって確実に前進していくことです。その一歩はどんなに小さな一歩であってもかまいません。自分なりの達成地点へ近づく努力をしていく限りにおいて，知識や技術は確実に援助者としての皆さんの"基礎体質"に取り込まれていくのです。

（4）どんなことがあっても支え守る

　最後に，ソーシャルワーカー（社会福祉士）であり続けるために重要なこと

は，サービスを利用する人との信頼関係の"あつみ"です。それを増やしていく過程は決して平坦ではないかも知れません。しかしサービスを利用する人が「あの人はいつも私のことを気にかけていてくれる」という実感を安定的に持てるかどうかが肝心なのです。

第2章第7節以降でもコミュニケーションや面接が出てきます。その人がどうしても「次の一歩」が踏み出せずに悩み苦しんでいるとき，その人の後ろからさりげなく"ちょっとしたひと押し"をしてさしあげる，やがてそんな関わりが「黒子（かげで支える人）」のごとくできるようになっていくことを信じてソーシャルワーカー（社会福祉士）への道を歩んでいってください。

4　社会福祉士の資格と相談援助

(1) 社会福祉士の資格

社会福祉士資格は，1987年に成立した「社会福祉士及び介護福祉士法」で規定された日本初の社会福祉分野の国家資格です。この資格は，1970年代以降，わが国で少子高齢化問題が指摘されはじめ，旧来の福祉の対象が貧困や障害者など特別な事情のある人だったものが，貧困や障害者だけの問題ではなく，すべての国民が社会福祉の対象者と考えられるようになったことから，福祉に関する幅広い相談に対応できる専門的能力を持った人材を養成・確保する目的で制定されたもので，介護福祉士・精神保健福祉士と合わせて三福祉士と呼ばれています。

社会福祉士は，受験資格を取得後（資格取得ルートは11あります）厚生労働大臣が行う国家試験に合格し，登録を行うことで社会福祉士資格を取得し社会福祉士を名乗ることができます。試験に合格しただけでは社会福祉士資格を取得したことにはなりませんので，注意が必要です。

(2) 相談は誰でもやっていること

皆さんは，友達同士で相談をし合いませんか。友達の相談に乗ることもある

でしょうし，相談に乗ってもらうこともあるでしょう。その時に，何か資格を持っていないと，相談に乗ることができないでしょうか。そんなことはないと思います。私たちの生活の中で，相談事は日常的に，誰でもやっていることです。

では，社会福祉の現場での相談はどうでしょうか。施設現場の中でも，日常的に相談事はあります。施設職員が，利用者や利用児の相談に乗ることは日常茶飯事です。また，そういった生活の中での相談とは違って，相談を受ける場面で必ず何か資格が必要な場合があります。それは以下の通りです。

① 障害者等の相談に応じ，助言や連絡調整等の必要な支援を行うほか，サービス利用計画の作成を行う相談支援事業における<u>相談支援専門員</u>。
② 介護老人福祉施設（特別養護老人ホーム）等に配置される<u>生活相談員</u>。
③ 地域包括支援センターに配置される<u>社会福祉士</u>。

この3例では，相談対応する際に，下線を引いてある資格が必須であり，その資格の要件が定められていますが，社会福祉士資格が関連する部分について述べます。

①の相談支援専門員の資格要件では，「対象となる事業・業務等」の範囲に「国家資格等に基づく業務に通算して5年以上従事している者が，相談援助業務又は直接支援業務に従事する場合の経験年数が通算して3年以上」と定められています。この場合の国家資格等の中に社会福祉士が含まれています。

②の生活相談員の資格要件の中には，もちろん社会福祉士が含まれていますが，他には社会福祉主事任用資格・精神保健福祉士と「同等以上の能力を有すると認められる者」が該当します（「同等以上の能力を有すると認められる者」の中に介護支援専門員や介護福祉士等が含まれます）。

③の地域包括支援センターに配置される社会福祉士は必ず置かなければならない職種で主に総合相談を担当しますが，特定の業務を独占的に所掌する訳ではありません。

つまり，社会福祉士資格があることで特定の職種に就くことができますが，資格がなければ相談援助に携わることができないという訳ではありません。では，社会福祉士資格は必要ないのでしょうか。次で考えてみたいと思います。

(3) 資格があると何が違うのか

社会福祉士ではない人が福祉の相談を受けても，法律上何ら問題はありません。しかし，社会福祉士資格を持っていることは，専門職としての水準の高さを表すと考えることができます。わが国において相談援助を担うために，団塊の世代が65歳以上に達する2015年を目前にし，さらに10年後の2025年には75歳以上の高齢者数が2,000万人を越えることが見込まれている中において，さまざまなニーズに的確に対応できる質の高い人材を安定的に確保していくことが緊急の課題となっています。

地域で活動する社会福祉士の場合，住み慣れた自宅や地域で，家族や友人と交流しつつ，必要な在宅福祉サービスや地域医療，地域保健サービスを利用して生活する「地域福祉」が求められますが，そのニーズに的確に対応できるようになることは，社会福祉士の大きな役割となります。

民間企業における介護保険事業，福祉機器，保健機器分野などへの進出により，その利用者に対する相談・情報提供といった新しい分野での活躍が期待されてもいます。とりわけ，ケア付き住宅や有料老人ホームの利用者に対する相談・情報提供の役割はますます重要になっており，この分野での社会福祉士の活動領域は大きく拡大していくと思われます。

では，社会福祉士資格は，職域の拡大だけに有効なのでしょうか。社会福祉士自身の内面に対して資格取得が作用している有用性について，以下の4つの有用性があると指摘する人もいます。

① 大学等の養成校での学びを実践の中で繰り返し確認し専門職としての社会福祉士を強化する状況を生み，結果として実践レベルを上げる。
② 社会福祉士の資格が専門職としての個人の確立に作用する。

③　社会福祉士間の交流や研修は,「社会福祉士として譲れない固有の視点」を回復・強化し,「課題から逃げない姿勢」を形成する。
④　ソーシャルワーク実践が社会福祉専門職としてのアイデンティティを強化する。

　以上のことにより,資格取得が社会福祉士の専門性の内面的確立に作用していることがわかります。

(4) 名称独占

　社会福祉士は「名称独占」といって,社会福祉士の資格を持たない人が社会福祉士の名称を使って業務を行うことはできませんが,同様の業務を行うことは可能です。反対に,医師や弁護士は「業務独占」といわれ,医師免許や弁護士資格がなければ名乗ることはもちろん,業務を行うことも禁じられています。現在,社会福祉士の配置が義務づけられているのは地域包括支援センター（介護保険法に規定され,地域住民の保健医療福祉の向上,虐待防止及び介護予防の業務を行う機関）だけで,他の職場では,必ずしも社会福祉士資格が必要なわけではありません。
　社会福祉士の資格が名称独占であるというのは,どういうことでしょうか。社会福祉士資格が名称独占とされた理由には次のようなことが考えられます。介護福祉士も同様ですが,介護を含めて福祉の仕事は,歴史的経緯として家族等の資格がない人々が長く担ってきました。そのため,相談援助業務や介護等という行為を法律で規制することは,家族やボランティアといった人々の善意の援助行為をも規制する怖れがあり,現実的には難しいと考えられます。仮に今,社会福祉士や介護福祉士を業務独占資格にすれば,福祉サービスの利用者は無資格の家族やボランティア等からサービスを受けられなくなり,現場でも大変な混乱を生じるでしょう。

（5）今後の活躍の場

　ソーシャルワークは個々人の権利擁護を前提にして，自立した生活支援を目的としているだけに，ソーシャルワーカーとしての社会福祉士の活動は社会福祉領域だけでなく他のサービス領域でも有用です。それらには，医療，教育，雇用，司法等での領域が考えられ，それらの分野でのソーシャルワーカーの活躍が大いに期待されますし，すでに多くの社会福祉士が活躍しています。

　こうした職場としては，入退院支援を推進する医療ソーシャルワーク，不登校児やいじめを受けている児童・生徒に対するスクールソーシャルワーク，ホームレスや障害者の就労自立支援のソーシャルワーク，非行少年の自立生活援助，保護観察，家庭裁判所調査官の業務や家庭裁判所の家事調停，少年審判等の司法分野におけるソーシャルワーク，また日常生活自立支援事業や成年後見制度における権利擁護・自立支援に関わるソーシャルワーク等，ソーシャルワーカーとして社会福祉士が活躍できるために，これらの職種に任用される制度を整備していく必要があります。

5　社会福祉実践現場が期待する相談援助演習の学び

（1）現場での相談援助演習

　現場実習は相談援助技術を実践し，授業では体験することができなかった直接利用者等と関わりながら援助関係を構築する貴重な場面であります。現場での生活場面や様々な実習プログラムを通し，多くの人に出会い，専門職を目指す者として方向性や今後の学習課題を学びます。実習現場は，実習生が心配するほど不安定な環境でなく，さまざまな人々が多くの困難を抱えながらもその人らしく暮らしています。そのような利用者等の生活実態を把握し，生活像を深く理解することが現場実習の目的でもあります。その対象は，利用者だけでなく，現場に関わる多職種や関係者・家族等も含めた人々でもあります。援助場面に関わる人々の実態から，相談援助職となる為の多様な人間関係の形成や生活課題等を相談援助技術の手法を駆使し，具体的に実践する貴重な機会が現

場実習であります。

　そのような実践的な取り組みをする為には，これまでの授業等の相談援助技術の演習からさまざまな手法を学習していますが，それを実践的に使えなければ利用者等との信頼関係を築くことにつながっていきません。現実の援助場面で直接利用者等に行う際は，これまでの授業とはまったく違った環境であり，これまでの体験的な学習場面とは異なるもので，本格的な援助関係を形成していくための活動となります。それは日常的な会話を交わしている場面でなく，援助者として目的をもったコミュニケーション場面であり，人として全力で向き合わなければ受け入れられるものでなく，十分な準備をしておいても上手くいかないこともあります。また，やり直しがきかないもので，学びが深まらない余裕の無い状況では「どんな目的の実習なのか伝わらない」厳しい本番となってしまいます。そのような事態を避けるために，限られた準備期間で事前に備えていくために，演習等から概ね以下に挙げる範囲は，具体的に取り組める程度の内容及び理解は不可欠と考えます。

　① 利用者等との援助関係づくりに必要なもの
　　・コミュニケーション技法：言語・非言語コミュニケーション，傾聴など。
　　・相談面接技法：閉じられた質問・開かれた質問，言い換える，沈黙の活用など。
　　・F.P.バイステックの7原則：一人ひとりは違う存在，あるがままに受け止めるなど。
　② 専門的援助関係を理解するために必要なもの
　　・面接を展開する技法，感情に接近する技法：相手を受け入れ，援助関係の形成など。
　　・援助者としてのコミュニケーション：倫理に基づく専門的かつ意図的に行う技術など。
　　・信頼関係の構築：他人に信頼され，真剣に関係を築いて互いに理解し

合うことなど。
③ 相談援助の支援で必要なもの
・個別ケア：各領域の特性及び個別性，ニーズ理解，課題に対してのアプローチ方法など。
・相談援助の支援過程：インテーク，アセスメント（課題分析），援助計画，評価など。
・事例検討：事例の検討を通じてさまざまな視点を学び，よりよい支援を考えるなど。
・グループワーク：グループでのワーク体験，メンバー同士での相互作用など。

（2）現場が求める相談援助演習

　相談援助職にとって，相談援助技術は利用者等を支援するためのツールであり，事前に演習などから身に付け，現場実習の場面で困ってしまうことがないレベルのまでの基本的な技術を備えておくことが必要です。まずは，実習内容を応じたもので，自身に合ったコミュニケーションを自覚していくことです。実践現場のコミュニケーションは，ただ話しやすい状況をつくりだしていくものでなく「相手に合わせた」場面であり，利用者主体の意図的な会話が円滑に図れてこそ，利用者等との関係もつくられていきます。

　たとえば，実習においては相談援助技術の面接形態としては，ほとんどが生活面接場面となります。さまざまな生活場面の中で繰り広げられる利用者との交流や活動を実体験し，現場における一連の相談面接についても理解を深めていくことになります。それでは，実践現場が期待する主な実習内容としては，次に挙げるものが考えられます。

1）利用者に合わせた取り組み

　その実践が，利用者に具体的な効果として確認できる実習での取り組みが重要で，信頼関係の構築，個別ケア，援助の支援過程を通じて各種のアプローチを繰り返した結果，スタッフとは違う効果的なダイナミックスが起きたりしま

す。実習生が関わるようになって表情も明るく，生活行動の変化や意欲・潜在能力も発揮される機会となることも期待します。

2）現場に合わせた取り組み

　実習現場は制度や役割及び機能によって区分されていますが，そのような種別の違いを理解することが必要で，さらに，事業所ごとにさまざまな固有の特徴などもあって実習生が現場に合わせることも簡単ではありません。事前に把握し，実習指導者と協議しておくことが重要となります。また，実習内容にあった相談援助技術については当然理解していることが前提です。実習は，実践的に学ぶからこそ現実の厳しさと真剣に取り組むことで多くの学びが吸収できる場面なのです。援助者としていい緊張感を味わうことができる為に，活用する相談援助技術は概ね備えておくことを前提と捉えています。

3）現場の多職種連携を理解

　現場は多くの専門職が利用者を中心に連携し，目的をもった支援を行っています。実習現場はいかにして事業目的や役割を果たしているのか，その実践と事業形態・運営実態を理解するとともに，多職種とも積極的に交わってほしいと考えます。その専門職が，どのような方法で利用者等を支援しているのか，援助者として共通する内容を参考にし，限られた期間で関わりながら現場の協働を理解することも重要です。そのような広い視野を得る過程で，人と接することの面白さや楽しさを実感できます。利用者にとどまらず，全体的に実習に関わる多く専門職種からも刺激を受け，同時に専門職も実習生から影響を受けるなどの相互作用も期待します。実践現場としても新鮮な喜びを共感する機会になります。

　実習後の現場は，実習生がいなくなればこれまでの日常に戻り，安堵すると同時に心なしか利用者等も寂しい思いも感じたりします。出会いがあれば必ず別れが来るもので，実習生との濃厚な関わりがなくても，その関係から影響を受けた活力や意欲が芽となって育っていく相互作用のような不思議なことも起こったりします。実習生の主体的な行動が，結果に囚われないさまざまな実践に結びつき，知らずに利用者等もいつの間にか励まされていたことを気づくこ

とがあります。

(3) 専門職の始まり

　良い実習内容とは，一体どのような現場実践となることなのでしょうか。たとえば，十分に準備した実習計画等に従い順調に学びを得る現場実習も良いのですが，なかなか思いよう進めない，悩み多い実践から自らの課題に気づき能動的に学ぶことで，将来の専門職としての援助者としての資質の修得や成長に結びついていきます。そのような成長過程を，限られた期間内に現場の利用者等と実習指導に関わったスタッフが共に，その変化を実感できる実践になっていくことが大切です。その過程をいくつかの相談援助技術の各技法から掘り下げ，今後の学習に繋げる機会となることが肝心です。そのような実習とするために相談援助技術の各技法を繰り返し実践し，具体的な援助内容及び利用者等との関係構築に活かしてこそ，実習現場にとっても利用者等も含め有益な実践活動になるわけです。

　利用者等との出会いから始まった貴重な実習を，今後の専門職を目指すための基盤となるような「かけがえのない機会」となっていくことが重要です。実習を通じて専門職になることを明確にしていただき，一歩ずつ確実に成長できることを期待します。その成長に関わることができたことは，実習が利用者等にとっても素晴らしい出会いがあった証となります。そのような実践から，時には，利用者等と実習生が一緒に撮った笑顔の写真が飾られている現場に，その実習生の将来を期待する多くの人が存在し，出会った人たちに支えられて一人前となる「専門職の原点」を見つけることができます。

6　ソーシャルワーカーってこんな専門職

(1) 児童相談所のソーシャルワーカー──児童福祉司

1) 事例の概要

　夜中，アパートのベランダに裸で長時間泣いている小学生A児に気づいた学

生Bさんは，児童相談所に電話で通告しました。自宅を管轄する児童相談所の児童福祉司Cワーカーと同僚がその家を訪ねて安全確認を行おうとしたが，夜遅くのため拒否されました。

後日，Cワーカーは再度の面会，立入調査も拒否されたため，学校でA児と面接のうえA児を一時保護しました。Cワーカーの調査により，過去にも養父から度重なる虐待がA児に対して行われていたことがわかり，児童相談所は，A児の児童養護施設入所承認のための家事審判請求を家庭裁判所に対して行いました。請求は承認され，A児はD児童養護施設に入所しました。妹も保護が検討されています。

2）事例の展開過程と児童福祉司の関与

① 基本属性

A児は小学校2年生男児。ほかに5歳の妹がいます。実母はA児と妹の実父と3年前に離婚。養父と1年半前に再婚し，生後4カ月の女児がいます。家族は5人。養父は定職がなく，また，母も無職で生活は苦しく，狭い老朽化したアパートで暮らしています。

② 支援に辿り着くまでの過程——安全確認

某大学の社会福祉学科に通うBさんは，夜中，道路を隔てた向かいのアパートのベランダに裸で泣いている小学生に気づきました。すでに晩秋で，夜はかなり冷え込んでいます。

Bさんは授業のなかで，子ども虐待を疑った場合は市町村か児童相談所に通告する義務が国民に課せられていることを習っていました。しばらく様子を見ていたのですが，子どもの泣き声が弱ってきたのに一向に中に入れる様子がなく，室内からは大きな怒鳴り声も聞こえてきたため「虐待かもしれない」と，インターネットで管轄の児童相談所を調べて電話で通告しました。児童相談所は夜間でも通告を受け付けることも習っていました。

電話を受けた宿直者から，自宅ですでに寝ていたその日の当番児童福祉司に連絡が行き，飛び起きた児童福祉司は地区担当の児童福祉司Cワーカーとともに現地に駆け付けることとなりました。現地に駆け付けたときには午前1時を

過ぎており，子どもはすでに部屋に入れられていました。Cワーカーは子どもの「安全確認」を行おうと子どもに会わせてほしいと言いましたが，親からは怒鳴られて拒否されました。子どもがすでに寝ているとの言葉が聴けたので，「明日また伺います」と告げてその夜は帰ることとしました。児童相談所は通告を受けた場合，原則として48時間以内に子どもの安全確認を行うことが必要とされています。

③　開始期——緊急受理会議・調査・援助方針会議

翌日午前，児童相談所で緊急受理会議が行われ，Cワーカーは同僚とともにA児の安全確認に行きました。また，A児が通学する学校や児童委員，近隣住民，放課後児童クラブ職員に対する調査，照会等も，あわせて行われることとなりました。また，実母が過去に生活保護を受けていたことも判明し，福祉事務所生活保護担当のソーシャルワーカーからも意見を聴くこととしました。市町村保健センターからは，A児や妹の健診等の記録を求めることとしました。

Cワーカーは同僚と自宅を訪ねましたが養父はおらず，また，実母はドアチェーンを外さないまま「A児は発熱して寝ている」といったきり，会わせてもらえませんでした。2人は学校に向かい，A児の担任等から話を聞き，養父と実母との間の子どもが生まれてから，痣を作ってきたり，食事をしていなかったり服を着替えていない様子があり，通告も考えていたとの話を聞きました。放課後児童クラブでも同様の話があり，最近になって日常的に虐待が行われていた様子が浮かび上がってきました。

さらに，数日後，生活保護担当ワーカーや児童委員，市町村保健センター等からの情報も得て，その日のうちに，児童相談所において緊急の援助方針会議が持たれました。援助方針会議では，すべての情報を突き合わせて虐待が継続する危険度がかなり高く，養父のイライラ感から重篤な虐待に移行する可能性が高いと判断し，緊急を要するため，①翌日，自宅に立入調査を行う，②立入調査が拒否された場合は，A児が登校後，学校にて一時保護する，③そのうえで保護者に一時保護について伝える，との方針が確認されました。

④ 展開1（インターベンション）

翌日早朝，A自宅に立入調査を実施しましたが，養父，実母ともドアチェーン越しに怒鳴るのみで，A児を確認することはできませんでした。Cワーカーは，保護者に「今後の方針を検討しますが，一時保護することになるかもしれません」と告げ，自宅を後にしました。

昼前，学校から「A児が登校した」との連絡が入り，Cワーカーは学校でA児と面接し，しばらく食事をとっておらず，傷も多かったことを確認したため，即座に，児童福祉法第33条に基づき，児童相談所に身柄付で一時保護することとしました。A児は一時保護所で昼食をむさぼるように食べ，その後の面接で養父からの虐待について語り始めました。

⑤ 展開2（インターベンション）

保護者に一時保護したことを伝えると養父は激怒し，児童相談所に怒鳴り込んできましたが，本人に会わせることはしませんでした。その後，親子が在住するE市の要保護児童対策地域協議会が開催され，すべての関係者からの情報が突き合わせられ，協議の結果，児童相談所による対応を支持していくこととなりました。

2週間後，Cワーカーを中心とする社会診断，児童心理司による心理診断，児童精神科医師による医学診断，一時保護所児童指導員・保育士による行動診断が行われ，その結果が判定会議で報告されました。判定会議でのアセスメントの結果，現状ではとても家庭に戻すことはできず，また，虐待による心的外傷も想定されるため，児童福祉法第27条第1項第3号に基づき，家庭的環境を有する児童養護施設入所が適当との結果となりました。A児もそれを受け入れました。

保護者にその旨を伝えましたが承諾が得られないため，援助方針会議で，児童福祉法第28条に基づく施設入所承認の家事審判請求を行うことを決定しました。また，当該措置の妥当性の確認とその後の方針等についての助言を得るため，県児童福祉審議会に本事例を諮問することとしました。Cワーカーはそれらの書類を準備し，児童相談所協力弁護士と相談しつつ申立書原案の執筆を進

めました。

⑥　終結と評価——ターミネーション・モニタリング・フォローアップ

県児童福祉審議会権利擁護部会において第28条に基づく申立ての承認が得られ，その後家庭裁判所に申立てをして承認され，A児はD児童養護施設に入所することとなりました。あわせてA児の転校手続きが取られましたが，しばらくの間，保護者にはA児の行先を伝えないようにし，転校前の学校関係者にもA児の行先を漏らさないよう協力を求めました。

Cワーカーは定期的にD児童養護施設を訪問してA児と面接して適応状況を確認し，また，施設の家庭支援専門相談員，児童指導員らが策定するA児の自立支援計画の立案にも協力しています。そのなかでは，A児の当面の心理的ケアや養父や母との面会制限についても確認し，2年後の施設入所承認の更新時期までに保護者との関係修復を目指すことが検討されています。なお，5歳の妹についても，保護の検討が行われています。

3）児童福祉司のソーシャルワーク業務

この事例のように，児童相談所のソーシャルワーカーである児童福祉司は，事例に一貫して寄り添い，保護者の状況に理解を示しつつも，最終的には「子どもの最善の利益」保障のために，保護者と対決することも必要となります。支援のためには制度を熟知していることが必要であり，また，関係機関の業務についても熟知して協働できることが前提となります。その上で，法令に基づいて比較的構造化された手順を踏み，援助過程を歩んでいくこととなります。場合によって昼夜を問わない激務となることもあり，子どもの福祉に対する強い役割意識が求められる専門職です。

（2）特別養護老人ホームのソーシャルワーカー——生活相談員

1）事例の概要

最近，93歳になるAさんに元気がなく，食事もあまり進まないようになってきたため，ご家族や嘱託医と協議して協力病院で診察を受けたところ，老衰というべき状態で，悪くすると短期間で終末を迎えるかもしれないとのことでし

た。

　診察の結果を受けて，今後の方針を協議するために相談員が中心となってカンファレンスを開きました。カンファレンスには施設長，相談員，関連する部署の主任職員と共に，長女に参加を求めました。この中では長女から「父はもうダメなんじゃないでしょうか」「ダメなら最期はここで看取って欲しい」という思いが述べられる一方で，「なんとかもう一度元気になって欲しい」という希望も述べられました。相談員は，長女が精神的に不安定になっていると判断し，不安を傾聴した後で，とにかく精一杯関わってみて，その後のことはその後の状態を見て考えましょうと話したところ，長女はこれに納得したようでした。

　当面のケアプランとしては，できるだけしっかり食べてもらうこと（栄養量・水分量確保），生活リズムを整えること，スキンシップを含めて関わりを増やすこと，Aさんの状態により細かく注意を向けること，長女や孫による面会を増やしてもらうことを確認して，施設での介護を継続することとしました。

　受診後2週間ほどが経ちましたが，Aさんは食事も進まず，次第に日中も眠っていることが多くなっていきました。

2）事例の展開過程と相談員の関与

① 基本属性

　Aさんは約3年前に入所してきた男性で，脳卒中後遺症による左半身麻痺とやや進行した認知症がある人ですが，入所当初は職員や他の利用者とも良く関わり，安定して過ごしてきた人でした。ただ，次第に体力低下によって言葉も少なくなり，日中も横になって過ごすことが増えてきていました。ご家族（長女さんが中心）は月に2回位のペースで面会に来ていて，面会時は楽しそうに過ごされていて，家族関係は良好でした。

② 施設での看取り介護を決断するまでの経過

　Aさんの状態がさらに低下しているように見受けられることから，やはり終末期にあると判断せざるを得ないと考えられました。嘱託医の判断も同様でした。そこで，再び長女を交えてカンファレンスを開きました。

長女からは「父の状態を見ていると、老衰と考えるしかない。知らない人ばかりの病院ではなく、できればここ（特養）で看取ってほしい」と希望が述べられました。
　当施設は開設6年目です。看護職員、介護職員に実力が付いてきたと判断して、施設長とも協議して、看取り介護が実施できる体制を構築しようと準備をしてきました。看取り介護を行うためには、直接的に介護・看護に当たる職員の研修が不可欠です。業務指針、業務マニュアルも必要になります。また、協力病院や嘱託医との協力体制も構築しなければなりません。夜間に亡くなることもあることから、夜勤の介護職員をバックアップする体制も必要です。家族が休息する場所の確保や精神的ケアを含めてご家族を支援する体制も必要になります。それらの課題について、相談員を中心に関連する部署の職員と協議を重ねてきました。初めて取り組むため不十分な部分はあると思われますが、介護職員に対する研修を重ねてきたこともあり、一通りの準備は整っていると思われました。
　長女に対して、特養では高度な医療はできないこと、夜間は夜勤の介護職員と宿直員しか勤務しておらず、看護職員がいないため医療的な対応はほぼ不可能であること、Aさんに苦痛があるようであれば入院してもらうこともあり得ることを十分に説明し、それでも施設での看取り介護を希望するならお引き受けすると伝えました。長女さんはこれらを理解した上で、施設での看取り介護を希望されたので、当施設として初めて看取り介護に取り組むことにしました。
　介護職員からは「最後まで看取るのが責任だし、長い間関わってきたから看取りたい」という意見がある一方で、「夜勤で一人の時が不安」といった声も上がりました。夜間は施設長や生活相談員（2名）、看護主任、介護主任（3名）が交代で自宅待機し、連絡があればすぐに駆けつける体制を整えることで、介護職員の負担を軽減することとしました。
　③　看取りまでの経過
　看取り介護を始めるに当たって、快適に過ごせるように配慮してAさんの心身の負担を軽減すること、水分や栄養を摂れるようにすること、Aさんを孤独

にしないこと，状態観察を密にすることなどを中心としてケアプランを作成しました。同時に，バイタルサインや食事摂取量，排泄状況，全体的な様子等を細かく記録するための書式も用意しました。正式な記録様式とは別に「ひとことノート」を用意し，関わった職員や家族が思いついたことや感じたこと，その時々のAさんの様子等を自由に書き込めるようにもしました。家族が面会に来られないときには細やかに連絡を行い，面接室に簡易ベッドを設置して家族が施設で長時間過ごすときの休憩スペースも確保しました。家族が面会に来ているときは相談員もAさんの居室に顔を出し，家族とのコミュニケーションを豊かにするように努めました。

　看取り介護を初めてからもAさんの状態は次第に低下して行きました。そのような中，長女を中心としてご家族はほぼ毎日Aさんのところに来て，長時間Aさんのそばで過ごされていました。相談員が居室に行くと，ご家族からAさんが若かった頃の思い出話が語られたので，頷いたり問いかけたりしながら傾聴するように心がけました。

　10日ほど経ったある日，早朝から呼吸状態に変調が見られたので，看護師から嘱託医に連絡したところ，間もなく臨終であろうという判断であったので，家族に連絡して施設に来ていただきました。ご家族や職員が見守る中，次第に呼吸数や心拍数が減少し，その日の午後に息を引き取られました。

　長女は，Aさんが息を引き取られた後，しばらくの間は感情を高ぶらせていましたが，すぐに落ち着きを取り戻して「よい看取りができました。ありがとうございました」とその場に居合わせた職員に感謝の言葉を述べておられました。

　Aさんが亡くなられた後は，葬儀の手配を補助し，諸手続の内容と方法をお知らせするなど，亡くなられた後も引き続きご家族を支援していきました。また，慰留金品を確認してご家族に引き渡し，施設でのお別れ式を準備するなどの業務を担いました。

3）特別養護老人ホームのソーシャルワーカーのソーシャルワーク業務

　この事例では，生活相談員として入居利用者であるAさんとの直接的な関わ

りはあまり多くありませんでした。当然, 直接的に利用者と関わって相談援助を行うことも多くありますが, 今回のように間接的に援助を行うことも珍しくありません。ある実践 (今回であれば, 看取り介護) を行うために必要な環境を整備し, 環境をメンテナンスしていくことも相談員の重要な職務です。そこでは多職種共同でのカンファレンスの運営, 家族や外部機関との連携や協力関係の構築, 外部機関への申請や支払いの補助, 関係する職員のサポート, ボランティアの育成やマネジメント, 物理的な環境の整備, 研修計画の立案, 研修のコーディネート等が期待されます。時には様々な関係者の間で対立や意見の相違が表面化することもあります。カンファレンスや関係者との協議を通じてそれらを調整することも職務の一部です。高齢者施設は, 利用者が亡くなっていく場でもあります。亡くなっていくプロセスをしっかり支えられるような組織へと組織全体を成長させることも, ソーシャルワーカーに期待されていることです。

夜間や休日であっても, 利用者が亡くなったときなどには出勤することもあります。期待されるものが多く, 責任が重い仕事であり, 専門的な知識と共に, 多くの人と協力関係を作っていける人間的な成熟が求められる専門職です。

(3) 社会福祉協議会のソーシャルワーカー──コミュニティソーシャルワーカー
1) 事例の概要

「Aさんが, "サロン"に来なくなった」と "地区社協のネットワーク会議" で話題になりました。その次の週, やはり, Aさんはサロンに来なかったので, 住民と社会福祉協議会のBワーカーとでサロンの誘いにいったところ「ちょっと用事があって」と断られてしまいました。

再度, ネットワーク会議では「いつも元気で, サロンを楽しみにきていたAさんが来なくなった, 住民が声をかけても断る理由はなぜだろう」と話し合われ, Bワーカーが訪問してみることになりました。

すると, 家の中のあちこちでゴミが散乱しかけており, 物忘れが疑われる状況がわかりました。そこで, Bワーカーは, Aさんの支援を続けるとともに,

ネットワーク会議でこれを報告し，サロンに来やすい環境の整備，サロン参加者の認知症への配慮をすすめました。

さらに，認知症の人が地域で暮らすにはどういった支えが必要かということを話し合うをする機会も設け，地域で暮らすことの支援と住民同士が支え合う地域づくりを進めています。

2）事例の展開過程と社会福祉協議会のソーシャルワーカーの関与

① 基本属性

Aさんは，78歳の女性で，持ち家に一人暮らしです。つい最近夫を亡くし，子どもは県外に住み家族を持っています。特に介護が必要でもなく，自立して暮らせると思っている人です。

② 支援に辿り着くための過程

Aさんは，数年前からサロンにボランティアとして参加していました。サロンとは，高齢者を中心に，その地域の住民同士でお茶を飲んだり，おしゃべりをして楽しむ場のことです。ボランティアは，お茶の用意をしたり，部屋の清掃をしたり，おしゃべりを促進したり住民の立場でともに楽しむのが役割です。そのAさんの夫が最近亡くなり，落ち込んでいるのか，サロンに来ない日が続いたため，ネットワーク会議でAさんのことが話題になりました。ネットワーク会議とは民生委員，地区の自治会，ボランティアグループ代表，サロンの代表，子ども会の代表，地域包括支援センターの社会福祉士，社会福祉協議会のソーシャルワーカーで構成し，それぞれの状況を話し合う会議のことです。

サロンで住民が気づき，ネットワーク会議で心配の度合いが強まったAさんに対して，地域住民は，声かけや見守りをづづけていきましたが，それでもAさんはサロンには来ることはなく，社会福祉協議会のBワーカーが訪問することとなりました。

③ 開始期

Bワーカーは，近隣住民Cさんと一緒に早速Aさんのお宅を訪問しました。Cさんとはサロンでもともと知り合いだったこともあり，Aさんは「汚い部屋だけれども」といって家の中へ案内してくれました。

Aさんは，サロンに来られなくなった理由について「ちょっと用事があって」といって言葉を濁しているように感じました。Bワーカーは「お一人暮らしで，最近気になっていることはありませんか？」と聞いたところAさんは「大丈夫です」と返事をしたきり口を開くことはありませんでした。Bワーカーは「何かあったらいつでも連絡ください。またお邪魔します」と言って家を後にしました。帰り道，Cさんと一緒に，ちょっと元気がなさそう，もともときれい好きのAさんの部屋のなかが散らかっているよう，いつもはお茶を出してくれるのに今日はお茶をださなかったということを振り返り，社協でも内部で支援が必要な人として検討してみること，Cさんのご近所でも見守りをさりげなくし続けることとしました。

④　展開期Ⅰ（個別支援）

　Cさんを中心とする住民のサロンへのお誘いと見守りが続く中，ある日，Aさんから社協に「冷蔵庫の扉が壊れてしまって，何とかしてほしい」と連絡が入りました。早速Bワーカーが訪問したところ，冷蔵庫の野菜室には飲みきれないほどの牛乳が数十本入って，それが重くなり戸が閉まらない状況でした。

　Bワーカーは，Aさんの冷蔵庫の掃除を一緒にしつつ，ほっとしたAさんが，お茶でも飲みましょうかといったところ，お茶の場所がわからなくて困っている状況を目の当たりにしました。また，新聞の集金が来た際に，新聞配達員にお財布を広げてここから取って頂戴というジェスチャーをしている様子を見て，Aさんが認知症かどうかはわからないけれども，飲みきれないほどの牛乳を買ってしまう，お茶の場所が分からなくなっていること，お金の区別がつかないことに，認知症なのか，その他の理由で生活がしづらい状況が発生しているのではないかと察知しました。

　Aさんの状況を知った地域住民は，Aさんが「ちょっと用事があって」と言われた理由が，お茶の用意に自信がなくなってこられなくなってしまったのではないかと推察しました。そこで，サロンに来ても，居心地の悪い思いをしないサロンにしましょう，認知症あるいは，認知症とはまだ言えないけれども，誰もが気兼ねなく来やすい環境を作りましょうとサロンに人を迎え入れる配慮

が話し合われ，実行されました。

一方，Bワーカーは，地域包括支援センターの社会福祉士につなぎ，いずれ訪問が必要になる可能性が有ることを情報提供するとともに，一人暮らしの高齢者に使いやすい行政サービス，介護保険，日常生活自立支援事業についてAさんが気兼ねを感じないように配慮して情報提供しました。

⑤　展開期Ⅱ——地域支援

半年後，Aさんは，サロン通い続け，住民のさりげない助けをかりながら，お茶の用意をする役目を担っています。また，介護保険も利用し始めると同時に，日常生活自立支援事業で預貯金通帳の管理や金銭管理のサービスを利用するようになりました。

ネットワーク会議では，Aさんが地域での生活が続けられていることを皆で喜びあいました。しかし，一方で，Aさんのことは，たまたまサロンに来ている人だからうまくいったのであり，認知症の人まで支援することは難しそうだし，一人暮らしは大変だと住民が感想を漏らすと会議は沈黙しました。そこで，Bワーカーは，Aさんのこれまでの支援について，そもそもAさんに変化が見られたことを気づいたのは専門職ではなく身近な住民同士の気づきだったこと，サロンでAさんが今まで通り楽しく生活できていること，介護保険，日常生活自立支援事業の利用で一人暮らしも可能なことを振り返り，行政や専門職任せにしないで，ネットワーク会議で皆が協力しながら，自分たちでできること，専門職につなげること，が誰であってもできるような地域の仕組みにすることを検討していきませんかと提案し，ネットワーク会議の新たな取り組みが始まりました。

3）社会福祉協議会のソーシャルワーク業務

社会福祉協議会のソーシャルワーカーは，個人の問題を地域全体の問題としてとらえ，支援を行うことが特徴です。個人・家族への支援（個別支援）と地域づくりへの支援（地域支援）を通して社会福祉協議会のソーシャルワーカーは，ミクロ，メゾ，マクロの領域を行き来し，住民，自治会，民生委員・児童委員，地域の福祉施設・事業所，ボランティア団体，行政にそれぞれ話しかけ

る(連絡調整)という役割も持ちあわせながら,新たな福祉資源の開発,さらには,行政の地域福祉計画への働きかけといった,地域福祉を推進する要(かなめ)の専門職としての役割が期待されています。

参考文献
　介護支援専門員実務研修テキスト作成委員会編『五訂 介護支援専門員実務研修テキスト』長寿社会開発センター,2012年。
　社団法人日本社会福祉士養成校協会編『相談援助演習教員テキスト』中央法規出版,2009年。
　相談援助実習研究会編『はじめての相談援助実習』ミネルヴァ書房,2013年。

第2章　相談援助を体験してみよう

この「演習」という授業は体験学習の機会です。社会福祉士国家試験には「演習」と「実習」の科目はありません。各大学や専門学校の行う単位認定が国家試験と同等の重みをもちます。したがって，「演習」や「実習」には国の定めた具体的な学習過程が提示され，どこの大学・専門学校でも概ね5段階に設定され，合計75回の授業で，皆さんが卒業後ソーシャルワーカーとして働くために必要な実践力を備える準備をしていきます。

　テキストの各節には「演習にあたっての事前学習」が提示されています。授業の前に内容を確認して準備をしておきましょう。「演習」の授業で大切なことは，これまで学んだ知識を実践と似た体験をすることによって，自分の言動と関連づけて練習してみる事です。よくわからなかった専門用語や知識は必ず事後学習で"調べ学習"をして次の機会に使えるようにしておきましょう。

　授業に勝る受験勉強はありませんが，特にこの「相談援助演習」の授業で"ソーシャルワーカーらしい思考の仕方"が身に付くと，社会福祉士国家試験，特に事例問題など，どのように考えて解答していったら良いのか考え方がわかるようになります。この授業を活用して意識的に予習や復習をして勉強していたか，単に時間を過ごすために何かしていただけか，まずその差は「相談援助実習」の実習計画書の作成の段階で見えてきます。そしてその差はその後の国家試験さらには就職後の実践に「技能」の格差になって現れてきます。「備えあれば憂いなし」と言います。さあ，実習に向けて，国家試験に向けて，そして実践に向けてこれまで学んできた知識を実際に使うことができるか，体験学習を始めましょう。

　演習の各回において，自身の振り返りのために「演習振り返りシート」を作成し，担当教員に提出しましょう。「演習振り返りシート」は第2章章末にあります。教員の指示に従いシートの用意・記入・保管をしていきましょう。

1　体験してみよう！　相談援助演習
──なぜソーシャルワーカーにはこの授業での体験学習が必要なのか──

（1）演習の目的と内容
1）演習の目的
　ソーシャルワーカーの仕事は，その仕事が「相談援助」と表現されるように多くの場合誰かからの「相談」から始まります。言い換えれば，まず見知らぬだれかの「あのー」「ちょっと良いですか」といった問いかけに応えることから始まるともいえます。時には，ソーシャルワーカーの側から，「お話をきかせていただけますか」と問いかけることから関係が始まる場合もあります。いずれの場合も，ソーシャルワーカーの仕事はコミュニケーションから始まると言っても良いかもしれません。
　そこで，この授業では「演習」での最初の体験として，一緒に学ぶ仲間と「出会い」「知り合い」「紹介し合う」体験をしてみます。

2）演習の内容
　この演習では，初めて「出会った」人と短時間で「知り合う」ことができるよう，コミュニケーションを体験してみます。そして，そのコミュニケーションがどの程度相手を"知る"ことができるものだったか確認するために，第三者に「紹介する」（自分の言葉にして説明する）体験をしてみます。
　ソーシャルワーカーがその仕事で出会う人はたいてい初対面です。その初対面の人と相手に必要なコミュニケーションをとっていくために大切なことは"少しの勇気"です。どんなに経験を積んだソーシャルワーカーでも最初の出会いは緊張するものです。誰でも毎回"少しの勇気"を重ねて専門職としての力量を洗練していきます。皆さんもソーシャルワーカーを目指す最初の体験学習が始まります。"少しの勇気"を奮って声を出し，言葉を探してみましょう。
　この演習のテキストには初対面の人と話す時，使ってみると便利なコミュニケーションのツールを用意しました。指導の先生の指示にしたがって作業をしながら，仲間との学び合いを進めていきましょう。

3)この演習を体験するにあたって――演習への参加の仕方

　この演習だけでなくこれからこの演習の授業に臨む際，必ず守ってほしいことがあります。それは他人の体験を揶揄（からかう）したり，演習以外の場所で口外（うわさばなしをしたり，SNSなどに投稿したり）しないことです。

　前述したように，この授業は徐々に難易度を上げながらそれぞれの養成課程を通じて，みなさんがソーシャルワーカーらしい実践ができるよう，その技能をスキルアップするための学習課題が用意されています。当然のことながらソーシャルワークを学び始めたばかりの皆さんには難しい体験も多くあります。最初から上手くできることの方が少ないと思います。上手くいかない時は，他の人と一緒のグループ学習が負担に思えるときもあるかもしれません。しかし，この演習で一緒に学ぶ仲間は単に偶然一緒になった勉強仲間ではなく，お互い人権を尊重し，一人ひとりの人の幸福を目指す仕事（ソーシャルワーク）を志す仲間でもあります。

　自分が"少しの勇気"をもって困難な学習に取り組んでいるように，仲間も"少しの勇気"をもって自分の苦手に取り組んでいることに共感的理解を寄せて，お互いエンパワーできるよう学び合う姿勢をもってください。また，お互いの体験や情報を相手の許可なくSNSなどに掲載することはプライバシーの侵害です。「権利擁護」の視点と関連させて十分注意してください。

---　演習にあたっての事前学習　---

　これまで学んだ，あるいは同時に学んでいる「相談援助」のテキストに目を通しておきましょう。特に「社会福祉士の倫理綱領」「コミュニケーションの基礎知識」など確認しておくと良いでしょう。

（2）演習の進め方

1）自己紹介

　教員の指示にしたがって以下の作業をしましょう。

① まず，6人から8人のグループに分かれましょう。そして，他の人と相談せず，ワークシート1を記入してみましょう。長い文章でなくてかまいませ

ん。思いついた事，言葉をメモしておきましょう。

② グループの中で，なるべく初対面の人とペアを組みましょう。じゃんけんやくじで2人1組をつくってください。

③ ワークシート1を見ながら，お互い自己紹介をしてみましょう。お互いに，相手の話を聴きながら，ワークシート2に話の内容，話を聴いて感じている印象などメモしておきましょう。

④ 最後に，「○○さんは……な人です」といったイメージをフレーズにまとめておきましょう。

ワークシート1　自己紹介シート

それぞれの項目について，5つ以上書き出してみましょう。

私の好きな事	私の得意な事	私が自慢できる事	特に紹介したい事

2）他者紹介

① グループの他のメンバーに自己紹介し合った仲間を紹介してみましょう。グループの中で紹介し合う順番を決めましょう。

② 紹介に備えて，以下の準備作業をしましょう。

ⅰワークシート2を見直して，この点は忘れずにグループメンバーに紹介したいと思う点に線などを引いておきましょう。

ⅱワークシート2の一番下の，「○○さんは……な人です」というあなたが相手に抱いた印象をメンバーにわかってもらうためには，どんな順番で線を引いた点を説明していったらよいか，話す順番を考えてみましょう。また，話す順番に線の横に番号をふっておいても良いでしょう。

ⅲ一度，頭の中で，具体的に言葉にして紹介してみましょう。

③ 線を引き，番号をふったワークシート2を見ながら，仲間をグループメン

バーに紹介してみましょう。話しの始め方は，以下のどちらでも良いでしょう。自分なりに説明の仕方を工夫できるときは，自分なりの方法で説明してかまいません。

　ⅰ　まず，「○○さんは……な人です」と言ってから，「私がこう思ったのは…（ワークシート2の内容）…だからです」と説明する。

　ⅱ「○○さんは，…（ワークシート2の内容）…だそうです」「そこで私は○○さんは……な人だと思いました」と説明する。

④　紹介を終わったら感想を書きとめましょう。

　ⅰワークシート3の①に他者紹介を終わって感じたことをメモしておきましょう。

　ⅱ相手の印象を聞いてワークシート3の②にその内容をメモしておきましょう。

⑤　教員の助言や解説を書きとめておきましょう。体験が終わった際，教員がこの演習での体験学習で皆さんに学びを深めてほしいこと，気づいてほしいことを解説してくれます。その内容をワークシート3の③にメモしておきましょう。

ワークシート2　他者紹介シート

ワークシート3　振り返りシート

① 体験して感じ考えた事	② 相手の感想	③ 教員の助言

（3）体験の考察

　さて，いかがでしたか。"少しの勇気"をもって声を出したり，相手の話を聞くことができましたか。今まで何気なく使っていた「コミュニケーション」という言葉ですが，専門職が用いるコミュニケーションは日常の会話とは少し異なります。「相談援助」のテキストなどを参照してコミュニケーションとは，どのような他者との応答を意味するのか，確認してみましょう。コミュニケーションの体験学習はこれで終わりではありません。

　これから演習の授業の中で皆さんの講義科目での知識の積み上げと関連させ，学習到達度の目標設定を上げながら，日常の会話レベルのコミュニケーションを，専門職らしい，相互理解可能な意思の疎通に洗練していく学びが継続されていきます。

　この学びの過程で大事なことは，毎回自分の体験を丁寧に振り返り，「できたこと」「課題として残ったことを」を具体的な言葉にして自覚していくことです。その際，自分なりの評価にとどめず，仲間の感想や教員の助言を参考にして，講義科目のテキストを読み直して，自分の体験をどのような言葉（専門用語）に当てはめてみれば良いのか，試しに話したり，書いたりしてみましょう。

　上手く表現できなかったり，間違っている時は教員が助言・修正してくれます。体験しては振り返り，身に付いた力と課題を自覚していくことで，等身大の自分が自己覚知できるようになります。

（4）振り返りの課題——事後学習

今回，初対面の人と「出会い」「知り合い」「紹介し合う」体験をして，どのような事を感じたでしょうか。素直な印象を言葉にしてみましょう。特に自分自身について，どんな発見があったか言葉にして書きとめておくこと良いでしょう。少し難しいかもしれませんが，今回の体験から学び，考えたことを講義科目で学んだ知識や演習の授業の中での教員の助言と関連づけて，述べてみましょう。

2　「相談援助」や「社会福祉士」の役割を学ぼう

（1）演習の目的と内容
1）演習の目的

相談援助や社会福祉士について，他人に説明できるくらいにしっかり理解することとともに，子どもでもわかるように，わかりやすい言葉や表現を用いて説明する技術を身に付けることを目的としています。

皆さんは，社会福祉士という名称を用いた相談援助の専門職を目指すのですから，相談援助や社会福祉士についてしっかり理解していなければなりません。そうでなければ「社会福祉士資格取得を目指すけれど，社会福祉士って何だかよくわからない」「相談援助の専門職になることを目指すけれど，相談援助って何だかよくわからない」という困った事態に陥ってしまいます。

相談援助の対象者・利用者には，子どももいるし，知的な障害を持った人もいます。そのような人に対しても，しっかり自分たちの仕事内容を伝えられるコミュニケーション能力が求められます。法律の条文のような表現では，理解してもらえません。内容理解を深めるとともに，コミュニケーション能力を高めましょう。

2）演習の内容

事前学習として相談援助や社会福祉士について調べ，それを10歳前後の子どもに説明する演習を行います。

3）この演習を体験するにあたって──演習への参加の仕方

　子どもに対して，自分が説明できるようになることを目標とします。実際に子ども役の学生に説明をして，目標達成に向けて努力してください。他の学生が行っている説明を参考にしながら演習を繰り返し，しっかりと説明できるようになってください。

　説明をしている学生に対して，他の学生はアドバイザーです。説明内容やコミュニケーション方法について問題点を指摘したり，アドバイスしたりしてください。

演習にあたっての事前学習

① 「社会福祉士及び介護福祉士法」における社会福祉士に関する規定を書き写してきましょう。
② 福祉専門職による相談援助と友人などによる相談は何が違うのか，自分なりの考えをまとめ，レポートとして授業に持参しましょう。その際，専門職による相談援助の対象者とはどんな人々だろうか，何を目的として相談援助を行うのだろうか，なぜ専門職による相談援助が必要なのだろうか，心理カウンセラーによる相談と社会福祉士による相談は何が違うのだろうか，等といった点に着目するとよいでしょう。

（2）演習の進め方

① まず，4名を基本として数名のグループを作ってください。グループができたら，説明すべき内容について少し話し合いましょう。
② グループの中の誰かが10歳の子どもの役になって，その子（学生）に相談援助や社会福祉士について説明する演習（ロールプレイ）に取り組んでください。

　子ども役の学生は，最初に「社会福祉士って何ですか」「相談援助って何ですか」と質問して，演習をスタートさせてください。説明が始まったら，10歳の子どもを想定して，わかりにくければ「わからない」と伝えてください（たとえば，「そんな難しい言葉じゃわかりません」「説明が早すぎてわかりません」など）。

③ 一回り演習を行ったら、どのように説明したら良いのか、少し話し合いましょう。その後、再び演習に取り組んでください。
④ 法には、対象者と行為について書かれていますが、目的は書かれていません。社会福祉士の業務の目的とは何でしょうか（何を目指すのでしょうか）。グループで討議してください。
⑤ 下記の問題は社会福祉援助の対象になるでしょうか。その理由を含めてグループで討議してください。
　　・2歳の女児が母の同棲相手から暴行を受け、頭蓋骨を骨折して入院した。
　　・雪深い地域で、雪降ろしが困難になっている高齢者がいる。

（3）体験の考察

　信頼される専門職であろうとするなら、自分たちの仕事や専門性をしっかりと説明できなければなりません。説明できないとすれば、自分でもよくわかっていないということです。今日の演習をふまえてさらに考察を深め、その結果をノートに記述してください。同時に、説明すべき内容を理解しているだけでは、適切な説明はできません。説明する相手の人に合わせて、比喩や言い換え、具体例の例示などを活用することも重要です。言葉遣いも重要になるでしょうし、専門用語を日常生活で使う言葉に置き換えることも必要でしょう。それらが適切にできたでしょうか。この演習を振り返り、相談援助や社会福祉士の役割とコミュニケーション技術について考察を深め、その結果をノートに記述してください。

（4）振り返りの課題——事後学習

　社会福祉士にはどのような問題や相談が持ち込まれるでしょうか。この演習を参考にして、下記の例にならって5つ挙げてください。

　　・介護が必要な夫を妻が介護してきたが、妻に進行した胃がんが見つかり、介護の継続が困難になっている。

3　人権・権利について考えよう

(1) 演習の目的と内容
1) 演習の目的
　人権とは，人として当然にもっている基本的な権利のことで，日本国憲法によって保障されています。そして，憲法のもとに社会の中にさまざまな法制度が存在しています。この演習では，具体例として，認知症のある人の人権・権利について考えます。人権・権利の擁護に関わる課題を自ら発見できるようになるとともに，社会的に弱い人の人権・権利は侵害されがちであることに気づき，さらにソーシャルワーカーはそのような社会の現実に悩みながらも，これらの人の権利を尊重する方向を見出すことが重要であることを理解します。

2) 演習の内容
　どのような相談援助においても，まずクライエントについて知ることが必要です。ソーシャルワーカーも一人の人であり，自らの知識や価値観を基にクライエントの話を理解することになります。そのため，ソーシャルワーカー自身の人権・権利に関する知識と認識がしっかりとしているかが問われることになります。この演習を通して，具体的に考えられるようにしましょう。

3) この演習を体験するにあたって——演習への参加の仕方
　人権・権利は，誰でも侵害される可能性があります。権利侵害が注目を集めることもあれば，身近なところでおきていて気づかれないこともあります。ソーシャルワーカーとして，その感受性を高めるために，本演習とともに事前・事後学習を行いましょう。

演習にあたっての事前学習

　以下について，辞書や『現代用語の基礎知識』，その他の参考図書で調べ，1,200字程度にまとめておいてください。
　　・人権・権利について（基本的人権，生存権，幸福追求権についても述べましょう）
　　・権利侵害の具体例。　たとえば，ハンセン病患者の隔離など。

---

(2) 演習の進め方

　グループでの話し合いやロールプレイを通して，人権・権利についての理解を深めます。5名程度のグループに分かれて，まず，認知症のある人の人権・権利をめぐる問題について，グループで討議します。特に，人権・権利を護ることがなぜ難しいのかを考えます。次に，支援場面を想定し，クライエント役やソーシャルワーカー役をロールプレイで交互に体験してみます。クライエント役は，提示された情報から役づくりをしてから演技を行い，それを振り返りながら，自らの表現が適切だったのかを理解できるようにします。ソーシャルワーカー役は，クライエント役の演技内容に応じて自らの応答ができていたのかを確認してみましょう。さらに，全体を振り返って，クライエントの人権・権利の擁護，自己決定の尊重について，どのように表現することができたのか，難しかった点は何かついても確認し合いましょう。最後に，討議やロールプレイから，どのようなことを理解できたのかを考察しましょう。

1）認知症のある人の人権・権利について議論してみよう

　認知症の高齢者の関係する鉄道事故が起こっており，家族が損害賠償を求められるケースもみられます。先年の事故では，Aさん（91歳・男性）が介護者である家族Bさんが目を離した間に外出してしまい，数km離れた駅で線路に立ち入り，電車にはねられて亡くなったのですが，C鉄道会社は損害賠償を求めて提訴，Bさんに対し振り替え輸送の費用等，約720万円の賠償を命じる判決が出ています。Bさん側が控訴し，その後の二審判決では，C鉄道会社が駅の監視やホームの安全対策を行うことで事故を防げた可能性もあることを指摘，賠償額を減額しましたが，Bさんの過失は認めています。この判決について，有識者は，過去に徘徊があって危険が生じていたとはいえ，Aさんのような人が自由に生活することを妨げることになるし，Bさんのように在宅で介護する人のことを否定するものだと批判しています。わが国のように超高齢社会になると，道路や鉄道設備に新たな安全対策を施すことが必要で，駅のホームには安全柵やホームドア，踏切へは誘導員を配置するなど，具体的な指摘がなされていますが，十分には進んでいないのが現状です。

では，この事例を基に，5名程度のグループで話し合ってみましょう。最初に司会者，書記，発表者をじゃんけんで選出します。司会者は，話し合いをリードし，書記はポイントを記録し，発表者はクラス全体への報告を行います。
① Aさん，Bさん，C鉄道会社，それぞれの主張をできるだけ多く挙げてみましょう。
② Aさん，Bさん，C鉄道会社，それぞれの主張は，どのようなところが食い違っているのでしょうか。
③ C鉄道会社の主張にも配慮しながら，Aさん，Bさんの権利を護る方法がなかったのかを考えてみましょう。

2）認知症のある人の支援場面についてロールプレイを行ってみましょう。

　Dさん（87歳，女性）は，一人暮らしで，遠方の親戚とも交流がなく，以前はよく立ち話をしていた同じアパートの住民ともここ数年は交流がなくなっています。認知症は進行していますが，会話はできます。宗教団体を名乗る人物が頻繁に出入りしているとの情報を得たソーシャルワーカーの支援により，デイサービスに毎日通うようになってからは，昼間に笑顔が増えました（要介護2）。なお，転倒は心配ですが，移動に不自由さはなく，一人でいる時間には，頻繁に外出している様子が確認されています。

　ある日，市役所の相談員であるEソーシャルワーカーがDさん宅を訪問し，Dさんと会話をしていたところ，業務中のFヘルパーがDさんの部屋の掃除をしながら，昨夜のテレビで流れていたニュース（前述の鉄道事故を指す）について，Eワーカーに次のように言いました。

Fヘルパー：「あのニュースをみてごらんなさいよ，入所施設に入って常時見ていてもらわないと駄目だよ，危ないしさ，もしあんな事故になったら，一番つらいのはDさんだよ，何かあってからしか対応しないっていうんじゃあソーシャルワーカーとは言えないよ」。

　後でEワーカーは，あらためてこのニュース見つつ，Dさんの情報も見なが

ら，果たしてどのように今後の生活を考えていったらよいのか考えました。Dさんは現状維持を強く望んでおり，それを実現しようと工夫し支援してきました。Dさんが気に入ってくれて暮らしやすいであろう入所型の施設の選択肢は，預貯金などの面から，少ないことがはっきりしています。Dさん宅の近所には，路面電車の踏切があり，このニュースはEワーカーを不安にさせています。なお，サービス担当者会議では，以前から在宅生活か入所施設生活かどちらを選択するべきかについての議論がなされてきていますが現状維持のまま過ごしてきました。

　では，この事例を基に，5名程度のグループでロールプレイを行ってみましょう。最初に司会者，書記，発表者をじゃんけんをして選出します。司会者は，話し合いをリードし，書記はポイントを記録し，発表者はクラス全体への報告を行います。
① 　Dさん，Fヘルパー，Eワーカーのそれぞれの役になって，お互いの主張を自由に出し合ってみましょう。
② 　Dさんの安全と権利を護る方法について，話し合ってみましょう。
③ 　それぞれの役について，自分の意見をどの程度表現でき，他のメンバーにそれがどの程度理解されたのでしょうか。

3）クラス全体で報告し合いましょう

① 　それぞれ，どのような主張のぶつかりがあったのでしょうか。各グループで整理したものを簡潔に報告します。
② 　討議やロールプレイを通して，どのようなことが見えてきたのでしょうか。各グループで整理したものを簡潔に報告します。
③ 　今回の演習について，流れや進め方など，気づいた事や感じたことを挙げてみましょう。各グループで整理したものを簡潔に報告します。

（3）体験の考察

　徘徊には意味があり，Aさんのこの行動をなくすことは，なかなか難しいと

思われます。Bさんのような家族が在宅で見守りを徹底することも，なかなか難しいと考えられます。AさんやBさんを支える社会的なサービスが手厚く実施され，今回のような悲しい出来事がなくなるようにしなければなりません。C鉄道会社にも，今後の対策の充実を期待したいところです。ここでは，それぞれの主張がぶつかることについて理解し，AさんやBさんが，引き続き安心して暮らすためにはどのような方法があったのかを討議から導き出していくことができましたか。

　Dさんについては，今までどおり自由に暮らすことを望み，引っ越すつもりもないようです。支援を受ける人の思いに配慮しながら，今後の生活の組み立てをお手伝いするのがワーカーの任務といえるでしょう。Fヘルパーの発言もDさんのことを心配してのことです。Eワーカーは，Dさん，Fさんの主張の板挟みに悩みながらも，両者とも相談しながら，Dさん本人の生命の安全と人権・権利の擁護の実現に向かっていくことにソーシャルワーカーの専門性をみることができます。

　誰にでも差別されることなく自由に生活する権利があります。たとえば，何時に起きてまず何をするのかなど，生活リズムは人それぞれに異なっていることが尊重されなければなりません。しかし，介護者の力が無限なわけでもありません。ソーシャルワーカーは，より良い権利・人権の擁護の方法のモデルをイメージできると同時に，あくまでもクライエントを中心にしてその人を大切にするという考え方を持つことが重要なのです。

　このような考え方の背景には，現代社会においては人の尊厳が重視され，一人ひとりを大切にする社会が目指されていることがあります。高等学校までで既に学習してきたことですが，もう一度人権・権利について復習をしましょう。

　貧困や性別，人種等の差別により，児童，女性，高齢者，障害者，難民等といった社会的に弱い人の人権・権利が侵害されやすいのが現状です。その点にソーシャルワーカーは気づき，問題意識を持つ必要があります。また相談援助では，クライエントについて得られた情報を整理・分析し，ケースの問題点・課題を明確にしますが（＝アセスメント），このプロセスにおいても，クライエ

ントの人権・権利についての知識と認識を活かすことが求められます。

　この演習を通じて，クライエントを共感的に理解し，人権・権利の擁護に問題意識を持つことができたでしょうか。

（4） 振り返りの課題──事後学習

　この演習を通じて，認知症のある人の権利擁護について，あなたはどのように考えていますか。人権・権利についてどのようなことを理解できたのでしょうか。ソーシャルワーカーの倫理綱領「人権と社会正義の原理」「利用者の自己実現」を参照しながら，今回の体験をどのように受け止めたかを振り返り，1,200字程度のレポートにまとめましょう。

4　社会福祉士の倫理綱領について学ぼう

（1） 演習の目的と内容

1） 演習の目的

　この演習では，辞書を調べる，参考文献を読む，インターネットで関連する新聞記事や論文を調べることを通して，社会福祉士の倫理綱領を理解するだけでなく，その中で求められている専門職としての知識を深めることを目的としています。

　そしてこの演習を通しての到達目標としては，倫理綱領を理解するとともに，社会福祉士としてさまざまな情報を図書館やインターネットを活用して検索する能力，参考となる文献資料から必要となる情報を読み込む力を養うことです。

2） 演習の内容

　社会福祉に関するさまざまな専門職団体が専門職団体としての倫理綱領を定めています。本演習では，倫理綱領の内容を理解するために，図書館の情報検索などを活用したり，インターネットを活用するなどさまざまなツールを使って，倫理綱領等で述べられているわからない言葉や内容を調べることを通して学びます。

3）この演習を体験するにあたって──演習への参加の仕方

　ソーシャルワーカーは，クライエントに対する相談援助を行うにもさまざまな知識が求められます。したがって，本演習を通して自ら積極的に調べて内容を理解すること，また調べる上で安易にインターネットの情報をコピー・アンド・ペーストすることなく，内容を理解して他のメンバーとディスカッションできるようにしてください。

　　── 演習にあたっての事前学習 ──
　　① 日本社会福祉士会による「社会福祉士会の倫理綱領」を読み，その中でわからない言葉を辞書等で調べておきましょう。
　　② 倫理綱領の中で重要と思う項目に関する論文や新聞記事を取り上げ，その内容をまとめてきましょう。

（2）演習の進め方

　この演習を1回で完結させるのか，2回に分けるかによってやり方は異なってきますが，ここでは2回に分けて実施することを前提にします。

1）用語を調べよう

① 　4～5人のグループを作ります。
② 　班長を決めます。
③ 　日本社会福祉士会による「社会福祉士の倫理綱領」及び行動規範に記載されているわからない用語をグループで確認し合います（事前に調べる場合，『社会福祉用語辞典』や『広辞苑』などの辞書を使い調べます。インターネットで調べる場合は，Japan Knowledge Lib などを活用すれば，事柄や言葉，さらには用語・情報などを調べることができます。事前に調べた用語はワークシート4に整理して，他のメンバーに説明できるようにしてください）。
④ 　わからない用語をお互いに説明し合い，倫理綱領等の内容を理解しながらグループ内で精読します。
⑤ 　「倫理綱領」の中で，専門職として最も気を付けるべき項目をグループで3つ選びましょう。

⑥ 全体に報告しましょう（どのような項目を重要と考えたか，なぜそれが重要と考えたのか）。

2）関連論文・新聞記事などの調査

① 1）で選んだ3つの項目に関する論文・新聞記事などを調べます。
② 関連論文を調べます。国立国会図書館雑誌記事索引，CiNii Articles，メディカルオンライン，マガジンプラスなどを利用して関連論文を検索してプリントアウトしておいてください。必要なものは文献の複写を依頼します。
③ 新聞記事を調べます。多くの図書館には各種の新聞のデータベースが入っており，関連する記事を調べてプリントアウトしておいてください。たとえば，朝日新聞の「聞蔵Ⅱ」，毎日新聞の「毎索」，読売新聞の「ヨミダス」，日本経済新聞の「日経テレコン21」などがあります。パスワードが設定されている場合がありますので，不明な場合には図書館のカウンターで確認してください。

①〜③は事前に調べて授業に臨みましょう。

④ 調べてきたことは，ワークシート4・5に整理して授業に持ってきてください。
⑤ グループの各メンバーがどのような関連論文を調べてきたか確認します。メンバーはどのような内容の図書，論文であったのかをグループ内で報告します。
⑥ 各メンバーが調べてきた新聞記事をグループ内で報告します。
⑦ 全体に報告します。

（3）体験の考察

　どのような専門職であれ，社会的役割や責任を果たすために職業倫理があります。社会福祉士の倫理綱領や行動規範は，クライエントの生活を守るためにソーシャルワーカーが専門的業務を行う上で守らなければならないものとして定めています。

　そのためソーシャルワーカーはこの倫理綱領や行動規範を十分に理解して行

動する必要があり、この演習を通した学びは、クライエントへの関わり方に対して一つの示唆を与えてくれるものであります。つまり面接技術が優れているとか、制度的知識が豊富であるだけでは、クライエントとの専門的援助関係を築くことはできません。クライエントからの専門的な信頼を得るためにも倫理観の高いソーシャルワーカーに成長することが求められています。

(4) 振り返りの課題──**事後学習**

演習を終え、以下の課題をまとめてください。

- ・倫理綱領や行動規範の中で、あなたが最も重要であると思うものを3つあげ、その理由を述べてください。
- ・上記の倫理等に反した場合、どのような社会的問題が発生するのか、具体的に考えましょう。

5 価値観について考えよう1──自分の価値観と他者の価値観の違いとは

(1) 演習の目的と内容

1) 演習の目的

人は、さまざまな場面で、各々が何が大切で、何が大切ではないという判断をしていることがあります。この判断を価値観といいます。価値観は人それぞれに違います。その理由は、価値観が、人それぞれにもつ経験や感覚といったものから生まれているからです。では、相談援助において、価値観について考えておかなければならない理由はなぜなのでしょうか。ソーシャルワーカーは、クライエントの価値観を理解して、自己決定をどう尊重し、支援するかといったことを考える際の根拠としても、クライエントの価値観を理解しておくことは重要だからです。

この演習では、人はそれぞれの価値観をもっており、何らかの優先順位、美意識、好き嫌いなどがあり、各人によって違うことを体験する機会とします。

ワークシート4　倫理綱領における用語の確認

わからない用語	その意味

ワークシート5　倫理綱領に関連する論文及び新聞記事

倫理綱領等における項目	論文，新聞記事からみられる内容（具体的にどのような行為が該当）	出典（論文及び新聞記事等）

2）演習の内容

「価値観」を理解するために，学生同士が，何らかのテーマ（共通の話題）を設定し，それについて話し合うことをとおして，自らの考えと他者の考えを共有する機会を体験します。さらに，グループごとで一つの答えが出せるよう，考えをまとめてみます。

こうした機会を通して，自己理解，他者理解のための方法を体得するとともに自分自身の価値観や判断の傾向などについて気づくことができます。

3）この演習を体験するにあたって——実習への参加の仕方

全員が何らかの役割を持っていることを自覚し，自分の意見や考え，その理由を説明できるようにしましょう。また，発表は，批判しない態度で，相手を見て，聴きましょう。そして，グループの考えとまとめるときは，多数決で決めることはしないようにし，意見出しを続けましょう。

演習にあたっての事前学習

① 「価値観」の意味について複数の辞書で調べておきましょう。
② 「身近な人と自分の価値観の違い」について気づいたことを書いてみましょう。
③ ①，②の調べた内容を1,200字程度にまとめて授業に持参すること。

（2）演習の進め方

次の例題を読みステップ1～6の順に話し合いましょう。

> 「大学生活がはじまったばかりのある日，はじめて，友人グループ5人と遊びに行きました。昼食をとる時間になり，レストランに入りました。用意されていたメニューは，次のようになっていました」。

MENU

1．地元の野菜たっぷりの野菜サンドイッチ　　　　　850円（税別）
2．地元の名産を使ったハンバーグステーキとライス　1,500円（税別）
3．お店自慢のスパゲティナポリタン　　　　　　　　850円（税別）

4．地元の漁師がその日に釣り上げたお刺身定食　　1,200円（税別）
5．なんでも食べてみたい人に幕の内弁当　　　　　1,500円（税別）
6．サラダ　　　　　　　　　　　　　　　　　　　500円（税別）
7．昔ながらの味！　プリンアラモード　　　　　　850円（税別）
8．コーヒー　　　　　　　　　　　　　　　　　　500円（税別）

ワークシート6　私が選んだメニューとその理由

選んだメニュー	その理由
1回目	
2回目	

ワークシート7　グループのみんなが選んだメニュー

名　前	1回目	2回目

ワークシート8　グループで1つに決めたメニューとその理由

決めたメニュー	
決めた理由	

① あなたは，何を選びますか。1つだけ，選んでください（グループ内で話し合わずに決めてください。1～2分が目安です）。
② グループ内で各自選んだものを発表してください。その時，なぜそれを選んだのかも教えてください。

③ 皆の意見を聞いて、もういちど、あなたはメニューを見返しました。さて、あなたは何を選びますか？
④ グループ内で各自選んだものを発表してください。なぜそれを選んだのかも教えてください。
⑤ レストランはとても混んでいました。皆さんが1つのメニューを選べば早く食べ終わることができます。さて、皆さんは1つにするならどのメニューにするか話し合ってください。
⑥ グループ内で選んだものを全体で発表してください。その際、どうやって、決まったのかも教えてください。

（3）体験の考察

　この演習を通して、何を食べるかといった選択の場面において、人の価値観は、どういった基準で判断しているのかについて考えてみましょう。また、各個人の判断のほかに、全体で決定しなければならない場合、どういった基準で判断していくのかについても考えてみましょう。

　この演習を通して、正解は1つではないという問いが生活の諸場面ではたくさんあります。生活支援において、どういったことが自分と他者で価値観が違うと思うのか考えてみましょう。

（4）振り返りの課題――事後学習

　他者の価値観を理解したいとき、ソーシャルワーカーは、どうやってその人を理解しようとするのでしょうか。1,200字程度であなたなりの考えをまとめてください。

6　価値観について考えよう2——社会福祉実践における価値

(1) 演習の目的と内容
1) 演習の目的
　社会福祉実践の場においては，クライエントの人生のある場面で，特に生活のしづらさを感じている場面で，何らかの決定に関わっていくことがあります。その決定において，クライエントとソーシャルワーカーの価値観が違う場合，ソーシャルワーカーは，クライエントの価値観に関わって（介入して）支援していくということになります。また，クライエントとその家族の中でも価値観が違う場合，その両者にソーシャルワーカーは関わっていくということも多くあります。

　この演習は，人にはそれぞれ「このように生活したい」という希望があり，そこに生きる意味と価値があることを学ぶとともに，個人・家族のそれぞれの考え（価値観）の違いについて，多面的に理解することの大切さについて理解します。

2) 演習の内容
　障害者が，親元を離れて一人暮らしをするという場面において，ソーシャルワーカーはその人と家族をどう理解するのか，そして，どう支援するのかについて考え，話し合う機会を体験します。

3) この演習を体験するにあたって——実習への参加の仕方
　この演習は，ソーシャルワーカーが生活支援をするとき，個人・家族が直面しているそれぞれの希望，悩み，苦しみ，とまどいなどをどう理解していくかを体感します。また，支援する際に，ソーシャルワーカーとして，ソーシャルワーカー自身は，誰を対象に，何を目的に，どこで，どう支援する人なのかについて考えていくこととします。

　他者の希望，苦しみ，とまどい，悩みへの共有するときのソーシャルワーカーの姿勢はどのようなものか，その時に持っておくべき価値や倫理とはどういう

ものなのか考えながら真摯に取り組みましょう。

演習にあたっての事前学習

次の①~③の語句について辞書ならびに「社会福祉士の倫理綱領」前文を読んで，自分なりに説明ができるよう，それぞれ200~300字程度でまとめてくるとともに，④の病気について調べてきましょう。
① 人間としての尊厳
② 自己実現
③ 社会正義
④ ダウン症候群（21トリソミー）

（2）演習の進め方

次の事例を読み，①~⑤の順に話し合いましょう。

事例　ダウン症の女性の夢

私は，27歳の女性です。お医者さんからダウン症があるといわれた私の母は，私が生まれたとき，失望のどん底で，私を殺して自殺までも考えて，泣き暮らしたそうです。

小学校4年生までは地域の小学校に通っていましたが，小学校の先生に転校を勧められ，特別支援学校に転校しました。お友達と別れてしまって寂しかったことを覚えています。でも，転校したらそこで友達もできました。

私は5歳のころから書道をしています。今では，ある書道団体の師範の資格をもっており，母が主宰する書道教室で小さい子どもたちに書道を教えています。

母は，今70歳です。母は最近，「私が死んだら，あなたは福祉施設にいくのよ」と言います。

でも，私は30歳になったら，一人暮らしをしたい，東京ディズニーランドの近くに住もうと決めています。

私の願いを叶えてください。

---

① 事例を読み，「まず，あなたがどう感じたのか」を書いてください。
② グループ内で，それぞれがどう感じたのかを発表し，共有してください。
③ 次の⒤~⑳について，あなたの考えを書いてください。

ⅰ なぜ，お母さんは子どもを殺して，自分も死のうと思ったのか，その気持ちや背景を考えてください。
　　ⅱ 小学校4年生の時，学校の先生に転校を勧められた理由を考えてください。
　　ⅲ 70歳の母が「私が死んだら，あなたは福祉施設に行くのよ」と言った際の，70歳の母の気持ち，27歳の女性の気持ちをそれぞれ考えてください。
　　ⅳ 30歳になったら，一人暮らしをしたいという，27歳の女性の気持ちを考えてください。
　④グループで，ステップⅰからⅳについて，それぞれの考えを発表し，共有してください。
　⑤27歳の女性の「私の夢を叶えてください」をソーシャルワーカーならどう対応しますか。グループ内で話し合い，まとめて下さい。

（3）体験の考察

　この演習を通して，本人（27歳の女性）とその母親の希望や判断に違いがある場合，それぞれが，どういった基準で判断しているのかについて考察しましょう。また，本人の希望を達成させるために，何がそれを難しくしているのか，地域社会，社会資源，福祉制度も視野に置きながら考察しましょう。その上でソーシャルワーカーとして何が支援できるかについて考察しましょう。

（4）振り返りの課題——事後学習

　演習を通して，あらためて，ソーシャルワーカーとなるためには，自らの考えと人の考えが違うことを理解したと思います。その体験を通して，どういった場合に，人の意見を尊重でき，どういった場合は譲れないのか，あるいは判断に迷うか自らの傾向を1,200字程度にまとめてみましょう。

7 コミュニケーションについて考えよう1
——言葉を中心にしたコミュニケーション

(1) 演習の目的と内容

1) 演習の目的

　皆さんは将来，相談援助業務につくために，何を大切にしていったらよいのか，たくさんの学びをしています。その中の一つである言語コミュニケーションについて，ここでは学んでいきます。

　1つ目は，私たちは，人と接するときの基本的な態度として，どのようなことを心がけているのでしょうか。たとえば，一般的に正装する，立ち振る舞いに気を配る，相手の人に良い印象を与え不快感を与えないよう，言葉以外の要素から発せられるメッセージに配慮します。一方では，言葉遣い，会話など言語コミュニケーションにより，声の強弱や長短，抑揚を意識しながら，言葉を使うことが必要です。人との出会いでは，きちんと人の話を聞くことや，言葉遣いや細かい心遣いを体験しながら，相手のことを考えていくことを演習で体験してみましょう。

　2つ目は，日常では，自分の意思や感情，考えのすべてが，言葉で相手に伝わると思っていることが多いといえますが，コミュニケーションには多くの障害があり，うまくいくことばかりではないことをここでは体験し，むしろ，うまくいくことの方が少ないことを，理解しましょう。そのためには，普段の生活から人と接するときは，自分の感受性を磨いて，間違いは早期に修正をしていくことが大切です。しかし，専門の技術のみを習得しても，コミュニケーションがうまく行くとは限りません。最も大切なことは，一人ひとりの人間が，自分と異なる価値観，人間観，宗教，性格などもっているということを理解し，そして，相手を尊重する姿勢を持つことです。

　3つ目は，効果的な言葉のやり取りによって，相手との信頼関係を築いたり，的確に情報を伝えたり，体験を共有したり，共感したりすることの重要性と，難しさについて演習で体験してみましょう。具体的には伝言ゲームやロールプ

レイを通して，普段は，無意識に行っている自分のコミュニケーションの癖や，スタイルに気づくとともに，良いコミュニケーションを築いていけるように学びましょう。

2）演習の内容

　対人援助を専門とする人には，人と上手に関わる能力が求められ，コミュニケーションはその基本となりますので，コミュニケーションの目的，方法，手段など，コミュニケーションの基本的な事柄を理解します。

　コミュニケーションにおいては，ときとして，聞き違いや思い違いなどによって，正しくメッセージが伝わらないという問題が発生することがあります。したがって，メッセージの送り手と受け手との間で，メッセージがどの程度共有されるかは，対人援助を円滑に進める上で重要な問題です。専門職として，「利用者の思いを正しく理解しているか」「利用者に何が伝わり，何が伝わってないか」について，常に配慮する必要があるのです。

　コミニュケーションの中でも最も一般的な方法であります，言語コミュニケーションについて，口頭伝達ゲームや，ロールプレイを通してコミニュケーションの難しさなどを体験し，よりよい言語コミュニケーションを成立させるための基礎知識の習得を目指します。

① コミュニケーションとは

　コミニュケーションは，「社会生活を営む人間の間に行われる知覚・感情・思考の伝達。言語・文字・その他の視覚・聴覚の訴える各種のものを媒介とする」と定義されています（『広辞苑』から引用）。

② 言語コミュニケーション

　私たちがコミュニケーションをとる方法の一つに，言語コミュニケーションがあります。

　　・「言葉」で自分の意思や感情，考えなどを伝えます。

　　・文字や文章を使って「書く」いう手段で伝えます。

③ 代表的な言語コミュニケーションの種類

　　・話し言葉（声の高低，速度，アクセント，間の取り方，発言のタイミング）

・書き言葉（文字・メモ・文書）

3）この演習を体験するにあたって——演習への参加の仕方

　この演習では，初めての人と会う時の基本的な態度や言葉遣い，話す側，聞く側のそれぞれの立場を変え体験し，客観的に自分のコミュニケーションのスタイルや癖に気づいてみましょう。また効果的な言葉のコミュニケーションが積み重なっていくことで，人は励ましたり，励まされたり，勇気づけられたり，勇気づけられたり，元気になっていく心のありさまをこの演習で体験的に学び，活用していけるようにしていきましょう。そのことがやがて良い援助関係を築いていける基礎的な力になります。

演習にあたっての事前学習

① 普段，使っている言葉や言い回しなど，あなたの話し方について，その特徴を整理してみましょう。
② あなたの話し方が，相手に与える印象や，理解にどんな影響を与えているか考えてみましょう。

（2）演習の進め方

1）初対面の人に，どんな言葉で話しかけますか

① 1グループ6人程度のグループを作り，司会者，書記，発表者を決めます。
　ⅰ司会者はグループの話し合いの進行役を務めます。
　ⅱ書記はグループで出た意見を記録します。
　ⅲ発表者はグループの意見を簡潔に整理し，発表します。
② 各グループ単位で，討議をします。
③ 各グループの討議の結果を発表します。

2）コミュニケーションで何を大切にしていますか

① 1グループ6人程度のグループを作り，司会者，書記，発表者を決めます。
　ⅰ司会者はグループの話し合いの進行役を務めます。
　ⅱ書記はグループで出た意見を記録します。
　ⅲ発表者はグループの意見を簡潔に整理し，発表します。

② 各グループ単位で，討議をします。
③ 各グループの討議の結果を発表します。

3）伝言ゲーム
① 1グループ8人程度のグループを作り，列の間隔を2メートル程度もうけて並びます。
② グループの先頭は，示された文章を2番目の人に伝言し，2番目以降の人は，順次，同様に前の人から聞き，次の人に伝言をしていきます。
　ⅰ伝言は1回のみとします。
　ⅱ聞き手に聞き返すことはできません。
　ⅲ次の伝言を受ける人に，聞こえないように話してください。
③ すべてのグループが終了したら，列の最後の人は黒板に伝言の内容を書いてください。

4）ロールプレイ——テーマ「高校時代の思い出」について
① 2人1組で，向き合って座ります。一方が聞き手に，もう一方が話し手になり，インタビューをします。次に，立場を変えてインタビューをしてください。それぞれが，聞き手と話し手の立場をプレイします（5分）。
③ 5分話したら，それぞれの立場を体験した感想について話し合いましょう。

（3）体験の考察

　ここでは，言語コミュニケーションの基本を学びましたが，コミュニケーションとは何か，私たちが必要としているコミュニケーションは人と人との対人コミュニケーションです。そして，話し手，聞き手，相互の役割を交換しながら進めていくものです。コミュニケーションは良く，キャチボールにたとえられます。相談援助者は投げることのみに関心を向けますが，ボールをキャッチする受け手であることを良く理解しておくことが重要です。

　将来相談援助職に就くと，たくさんの利用者（クライエント）や家族と面接をしていきます。そして多くの利用者や家族は，自分より数倍の人生を生き抜いた人々です。常に利用者やその家族を尊重できる謙虚な姿勢が求められ，相

談援助職の基礎となる価値や倫理が厳しく求められます。

（4）振り返りの課題——事後学習

（2）の1）から4）の体験をふまえて，以下の3点について考えてみましょう。さらに，「話し手が留意しなければならないこと」「聞き手が留意しなければならないこと」について，まとめてみましょう。

・コミュニケーションがうまくいかない原因は？
・効果的なコミュニケーションとは？
・コミュニケーションに必要な能力・力は？

8　コミュニケーションについて考えよう2
——非言語コミュニケーション

（1）演習の目的と内容
1）演習の目的

　この演習では，言葉以外の態度・表情・イントネーション・声の大小・態度・姿勢などによって，クライエントにどのようなイメージを伝えるのかを，ロールプレイよって体験することにより，面接場面などでクライエントに対して誤ったメッセージを送ってしまわないように注意することを学びます。

　また，クライエントと向き合う私たちが，「言葉」以外の部分からクライエントの心情などの情報を読み取るために，どのような点に注目すればよいのかを体験的に学び，実際に活用することを目的とします。メッセージ全体において言語内容が占める割合は7％，音声と音質の占める割合は38％，表情としぐさの占める割合は55％と言われています。私たちが対面でのコミュニケーションにおいて活用するのは，言語コミュニケーションよりも圧倒的に非言語コミュニケーションによるものが多いのです。

　言葉によって伝わるものよりも非言語的要素によって伝わるものの方が圧倒的に多いことがわかります。人は顔の表情や声の質によって他人を判断してい

るとさえ言えます。言語コミュニケーションと非言語コミュニケーションを駆使して有効なコミュニケーションを図っていきましょう。

2）演習の内容

「言葉によらないコミュニケーション」の取り方について，ロールプレイ形式で体験します。その際に，面接場面でのクライエントに向き合う態度・姿勢などについて考え，あわせて他者と向き合う際の，自分自身の態度（など特徴・くせ）に気づきましょう。

私たちがコミュニケーションをとるあるいは図るというとき，そこには以下のような目的があると考えられます。いずれも分かり合う（分かち合う）ということがあるのではないでしょうか。

・人間関係をつくる…会話やあいさつ
・情報を伝達する…説明や報告
・協力してもらう…依頼や説得
・受容・共感…励ましや慰め

ジェスチャーや合図，しぐさや態度といった言語以外のコミュニケーション手段が言語と合わさって，あるいは独立して使われます。代表的なものは非言語コミュニケーションといわれる「表情」などの身体的動作です。

「非言語コミュニケーション」とは，音声として表出される言葉以外の相手の動作から相手の感情を理解することです。たとえば，下を向いて小さい声で「今日はすごく元気です」と言ったとしても，言語的には「元気」と言っていますが，非言語的には「元気がない」という状況が伝わってきます。海外旅行で言葉がわからなくても買い物ができるのも，非言語的な部分でコミュニケーションをしているからです。以下は，「非言語コミュニケーション」の主な例です。

・身体動作：しぐさ，ジェスチャーなどの身体や手足の動き，表情，姿勢，

　　　　　　　　　　目の動き（まばたき，視線の方向，凝視の長さ，瞳孔の広がりなど）。
・身体特徴：身長，体型，髪型。
・接触行動：撫でる，打つ，叩く，握手，抱く，押す，引っ張る。
・話し方：声量，ピッチ，スピード，声の質，明瞭性，口ごもり。
・距　　離：相手との距離，座席の位置。
・身に付ける物：服装，香水，メガネ，化粧，靴，腕時計，アクセサリー
　　　　　　　　などの装身具。
・環境要因：音楽，インテリア，照明（明るさ），温度，湿度，香り。

3）この演習を体験するにあたって──実習への参加の仕方

　私たちは普段「言語（話し言葉・書き言葉）」を使ってコミュニケーションすることが多いと思います。では，「言葉」を持たない（上手く使うことができない場合を含む）人との間には，コミュニケーションは成り立たないのでしょうか。決してそんなことはありませんね。たとえば，赤ちゃんとお母さんの関係。赤ちゃんはまだ「言葉」を使うことができませんが，お母さんは赤ちゃんの意思を汲み取ることができていますし，赤ちゃんにもお母さんの気持ちが伝わっている場面を想像すれば納得していただけると思います。

　また，外国人と私たち日本人のコミュニケーションはどうでしょうか。外国の言語を自由に使える場合は除きますが，お互いに相手の母国語を理解できない場合にでも，やり取りができることは容易に想像がつくと思います。

　共通の言語を持っていなくても，どちらかが上手く言葉を使うことができなくても，あるいはお互いが上手く言葉を使うことができない場合にでも，コミュニケーションは成り立ちます。それはなぜでしょうか。それは，「相手の意思を汲み取ろう」とする気持ちがあるからに他なりません。同じ言葉を使う者同士であったとしても，「相手の気持ちなど知ったことか」と思っていれば，コミュニケーションは成り立ちません。何としても相手の気持ちを理解しようとするからこそ，言葉の壁があっても，言葉を上手く使うことができなくても，言葉を持っていなくてもコミュニケーションが成り立つのです。

この「何とかして捉えようとする」気持ちを忘れないで，傍観者にならず，目の前に実際に相談者・利用者がいる気持ちになって，取り組んでください。

―― 演習にあたっての事前学習 ――

　人間ウオッチングとは「人間観察」であり，人間を注意深く観察することです。人のしぐさや動作には，何かメッセージを伝える目的があります。これらは意識的に行われることも，無意識に行われることもあります。友達や家族と一緒にいるときに，その動作に注目してみましょう。その中から「言葉では表現できない感情」を理解したり，その人の特徴・クセを発見してみましょう。

（2）演習の進め方
1）聞く姿勢――体の向きなどを考える
① 2人組を作り，向かい合って座ります（膝と膝の間隔は30cmくらい）。
② 椅子に自然体で深く腰掛けます。この時，腕組みや足組みをしません。
③ 会話します（自己紹介やニュースの話題など，何でもよい）。
④ 数分おきに次の動作を行いながら会話を続けます。
　ⅰ頬杖をつく
　ⅱ腕組みをする
　ⅲ腕組みをしたままで，脚組みもする
　ⅳ腕組み，脚組みしたままで，後ろにふんぞり返る
⑤ 一度会話を止め元の姿勢に戻ります。そして，上記の姿勢で会話をしていて，どんな気持ちになったか，お互いに話し合いましょう。
⑥ 会話を再開し，数分おきに次の動作を行いながら会話を続けます。
　ⅰ背中を向ける
　ⅱ2人とも正面を向いたまま横に並ぶ（顔を見ない）
　ⅲ正面でなく，斜めに向き合って座る（ハの字のように）
⑦ また会話を止め元の姿勢に戻ります。そして，上記の姿勢で会話をしていて，どの姿勢の時が一番話しやすかったか，お互いに話し合いましょう。
⑧ 会話を再開し，次の動作を交代して行いながら会話を続けます。

ⓘ 1人が立ち上がる（交代する）
　ⓘⓘ 相手の後ろに立つ（交代する）
　ⓘⓘⓘ 1人が机または床に寝ころび，もう1人は立ったまま（交代する）
　ⓘⱽ 机が固定されていて，安全であるか確認し実施してください。また，床がカーペット等できれいな場合に限ってください。
　ⓥ 立っている人は，枕元，足元等に移動して，どの位置が話しやすいか考えてみましょう。
⑨　元の位置に戻ります。そして，上記の姿勢で会話をしていて，どの高さ・位置の時が話しやすかったか，お互いに話し合いましょう。
⑩　最後に，2人が一番快適に話せる姿勢をつくって，この演習をやってみて感じたことを話し合いましょう。

2）表　情──顔の表情などを考える

①　2人組を作り，向かい合って座ります。
②　1分間，無言で無表情のまま視線を合わせます。これを少しの間をおいて3回繰り返します。
③　次は，無言のままで，やわらかい表情（笑顔など）で視線を合わせます。同じように，これを少しの間をおいて3回繰り返します。この時，相手の話に合わせてうなずきなども入れてみます。
④　今度は，1人の人が話し掛けますが，聞いている人は無表情のまま聞きます。話題は自由です。1分程度で役割を交代します。
⑤　1人の人が話し掛けますが，聞いている人は，首を傾げたりして，疑っているような態度で話を聞きます。話題は自由です。1分程度で役割を交代します。
⑥　1人の人が話し掛けますが，聞いている人は，自然な笑顔で，大きくうなずいたりして，受容的な態度で話を聞きます。話の内容によっては，悲しい表情を作ります。話題は自由です。1分程度で役割を交代します。
⑦　それぞれの状況で話をしてみて，話しやすかった状況，話しにくかった状況について，相手を受容するような態度で話し合いましょう。

3）話す速度や語尾の感じ
① 2人組を作り，向かい合って座ります。
② 「〇〇（相手の名前）さん，こんにちは。今日は良い天気ですね。気分はどうですか？」のセリフを次の言い方で試してみます。
　ⅰ自分がいつも話すような話し方で。
　ⅱできるだけ早口で，マシンガントークのように。
　ⅲ話す速度は普通ですが，語尾を長く伸ばしたり，語尾を上げたりする。
　ⅳ語尾を少しだけ伸ばして，ゆっくりとした速度で。
③ 4つのパターンで話し掛けられた時の気持ちをお互いに話し合いましょう。

（3）体験の考察

　この演習をやってみてどうでしたか。日頃は特に意識することなく，友達や家族とコミュニケーションをとっていることでしょう。そのシーンを思い返してみましょう。

　お休みの日にディズニーリゾートに行った話を友達にする時。多分，満面の笑顔で身振り手振りを交えて，興奮したようにお話していませんか。とても嫌なことがあった時。「話すのも面倒くさい，私に構わないで」という雰囲気を周囲に撒き散らしていませんか。

　「ありがとう。お陰様で助かります」と話すクライエント。もし，顔が笑っていなかったとしたら，その言葉は本心からでしょうか？

　私たちは「言葉」だけに頼っていては，クライエントの本心を掴み損ねてしまうことがあります。逆に，「お話ができない人」であっても，「言葉」以外の雰囲気や身振り手振り，表情によって伝え合い，分かり合えることも出来るのです。それは，「相手の意思を汲み取ろう」とする気持ちがあるからです。何としても相手の気持ちを理解しようとするからこそ，コミュニケーションが成り立つのです。この「何とかして捉えようとする」気持ちを忘れないでください。

（4）振り返りの課題——事後学習

あなたは普段，人と話すときにどのような態度，姿勢をとりがちでしょうか。相手の姿勢や態度によって，あなたの気持ちにどのような変化がありましたか。話しやすい位置や高さはどうでしたか。この演習をやってみてどうでしたか。以上の3点について振り返りましょう。

・あなたは普段，人と話すときにどのような態度，姿勢をとりがちですか。
・相手の姿勢や態度によって，あなたの気持ちにどのような変化がありましたか。
・話しやすい位置や高さはどうでしたか。

9　コミュニケーションについて考えよう3
——非言語コミュニケーション・面接での座る位置

（1）演習の目的と内容
1）演習の目的

非言語コミュニケーションには，ソーシャルワーカーの身ぶりや表情，視線や姿勢，声の調子や話す速度，服装等がありますが，これに加えて，クライエントが相談しやすい位置関係や距離があります。この演習では，援助者とクライエントの1対1でのインテーク場面を想定して，どこに座ったらお互いが緊張しないで相談しやすいのかを考えていきます。

2）演習の内容

援助者がクライエントと面接する際の座る位置を，援助者役とクライエント役の2人1組になって体験し，面接しやすい位置を考えていきます。

3）この演習を体験するにあたって——演習への参加の仕方

インテーク場面なので，援助者とクライエントは「初めて会った」と想定しますから，知り合い同士のペアになった場合は「初回面接」であることを意識してください。また，イスに座ってお互いの視線を合わせるだけでなく，インテーク場面ですから，言語的コミュニケーションとしての会話をしながら，お

互いに相談しやすい位置をペアで考えてください。

――― 演習にあたっての事前学習 ―――
　普段友人と1対1で学生ホールやレストランで会話する時に，お互いどの位置に座って話をしているかノートに書き出してみましょう

（2）演習の進め方

① 　2人1組となって教室の机を確認し，1対1の面接に適当と思われる机を選び（2個以上の机を併せてもよい）配置しましょう。

② 　1対1の面接場面での座る位置を，できるだけ多く図（机1とイス2）で示してみましょう（個人ワーク）。記載方法は，援助者を◎，クライエントを○，矢印はイスの向き，とします。

③ 　援助者役とクライエント役を決め，図に示した位置に座ってしばらく面接をしましょう。2人が図で示したすべての位置に座り，援助者とクライエントのお互いにとって相談しやすかった位置を3つ選びましょう（よかったものから左に記載していきましょう）。

④ ③で選んだ3つを，担当教員が黒板に書くので，今度は黒板に示されたすべての位置に座り，援助者とクライエントのお互いにとって相談しやすかった位置を3つ選びましょう（よかったものから左に記載していきましょう）。

⑤ ④の左の図（1番よかったもの）を3点，真ん中の図（次によかったもの）を2点，右の図（3番目によかったもの）を1点とし，担当教員に報告してください。クラス全体で得点の高かった上位3つを，下に示してください。

（3）体験の考察

1）クライエントの違和感

クラス全体で得点の高かった上位3つが，本当に「相談しやすい位置」であるとは限りません。クライエントが相談室に入ってきた時に，イスの位置をみて違和感があったら，その面接は失敗といえるでしょう。担当教員から「この位置関係はインテークでは相応しくない」との説明があった場合，どうして自分たちは選んでしまったのかを振り返ってください。

2）クライエントが相談しやすい位置

援助者役とクライエント役で選択が分かれた位置はなかったですか。その場合，どちらの意見を優先しましたか。この演習では「援助者とクライエント

のお互いにとって相談しやすい位置」を考えてもらいましたが，本来は「クライエントが相談しやすい位置」を考えるのがソーシャルワーカーですね。

3）机の大きさに合わせたイスの配置

　実際の相談援助場面では，機関・施設の部屋ごとに机の大きさが違いますから，この演習で得点の高かった上位3つは，あくまでもこの教室の机の大きさの場合です。よって，援助者は自身の所属する機関・施設の相談室の机ごとに，「クライエントが相談しやすい位置」を考える必要があります。皆さんも実習施設の相談室の机の大きさ，それにあわせてイスがどのように配置されているかを観察しましょう。

（4）振り返りの課題——事後学習

　面接は言葉によってすすめられていきますが，この演習で学んだように，実はクライエントが相談しやすい「面接室の環境づくり」も大切です。この「面接室の環境づくり」として，他にどのような工夫・準備が必要であるかを考えましょう。

　この演習では1対1の面接でしたが，援助者1人とクライエント2人の1対2の場合では，クライエント同士の関係や机の大きさがとても影響し，座る位置が限定されてしまいます。この演習と同様な方法で体験してみましょう。

10　「クライエントを理解する」とは1
―高齢者福祉施設での支援事例を通して考えよう

（1）演習の目的と内容

1）演習の目的

　この演習では，高齢者福祉施設での事例，特に援助場面において利用者が発した言葉や仕草，表情などに着目し，高齢者が発しているサインを受け取り，利用者を個別的に理解することを学びます。事例という素材によって，講義等で学んだ高齢者に関する知識や技術を実際の援助場面でどのように活用したらよいのかイメージし，利用者理解の視点を明らかにしていきます。

2）演習の内容

事例の文章から，登場するクライエントの様子がわかる箇所を抜き出し，利用者がどのような様子であるか，人物像を描けるようにしましょう。事例では，クライエントと職員の会話のやりとりを，単なる会話としてではなく，発せられる一言の意味を掘り下げて検討することによって，クライエントの個別性を理解することを体験的に学んでいきます。意志を十分に訴えられないクライエントの援助，皆さんがその場面にいるソーシャルワーカーであったらどのように考えるかということを検討し，利用者の意思表示，サインを受け取りながら，利用者の思いを聴くこと，見ることを体験します。

3）この演習を体験するにあたって——演習への参加の仕方

高齢者福祉施設での事例を読み，高齢者領域の援助場面を具体的に思い描き，さらには，高齢者がどのような思いで入所施設での生活を送っているかを考えましょう。クライエントの「言葉」から隠された思いを考え，支援者としての視点を考えていきます。

個人ワークで考えられたことを，グループ討議によって他のメンバーにわかりやすく言葉で伝えられるようなトレーニングを行います。似たような意見であっても，表現の仕方を工夫したり，話す内容によっては詳しい説明をつけ加えたりすることで，自分の言葉で，かつ相手にわかりやすく伝えられるようになります。

演習にあたっての事前学習

高齢者の特性（高齢者が特にかかりやすい疾患や症状，認知症に関する知識）を学習しておきましょう。
- ・認知症について，基本的な知識を復習し，その行動・思考の特徴を理解しておきましょう。
- ・これまでの体験（ボランティア，実習，地域の住民との関わり）において，認知症の症状がある人と接したことがある場合には，その時のエピソードや感じたことなどを思い返し，まとめておきましょう。

（2）演習の進め方——電話をかけたいMさん

1）事例の紹介

① 登場人物

Mさんは80代女性で要介護3，アルツハイマー型認知症で入居3年目です。歩行，移動はリビングと居室はつかまりながら自立。ホーム内の散歩や外出時は車イスを使用しています。認知症の周辺症状によって，フロア内の徘徊，スタッフへの暴言が見られ，そばにスタッフの姿が見えないと不安になり探し回っています。Kさんは生活相談員（男性）で社会福祉士資格を持っています。フロアリーダー（女性）は介護福祉士資格を持っています。

② 事例の概要

ある日，特別養護老人ホームに入居しているMさんを訪ねて昔からの友人のAさんが面会にやってきました。Aさんは，昔Mさんが住んでいた町内の友人で，女学校の同窓会広報や写真を持ってきてくれました。Mさんは，長年同窓会に参加できないでいましたが，広報誌や写真を見ると親しくしていた友人たちの笑顔があり，懐かしそうに目を細めていました。

友人の面会から数日後，Mさんは生活相談員のKさんに，「昔の友達がまだ元気で暮らしているか，電話をかけたいね」と言ったため，業務の合間に，ロビーの公衆電話へと付き添いました。Mさんは，自分の手帳から女学校の友人宅の電話番号を探し出し，公衆電話のボタン操作に戸惑いながらも，なんとか数人の友人に電話をかけました。居住地が変わっている人や入院している人もおり，実際に話ができたのは2人しかいませんでしたが，Mさんは一言一言を噛みしめるように，時折大きくうなずいたり声をあげて笑いながら，上機嫌で友人との会話を楽しんでいたようでした。

それ以降，Mさんから再び「電話をかけたい」という訴えが1日の間に何度かあり，そのたびに介護スタッフがロビーに付き添いました。しかし，何度か繰り返し電話した友人の一人からは，「もう電話をかけないでほしい」という返答もあり，Mさんのがっかりした様子も見られました。

フロアリーダーとKさんは，Mさんの行動や発言によって，他の利用者も不

安になっている現状から，今回の件について事情を確認し，現在のМさんの状態，今後の対応について話し合いました。その場では，

- Мさんはここ最近，いろいろなことに訴えが多くなってきた。
- 口調が強くなったり，感情の起伏がはげしい。
- 認知症の症状が進行してきており，今後はМさんが電話をかけないようにするべきではないか。このままエスカレートすると，民生委員や地域住民にも電話をかけるのではないか。

などの議論が交わされました。そして具体的な対応方法として，

- Мさんが電話をかけたいと言った際には，相手が迷惑していることを説明する。
- 業務があり付添ができない場合もあるため，電話の時間帯を決める。
- 友人の連絡先が書かれているМさんの手帳をスタッフが預かったらどうか。

という意見が出されました。

　介護スタッフは，Мさんがどうしたら電話することをあきらめてくれるか，何と言ったら納得してくれるのか考えながら対応していましたが，Мさんに「相手の方が，もうかけないでって言っているそうですよ」と言うと，「そんなはずはないよ！」と怒ったように答えます。

　Кさんは，「本当にこのままでいいのだろうか」と感じながらも，具体的な対応方法がわからず，悩んでいましたが，一度Мさんとゆっくり話をしてみようと思い，おやつの後にフロアへ行き，「おかげんはどうですか」とМさんに声をかけました。すると，Мさん「あんまりだねえ」と浮かない表情を浮かべました。Кさんは「あんまり，なんですか。なんだか，元気がないようですね」と答え，「何かありましたか」と尋ねました。するとМさんは「私さ，こ

んなに長生きしちゃって……」と話し出しました。

2）演習課題

① 前述の事例を一人で読み，登場する人物，事例の概略を理解しましょう。

② もう一度事例を読み，本文中から，Mさんの様子・言葉に注目し，印をつけながら読み進めます。その後，ワークシート9に本人の様子・言葉から，Mさんのどのような気持ちがわかるか，その理由として考えられることを詳しく書き出してみましょう。

ワークシート9　Mさんの気持ちを考える

Mさんの様子・言葉	Mさんの気持ち	その理由として考えられること
例）懐かしそうに目を細めていた	例）・昔を思い出している ・友人に会いたいなあ	例）・女学校時代の写真を見て昔を思い出したのではないか

③ ワークシート9に書き出した本人の様子・言葉，本人の気持ち，その理由として考えられることを，グループ内で発表し合い，他のメンバーがどの部分に着目したか，本人の気持ちをどのように理解したのかを共有します。その際には，自分と同じ意見の発言だけではなく，違う意見を持っているメンバーにも注目し，そのように考えた理由を詳しく聞き取ってみましょう。他のメンバーの発表で，さらに詳しい説明が欲しい場合には，「なぜ○○と考えたの」「その△△という部分をもう一度話してほしい」など，自分がこの

ように理解できたという反応を返し，メンバー同士のやりとりが一方通行ではなく，双方向になるようにしましょう。
④　Mさんの意思を尊重しながら援助を行うには，あなたがスタッフの一員であったら，どのような声かけや手伝いができるでしょうか。アイディアをできるだけ多く考えてみましょう。
⑤　あなたがKさんの立場であったら，どのような価値・倫理の下で，または何を優先的に考えながら入居者の支援にあたりますか。

（3）体験の考察

　事例を読み，皆さんの頭の中でMさんの人物像を描くことはできたでしょうか。今回取り上げた事例から読み取れる，本人の"思い"や"願い"は何だったのでしょう。たとえ認知症であっても，快・不快を感じとることはできますし，嬉しさや悲しさ，寂しさなどの感情表現はよりストレートになる傾向があります。本人の発するサインにはそれだけ強い思いが込められているため，個別に，慎重に対応することが求められます。

　事例の中では，Kさんが本人のお話にゆっくりと耳を傾け，Mさんが起こした行動の意味や発言に隠されたメッセージを受け取ろうとする機会を設けようと試みた場面までしか紹介されていませんが，Kさんはこの後，積極的にMさんに介入する必要がありそうです。もしもMさんを取り巻く環境が，本人のできることややりたいことを阻むような影響を及ぼしている場合，Mさんは，「言っても聞いてくれない」というあきらめの気持ちとなり，次第に訴え自体を起こさなくなります。あきらめや周囲に対する不信感が募ると，やがて生きる気力までも低下してしまう危険性があります。

　利用者を理解することとは，一見すると，その人に関する情報（生活歴，既往歴，症状，ADL等）が把握できていれば十分であると考えるかもしれません。ところが，本人を，支援の対象として総合的に理解するためには，援助場面でご本人が発している"サイン"を見逃さぬように，正確に情報収集し，本人が主体的に生きられるよう支援を進めることが重要になります。

（4）振り返りの課題――事後学習

高齢者福祉領域ではない対象者への介入方法と比較し、共通する価値、技術について考えてみましょう。また、自分のグループ討議への参加の仕方がどうであったのか、振り返ってみましょう

11 「クライエントを理解する」とは2――ロールプレイを通して考えよう

（1）演習の目的と内容

1）演習の目的

ロールプレイを用いて、ソーシャルワーカーの関わり方や発せられる言葉の内容が、いかにクライエントの気持ちを揺さぶるかを、体験的に学びましょう。その体験をもって、ソーシャルワーカーとして必要な対応について考えを深め、言語化して説明できるようにすることが、この演習の到達目標です。

2）演習の内容

実子への虐待を行う母親への、児童相談所ソーシャルワーカーの対応について、ロールプレイを通して体験的に学びます。次頁以降にある台本をもとに、母親、ソーシャルワーカー役を交互に体験してみましょう。

3）この演習を体験するにあたって――演習への参加の仕方

まず2人組を作ります。その後、ソーシャルワーカー役と母親役に分かれ、台本に沿ってロールプレイを行ってください。最後まで終われば、役割を交代します。ロールプレイとは、その役になりきって擬似的に体験することをいいます。台本を読み、その役柄だとどのような思いをするか、どのような身体的態度をとるか、考えて実践してください。

演習にあたっての事前学習

① 児童虐待の現状と児童相談所の役割について、クライエントへの説明を前提に基本的な知識を整理・確認しておきましょう。
② 調べた内容は1,200字程度のレポートにして演習時に持参しましょう。

（2）演習の進め方
1）ロールプレイ事例の背景
　隣人から，「昼夜なく子どもの泣き声と『ごめんなさい』という声が聞こえる。子どもはまだ幼いはずなのに学校に行っていない様子で気になる」という通報が児童相談所に入ったことから，児童相談所ソーシャルワーカーが母親と子が住む自宅を訪問。母親は最初は拒否していたが，母親自身子育てにひどく悩んでいたこともあり，自宅内に通した。部屋は乱雑に散らかっており，食べ終わった後のカップ麺やペットボトルなどが散乱している。子どもは部屋の隅で眠っており，学校には行っていない。

2）ロールプレイ
母　親：どこか，適当に座ってください。
援助者：ありがとうございます。（座りながら部屋を見渡して）お子さんは，寝ていますね。今は平日の10時ですが，学校には行っていないのですか？　先生には連絡していますか？　いつもこうですか？
母　親：……（沈黙の後）私も仕事が忙しくて。
援助者：子供の泣き声が聞こえると，近隣から連絡がありました。
母　親：……（沈黙の後）だって叱らないと子どもは成長しない。
援助者：お子さんの成長のために，ということなんですね。
母　親：（泣きそうな声で）あの，私だって一生懸命に頑張っているんです。私一人で子どもを抱えて。でも，この子は言うことを聞かず，私の足ばかり引っ張るんです。私だってこんな生活嫌です。
　　　　お金があればなんとかなります。お金をなんとかしてください。それと私，普段から気持ちが落ち着かなくて誰かが私のことを叱っているような。私が悪いのかもしれませんが，私の……。
援助者：（母親の言葉を遮るように）お母さんは皆さんがんばっていますよね。ただ，今の生活状態からして，第1に子どもとお母さんとの生活を再建していくことが必要です。 6 ）の検討箇所 （84頁参照）
母　親：……（沈黙）。

3）母親としての意思表示

　ロールプレイで母親役を行ってみて，あなたはどのように感じましたか？　文章化してみましょう。

4）ソーシャルワーカーの対応についての意見提示

　このソーシャルワーカーの対応について，あなたはどのように評価しますか？　△△の箇所は妥当である，◆◆の箇所は○○の対応をする必要がある，といったように具体的に考えてみましょう。

5）あなたの意見を発表しよう

　3），4）であなたが考えた内容を，同じく演習を受講するメンバー同士で共有してみましょう。また，メンバーからどのような意見が出たか書いてまとめましょう。

6）適切だと考えられるセリフを考えよう

　4）の内容をふまえ，ロールプレイ台本中の 6）の検討箇所 部分はどのようなセリフが適切だと考えますか？　演習メンバー同士で話し合い，書き表してみましょう。

（3）体験の考察

1）児童虐待と児童相談所

　児童虐待は身体的虐待，性的虐待，ネグレクト（育児放棄），心理的虐待の4つに分かれます。

　児童虐待の防止，子どもや家族への支援の第一線機関は児童相談所です。児童相談所に寄せられる虐待相談件数は年々増加しています。厚生労働省が発表している「平成24年度児童相談所における児童虐待相談対応件数の内訳」（「児童虐待の定義と現状」2013年）をみると，虐待者としては実母が全体の57.3％と，実父や祖父母等と比べると最も高い割合を占めています。

2）"家族全体"を支えるという視点

　児童虐待への対応は迅速に，かつ虐待を受ける子どもの安全確保をはじめ子どもの権利擁護を最優先に行われることが求められます。しかし，それは虐待

者の気持ちや置かれている状況を無視してよいということではありません。子ども単独への支援のみならず，家族全体を支援していく発想がソーシャルワーカーには求められます。

　この事例では，母親自身が子育てに悩み困っており他者の助けを求めていること，一人では解決しきれない課題を母親が多く背負っていることが読み取れます。その時に，いかに母親の感情に沿い，母親自身の現状への思いに耳を傾けつつ解決策を思考していけるかが，ソーシャルワーカーに問われます。

（4）振り返りの課題──事後学習

　相談援助場面において，クライエントから発せられる言葉や感情を受け止めるために，ソーシャルワーカーにはどのような姿勢が求められるかを考え，文章化してみましょう。

12　「クライエントを理解する」とは3
――地域における支援事例を通して考えよう

（1）演習の目的と内容

1）演習の目的

　ソーシャルワーカーとして，クライエントに向き合い，その人と生活を理解するということは，どのような意味なのでしょうか。ワーカーの立場になり，どのような視点を持ってクライエントをわかろうと努めていけばよいか考えてみましょう。

　ソーシャルワーカーが出会う生活課題は，さまざまな内容に及びます。クライエントを理解するには，相手の立場になって，その生活を想像していくことが求められます。事例を通して他者の生活を想像してみましょう。

　クライエントを理解するためには，クライエントが自分の力では解決できない部分に焦点を当て支援していくことはもちろんのこと，クライエントの持つ強みにも目を向けて支援していくことが求められます。クライエントの強みに気付き，引き出し，その人らしい生活の実現に向けた支援について考えてみま

しょう。

2) 演習の内容

地域で一人暮らしをしているＡさんに関わり始めた地域包括支援センターのソーシャルワーカーの支援事例を通し，あなたが担当ワーカーであったらどのようにＡさんを理解して支援を進めていくか，ワーカーの立場になって体験的に学習します。

3) この演習を体験するにあたって――演習への参加の仕方

この演習では，まずソーシャルワーカーが関わろうとしているクライエントの情報を注意深く読み取り，あなたの頭の中で，「どのような人なのだろうか」「どうしてこのような生活をしているのだろうか」などと，問いを持ち想像しながら生活状況を考えてみましょう。

事例の内容が，あなた自身の体験や持っている知識からは想像することが難しいかもしれません。しかし，「私がＡさんだったら」と置き換えて，Ａさんの気持ちに近づこう，生活を理解しよう，という姿勢で取り組みましょう。

この事例に関する問いを考えるにあたっては，あなたが担当相談員であると仮定して，能動的に考えて取り組みましょう。

演習にあたっての事前学習

この演習の事前学習として，次の事項について調べ，1,200字程度でまとめ，授業時に持参して下さい。

- この事例への対応機関である地域包括支援センターの役割，配置されている専門職と専門性についてまとめて下さい。
- ソーシャルワーカーのアウトリーチについて説明して下さい。
- この事例を読み，Ａさんについてあなたはどう感じましたか，そして，それはなぜですか。書き出して下さい。

（2）演習の進め方

この演習は，次の３つのステップを踏んで進めていきます。まず，事例の状況を理解するためにしっかりと読み込みます。次に，６つの問いについてワークシート10（89頁）に「あなた自身の考え」をまとめます。その後，５～６名

のグループに分かれ，進行役を決め，その人が中心となり，6つの問いについての意見をグループ内で報告し合い，全体へ報告します。

1）事例概要

　80歳になるAさんは，約40年間，小学校の先生を勤めてきました。28歳の時に，同じ小学校の先生をしていた妻と結婚し，子どもはいませんでしたが，2人で支え合いながら暮らしてきました。近所の人からは，「休みの日は夫婦そろってよく旅行に出かけていた」と聞いています。定年後は，子どもが好きなので自宅を開放し，放課後の子どもたちの集える場を作るなど，地域の子どもたちのためのボランティアに取り組んでいたようです。その後，妻が心臓病で急死してからは，ボランティア活動はやめ，閉じこもりがちになり，現在まで5年ほど1人で生活しています。

　Aさんの家については，近隣住民よりゴミが散乱し不衛生であり，火事でも起きたら困ると，民生委員に対して度々苦情が出ていました。たまりかねた民生委員から相談を受けた地域包括支援センターのワーカー（社会福祉士）が訪問すると，呼びかけに応じてAさんが出てきました。家の周りには拾ってきた置物が壁に沿って積み上げられ，玄関から奥には，足の踏み場もないくらい使い古した物やビニール袋に入れられた物があふれ，人が通るのがやっとの隙間しかなく，奥まで見通すことができませんでした。また，かび臭く，生ごみが放置されているような臭いが漂ってきました。

　ワーカーは，「定期的にこの地域を回っています。今日はAさん宅へ訪問のために来ました」と声をかけ，生活の様子を聞かせてもらいました。そして，物が溢れ整理ができない中でいることはAさんの生活にとって良くないのではないかと考え「掃除を手伝いましょうか」と伝えました。

　しかし，当のAさんは「放っておいてくれ」「私は1人で好きなように暮らしているんだ」「私の生活をかき乱さないでくれ」と言います。また，「民生委員にも片づけろと言われ，お節介はこりごりだ」と強い口調で訴えました。相談員は返す言葉が見つからず困ってしまい，その日はとりあえず「何か困ったことがあったらここへ連絡して下さい」と名刺を渡して帰ることにしました。

その後，ワーカーは，Aさんの教え子という方に話を聞く機会がありました。以下がその内容です。

> 「私は〇〇小学校の3年間，A先生が担任でした。A先生は本当に面倒みがよく，私たちを自分の子どものように教え，遊んでくれました。また，私がいたずらをした時には，自分の親よりも真剣に叱ってくれたように思います。卒業し，就職してから先生の自宅を訪ねた際にも，ご夫婦で喜んで迎えてくれて，今どうしているのか気にかけてくれました。また，小学校時代の様子を懐かしそうに話してくれました。本当に人間味のある温かい人です」。

ワーカーはこの話を聞き，わずかでしたがAさんの歴史と人柄に触れて，Aさんを見る目が変わったように感じました。そして，目に映る今の生活状況だけを見て理解するのではなく，Aさんの内面や生きてきた歴史など，今のAさんの表面からは見えないところからも理解していくことの大切さを感じました。

2）考察（個人ワーク）

事例を読んで，次頁のワークシート10の問いに対してのあなたの考えを書き出してみましょう。

3）意見交換（グループワーク）

グループに分かれ，各問いについて意見交換をしてみましょう。他の学生はどう考えていたか，どのような考えがあるか学び合いましょう。その後，全体へ報告してみましょう。

（3）体験の考察

1）クライエントを理解するということ

ワーカーとしてクライエントと出会うときには，多くの場合，支援を必要としている状況に至ってから出会い，援助関係が取り結ばれ，支援が行われます。たとえば，認知症のため金銭管理ができなくなり地域包括支援センターへ相談

ワークシート10　あなた自身の考え

問1：相談員は，教え子の話を聞いたとき，なぜ，Ａさんを見る目が変わったのでしょうか。

問2：利用者を理解する際に目に見える表面だけに着目するのではなく，内面や生きてきた歴史に目を向けるとは，どのような意味でしょうか。

問3：Ａさんのことをさらに理解するためには，どのようなことを知ることが大切ですか。

問4：Ａさんは，妻が亡くなるまでは，どんな思いで生活してきたのでしょうか。暮らしを想像してみましょう。

問5：Ａさんにとって，妻が亡くなったことは，どのような影響があったと思いますか。想像してみましょう。

問6：Ａさんが現在，十分に発揮できていないけれど持っている「強さ」は何でしょうか。

が寄せられたり，家庭において介護することができずに特別養護老人ホームへ入所し，相談員と出会います。つまり，ワーカーが初めてクライエントと出会うときには，すでに自分の力で課題を解決することが難しい人，支援が必要な人であるといえます。そのため，その人がそれまでどんな人生を，どのような家族関係，人間関係の中で，どういう思いを持って自らの力で生きてきたか，という生活史や関係史，思いなどの内面を見落としがちになる危険性があります。しかし，その人は生まれた時から認知症であったわけではなく，家族を育て，社会の中で役割を持って生きてきた人です。そのようなクライエント理解が抜け落ちてしまわないかと危惧します。

　現在のクライエントの置かれている状況と思いを理解し，これからの支援の方向性を考えるためには過去に遡って，その生き様（歴史）や他者との関係性などを理解していくことが大切になります。

2）クライエントの生活を想像するということ

　相談援助を進めるなかでよく出会うことに，クライエントが抱えている問題がワーカー自身の経験したことのない出来事であり，経験することができない出来事である，ということが多々あります。むしろ，そのようなことがほとんどかもしれません。しかし，ワーカーはしっかりと向き合っていかなければなりません。クライエントを理解していくには，「自分がそのクライエントの立場であったならばどんなことを考えるだろうか」と，クライエントの立場になって考えることが大切になります。そして，その時に必要となるのが「他者の生活を想像する力」です。この力は，自ら経験してきた出来事や持っている知識を総動員するとともに，その押し付けにならないように，相手の置かれている状況に自らを置いて考えてみるという，内的，意識的努力の過程を通して高めることが可能となります。

3）クライエントの強みに目を向けるということ

　私たちは，とかく利用者の「自分ではできないところ」や「問題点」にのみ目を向けて支援してしまうことがあります。たとえば，身体の障害により働くことができない，子どもを養育する能力がない，など「〜することができな

い」という側面に目が向きます。もちろん，自分の力では自立することが難しい，支援を必要としている部分を明確にしていくことは重要であることは言うまでもありません。さらに，それに加えて，本人自身の強み（ストレングス）や本人が有する社会環境の強さ，たとえば，「～することが好きだ」「～したい」という側面や協力的な家族がいること，近隣の協力を得やすいことなどの強みに目を向ける必要があります（ストレングス視点）。そして，そのクライエントの強みに気づき，引き出し，それを支援計画に組み入れていくことは，クライエントのエンパワメントにつながります。

(4) 振り返りの課題――事後学習

あなたよりも世代の上の方，たとえば父母や祖父母などのうち一人を選び，面談を通して生まれてから現在までの生活史を，世の中の移り変わりとともに聞き取りましょう。次に，その中から，その方が経験した大きな出来事（ライフイベント），たとえば，進学，就職，結婚，出産などの中から，話していただけることを一つ選び，詳しく話を聞きましょう。

そして，①どのような出来事があったか。②その方は，その出来事に対してどう感じていたか。③それを聞いたあなたは，何を感じたか。以上の３つの点を1,200字程度のレポートにまとめてみましょう。

なお，レポートをまとめるにあたり，人名や地名，会社名等の固有名詞は，Ａさん・Ｂ市・Ｃ社などのアルファベットで表記しましょう。年齢は〇歳代でかまいません。また，本レポートを，担当教員以外の者が読むことはありません。

13　個人と制度について考えよう

(1) 演習の目的と内容
1) 演習の目的

クライエントが直面する可能性のある生活課題を，その状況に応じて多方面から視野に入れることができるようにするとともに，各課題にどのような制度

を結びつけることができるか検討できる力を養います。それら作業を通して，人の暮らしは全体としてどのように成り立つか学び取ることが，この演習の到達目標です。

2）演習の内容

不慮の事故により脊髄損傷となった男性が，在宅生活を送る上でどのようなことに困るかを想像し検討するとともに，そうした課題を解決するための制度・社会資源について考えていきます。

3）この演習を体験するにあたって──演習への参加の仕方

この演習では，生活課題を解決するための制度や資源を検討することになります。そのため，受講生はどのような制度・資源が存在するか調べるための文献等を持参する必要があります。これまでの大学の講義等で使用しているテキストのうち，障害者福祉について記載されているものを持参しましょう。

ほか，文献の一例をあげれば，内閣府より毎年刊行している『障害者白書』があります。インターネット上で公表されていますので，環境が整えば，各クラスで受講生が自由に閲覧できるようにしておけばよいでしょう。

演習にあたっての事前学習

① 事前に第13節の事例を読み，どのような困り事があるか，またそれに対応できる制度にはどのようなものがあるか調べておきましょう。
② 調べた内容は，「事前学習表」（93頁）に書き込んでおき，演習時に持参しましょう。

（2）演習の進め方

事例を読み，Aさんの在宅生活上で想定しうる困難，その困難に対応しうる制度・社会資源について，演習メンバーで検討し「Aさんの生活課題ワークシート」に記載し，そしてその成果を発表しましょう。その後，グループメンバーとの演習を通してどのような学びが得られたかを，話し合いましょう。

1）事　例

Aさんは男性（40歳）。専業主婦の妻（40歳）と大学1年生の長女（18歳）の

3人家族です。Aさんは建設現場での仕事中に事故に遭い,脊髄を損傷しました。一命はとりとめましたが,首から下の機能が麻痺し,生活上のさまざまなことが独力では難しくなり,介護が必要になっています。

近く退院し,通院によるリハビリテーションを受けながら自宅で暮らすこととなりました。在宅生活を送るにあたりAさんにはこれからどのような生活上の課題が生じると想定できるでしょうか。また,そうした課題を解決する制度や社会資源にはどのようなものがあるでしょうか。

2)事前学習表

想定される困難	対応しうる制度・社会資源

また,次頁の円の上段には想定される困難,下段にはそれに対応しうる制度を書き込みましょう。

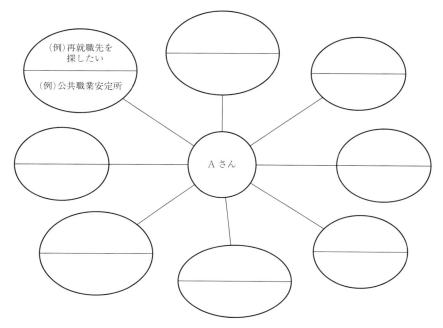

Aさんの生活課題ワークシート

（3）体験の考察

1）全体性の原理

　この演習は，戦後日本の社会福祉研究を牽引してきた一人である岡村重夫の研究からヒントを得て考案しています。健康であること，生活を営むのに必要な金銭があること，職業が安定していること，必要な福祉サービスを受けること等。個人が生活を営むにあたっては，複数のニーズがあり，それぞれのニーズを満たす社会制度とそれぞれ関係を結んでいくことになります。演習の中で，複数の生活課題とそれに対応する社会資源が出たことでしょう。考えるべきは，そのうちの一つでも生活課題が解決しなければAさんの生活全体は成り立っていかないということです。複数の制度や社会資源を活用しながらの暮らしを，いかに「トータルに（全体的に）」支えていけるかが，社会福祉援助においては重要になります。

2）本人の視点から考える大切さ

岡村は，個人と複数の社会制度との間の「社会関係」において，その主体的側面から見えてくる生活上の困難への解決を，社会福祉の固有の視点であると示しました。主体的側面から，つまり個人の側から見る困難に着目していくことになります。

この演習では，事例演習という性質上，Aさんがどのようなことに困るか受講生同士で「想像」していきました。実際の社会福祉援助においてはソーシャルワーカーによる「見立て」も必要になりますが，基本は"本人"が何に困っているかを理解することです。

（4）振り返りの課題——事後学習

あなたの暮らしはどのような人々・組織・機関との関わりの中にありますか。あなたを中心にそれぞれの関係を A4 用紙 1 枚に図式化してみましょう。

14　記録の技法を学ぼう——面接場面の逐語記録を基にした相談票の作成

（1）演習の目的と内容

1）演習の目的

ソーシャルワーカーにとって記録の作成は大切な業務の一つです。支援した経過を記録に残し，それをもとに次のよりよい支援を展開するとともに，クライエントや家族に対して説明責任を果たすことにも活用されます。この演習では，ソーシャルワーカーとクライエントのインテークでの逐語記録から相談票を作成して，誰が読んでも相談内容が把握できる記録を作成するには，どこに留意する必要があるのかを考えていきます。

2）演習の内容

ソーシャルワーカーとクライエントの逐語記録（会話のありのままを文章化したもの）から相談票の作成を行い，記録技法の基本的な事項について学びます。

3）この演習を体験するにあたって──演習への参加の仕方

　ソーシャルワーカーの実際の面接では，クライエントと言語による面接を行ないながら，重要な箇所についてメモを取り，面接終了後に相談票を作成します。しかし，相談援助演習を初めて受講する皆さんが，面接しながらメモを取ることは慣れてないので，この演習ではまずはメモを取ることに専念し，メモから相談票を作成することにします。

　　演習にあたっての事前学習

　　テレビやラジオの「人生相談」などを見聞きして，相談内容についてメモを取る練習をしておきましょう。

（2）演習の進め方

① 　クラスの中から援助者役（特別養護老人ホーム・生活相談員）とクライエント（利用者）役（鈴木幸子さん）の2人を選び，逐語記録のとおり面接を行なってください。他のメンバーはその内容をノートにメモを取ってください。

援助者1：こんにちは。私はこのホームで生活相談員をしている○○○です。お電話で伺いましたが，もう一度家族構成を教えて頂けますか。同居されている方はどなたですか。
利用者1：主人の母，主人，私，子ども2人の5人家族です。
援助者2：皆さんの年齢を教えて頂けますか。
利用者2：主人は48，母は75，私は40，子どもは高1と中3です。
援助者3：おしゅうと（お舅）さんは？。
利用者3：5年前に心臓病で急に亡くなり，母もショックを受けたようでした。
援助者4：今一番お困りのことは，どのようなことですか？
利用者4：最近ボケてきたようで，外にフラフラと出歩いたり，火を付けたままだったりで，私がくっついてないといけない状態なんです。
援助者5：おしゅうとめ（お姑）さんは，自分の身の回りのことはどの程度できるのですか。

利用者5：歩いたり，食事したりはできますが，外で嘘をつくんです。例えばご飯を食べさせているのに，近所には嫁は昼飯も食べさせてくれないって言ってます。
援助者6：夜はお休みになっているようですか？
利用者6：休むときもあるんですが，夜ゴソゴソと起き出すこともあるので，私も気になって寝れない時があります。
援助者7：このような状態はいつ頃からですか？
利用者7：2年ぐらい前からです。前には私はパートにも出ていたのですが，父が亡くなってからはパートも辞め母をみてます。
援助者8：トイレはどうしてますか？
利用者8：たまにお漏らしするので雑巾がけをしてます。夜オムツを着けたことがありますが，寝ているあいだに取ってしまうんです。
援助者9：お子さんたちは何か手伝ってくれますか？
利用者9：上の子は部活で夜は8時頃に帰宅だし，下の子は受験のため塾に行っており帰りも遅いです。
援助者10：ご主人はどうですか？
利用者10：仕事で帰ってくるのが遅く，午前様のときもあります。
援助者11：そうですか。あなた一人で介護されているのですね。それは大変ですね。ところで，今度こちらの老人ホームに申し込みたい一番の理由は何ですかね。
利用者11：主人は賛成でなく反対なんです。もう少し頑張ってみたらと言われるのですが，私としてはホームに入れたいと思っています。
援助者12：2年間の介護でお疲れになったんですね。
利用者12：お産の後遺症と医者に言われたのですが，骨盤を支える筋肉が弱いので腰痛があるんです。だから疲れてくるとギックリ腰のような感じになり動けないときがあるんです。3〜4日休めば直るのですが，母がいるので休めないんです。
援助者13：ご主人のごきょうだいはどういう状況ですか？

利用者13：父が死んだときもゴタゴタがあって，夫は長男ですが，お兄さんたちはそれなりの財産をもらったのだから，それぐらいするのは当たり前っていう考え方で，特に妹は施設に入れるのは反対です。

援助者14：妹さんは，はっきりあなたに言われるのですか？

利用者14：はい。妹夫婦は共稼ぎなので母のことはみられないし，弟の方はあまりお嫁さんが近づいてきません。

援助者15：今回こちらに来るにあたり，ご主人には話されましたか？

利用者15：主人はあまり協力的ではないんです。もう少し頑張ってみたらとしか言ってくれません。

援助者16：あなたの大変さは理解されているようですか？

利用者16：本当に私としては，母のことや私のことをわかってほしいという気持ちがあるんですがね。

援助者17：ご主人様の決意ってあたりはどうですかね。

利用者17：私がどうしてもっていうなら，それは構わないとも言ってます。でも主人としてはホームに入れなくて済むのならといった感じです。やれるだけやってみたらどうだ，とも言われてます。

援助者18：お母さんには話されましたか？

利用者18：母には話していません。

援助者19：お子さんたちはいかがですか？

利用者19：お母さん疲れたから，おばあちゃん施設に入れようかなと話したことはありますが，お母さんがよければいいよって言われました。

援助者20：話を伺ってきましたが，ごきょうだいの気持ちというか，ホンネのところはどうなんですかね。施設入所後にごきょうだいが反対することがよくあるんですよ。ごきょうだいも入所を承諾したにもかかわらず，情がわいて，かわいそうに思ってしまうことがあるので，ホンネのところでのご親族との話し合いが必要と思います。
その前に，ご本人とご主人の気持ちを確認するとともに，ご主人にはあなたの気持ちをしっかり伝えてくださいね。

そのあたりを話し合った上で再度ご相談にいらしてください。
利用者20：はい，わかりました。ありがとうございました。

② 面接内容のメモをもとに，ワークシート11を作成してください。メモの内容で不明な箇所は逐語記録で確認しましょう。なお，援助者役とクライエント役の2人は，逐語記録をもとに相談票を作成してください。

（3）体験の考察

4～5人のグループになり，作成した相談票をメンバーに回覧します。その中に，とてもわかりやすく見やすい相談票があるはずです。自分の作成した相談票との違いを確認し，どのように書けばわかりやすく見やすい相談票になるのかを学びましょう。

また，担当教員が作成した相談票が配布されますので，皆さんが作成したものと比べてみましょう。担当教員が工夫している点，皆さんの相談票には記載されていない箇所を考えてください。

家族の「続柄」をみてください。担当教員は誰を「本人」にしていますか。実は「本人」を誰にするかは原則があります。その理由をグループで考えてみましょう。

実際の社会福祉の現場では，機関・施設ごとにインテークの相談票の様式が違いますし，アセスメントやプランニング，インターベンションごとに作成する記録の様式が決まっています。よって，ソーシャルワーカーは自身の所属する機関・施設の各相談票にあわせて作成する必要があります。皆さんも実習施設の各相談票を見させて頂いて，機関・施設それぞれの特徴を学びましょう。

（4）振り返りの課題——事後学習

記録の文体には叙述体・要約体・説明体があり，図表を用いた記録としてジェノグラムやエコマップがあります。「相談援助の基盤と専門職」「相談援助の理論と方法」のテキストで，それらの内容を確認しておきましょう。また，あ

ワークシート11　相　談　票

対象者　鈴木花子　女　　歳	相談者　鈴木幸子　　続柄
相談目的	
相談内容	

家族構成	氏名　　続柄　年齢　備考 鈴木花子 鈴木太郎 鈴木幸子 鈴木　誠　　　　16 鈴木　俊　　　　15	日常生活動作	移　動 排　泄 その他
援助内容	（本日の面接で助言した内容）		
引継事項	（次回の面接者への引継事項）		

出所：横田正雄監修『DVD　ケースの心をとらえる面接』第1巻，ジエムコ出版，1990年。

なたの日常生活での出来事や心配事などを思い浮かべ，記録の文体別にまとめてみましょう。

15　導入期の相談援助演習——振り返りとまとめ

（1）演習の目的と内容

1）演習の目的

　第1回の授業内要で説明したように，「演習」の授業は社会福祉士の養成課程の学びの中で主要な体験学習の機会として，今後さらに60回続いていきます。しかし，ただ体験を重ねていくだけでは，皆さんの中にソーシャルワーカーとして，さまざまな人やその人の暮らし，さらには地域社会の課題にアプローチする社会福祉の専門職に必要な法・制度や支援方法の知識，支援方法を駆使する技術，そして社会正義や人権尊重の価値観は技能（活用可能な専門性）として身に付いてきません。

　毎回，毎回の演習はもちろん，1段階ずつの演習の終わりは，多くの場合学期や年度の区切りにあたると思います。それぞれの段階14回分の演習を通観して，授業での体験学習の成果を確認して次の段階の演習に臨みましょう。振り返りで課題となったことは，次の演習の始まりまでに，その課題に応じて対策を講じておくと専門性の"積み上げ"が可能になります。

　そのためにも，今回の振り返りでは努力目標ではなく，具体的な次の学びのための取り組み課題が明示できるよう，具体的な振り返りをこころがけましょう。特に自分自身の課題を明確に言葉にできるよう，他人と比べるのではなく自分自身の体験を素直に振り返ってみましょう。比べるべきは自分が目標とするソーシャルワーカー像です。

2）演習の内容

　この演習では，これまでの14回の演習体験を一人ひとり振り返ります。

　これまでの14回の演習は，ソーシャルワークを実践する専門職として必要とされる実践基盤の基礎段階である思考の枠組みや必要とされる基礎技術，さら

にはそれらを身に付けるために学習方法をどのように習慣化して行ったらよいのか，体験的に学んできました。

　1回，1回の体験それぞれの振り返りにも，自分の成長の様子や次の学習の課題が発見できたと思います。今回の授業ではそれを14回分通して評価してみます。手元にこれまでの授業の資料やワークシート，レポートなどを用意して授業に臨みましょう。

3）この演習を体験するにあたって──演習への参加の仕方

　等身大（今現在ありのままの自分の成長・到達度）の自分と"少しの勇気"をもって向き合ってみましょう。誰でも自分自身を良く，甘く評価したいものです。ただし，ソーシャルワーカーの仕事では，クライエントのニーズを明確化する際多様な視点からアセスメントを加えます。当然のことながらストレングスにも着目しますが，解決が必要な課題についても"評価"を加えていきます。それは生まれたばかりの乳児から，間もなく人生を終えようとする人まで多様です。そして，それぞれの人なりの，プライドや差恥心，そして誰にも人権があります。仕事とはいえソーシャルワーカーを目指す皆さんは，他人の人生に関わりそのプライバシーに深く関与する仕事であることを自覚し，そこに関わる自分自身がその仕事に必要な専門的基盤を備えているか，常に自己覚知しようと心掛ける習慣をつけておきましょう。

　ソーシャルワーカーも人間です。その生身の人間が多様な価値や困難・課題を抱えた人や地域社会と出会うと，相手の感情の揺れに巻き込まれて葛藤さえ抱えることがあります。そして，その人生経験や仕事での経験によって成長もすれば，変化もしていきます。これまでの演習の授業で少なからず気が付いたことと思いますが，私たちは意外と自分自身の変化には気が付きません。折々立ち止まって今（現在）の自分と出会い，自分自身を知ることが専門職として必要不可欠な備えともいえるでしょう。

> ── 演習にあたっての事前学習 ──
> ① これまでの演習の資料・ワークシート，レポートなどファイリングして整理しておきましょう。
> ② 「相談」のテキストに眼を通しておきましょう。
> ③ ワークシートのコピーを用意しておきましょう。

（2）演習の進め方

1）自己評価

① まず，14回の演習を終えて授業への参加態度や，演習の学びを通じて発見した課題など感じ・考えていることを箇条書きでかまわないので，書き出しておきましょう。

② 教員の指示や助言を参考にしてワークシート12に自己評価を記入していきましょう。

2）グループ学習──相互評価

① 4～6人程度のグループを作ってお互いの自己評価について気が付いたことを話し合いましょう。

② 1）の①で書き出したメモとワークシート12の自己評価を比較して，自分一人で体験を振り返った時と，教員の助言を聞きながらワークシートを活用して振り返りをした時と自己評価は変化したでしょうか。

（3）体験の考察

1）自己理解

演習の最初に率直に言語化した自分自身の演習の授業への参加態度や，学習の到達度などの課題と，ワークシート12で客観的な視点を活用して評価を加えて確認できた自分自身の学習の到達度はどの程度一致していましたか。支援場面ではソーシャルワーカー自身も一つの人的資源（社会資源）です。自分自身を適切に活用したり，自分のできないことや苦手な事をチームアプローチを組む仲間に助けてもらったり，職務の限界性を超えないよう自分自身を良く知っ

ワークシート12　演習の授業での体験学習の自己評価

振り返り項目	視　点	自己評価	教員の助言
責　任 (Commitment)	倫理綱領などを参照し，SWrの責任を自覚して学習に臨んだか		
関　心 (Concern)	Clの生活課題に適切な関心を寄せることができたか		
把　握 (Catch)	Clのニーズを理解しようと試みることができたか		
接　触 (Contact)	発見したニーズに専門知識を活用して援助関係を構築しようとすることができたか		
矛　盾 (Contradiction)	望ましいとされる実践と自分が体現している試行の矛盾を受け入れられたか		
葛　藤 (Conflict)	様々な学びの課題への葛藤を次の学びへの挑戦的な動機にかえられたか		
挑　戦 (Challenge)	不安や苦手意識を克服して，課題に挑戦できたか		
カタルシス (Catharsis)	様々に生じた否定的な感情を整理したり，乗り越えたりできたか		
創　造 (Creation)	出会った課題を乗り越える方法を自分なりに創造することができたか		
関　連 (Connection)	体験を講義の学びや指導者の助言と関連づけることができたか		
他者へのかかわり (Caring)	自分なりに工夫した関わり方で援助の疑似体験ができたか		
調　和 (Congruence)	関わり方を誠実に自己評価できているか		
達　成 (Concrete)	自分で設定した課題を遂行できたか		
構　築 (Construct)	体験に考察を加えて専門的基盤として蓄積することができたか		

注：SWr：ソーシャルワーカー，Cl：クライエント。
出所：パーカー，ジョナサン／村上信ほか監訳『これからのソーシャルワーク実習——リフレクティブ・ラーニングのまなざしから』晃洋書房，2012年，96頁を参照し筆者が加筆修正。

ておくことが必要です。また，利用者に信用される誠実なソーシャルワーカーであるためには，自分の課題を自己受容し謙虚に自らを振り返ることのできる姿勢も必要です。誠実な姿勢を示し続けることで信用が信頼へと深まっていきます。

2）スーパーバイズの活用

　前述したように，自分のことはなかなか自分で気が付きません。自分で自覚するにはいくつかの道具や方法が必要になります。今回活用している自己評価表はソーシャルワーカーが自分で自分の体験や力量を自己評価できるように作成してあります。これは自分で自分に実践を開示して自己評価を加える，セルフ・スーパービジョンの機会でもあります。ソーシャルワーカーは責任の重い仕事ですから，今の自分の専門性の到達度は無論，自分自身の個人的価値観についてもその傾向を知っておくことが必要です。しかし，実際に自分の価値観と向かい合う機会はどのように見つけたら良いのでしょう。前述したチェックシートも自分に都合よくつけてしまえばそれまでです。

　そこで，ソーシャルワーカーが自分の実践を適切に言語化して開示することを支え，課題やその解決方法を一緒に考え示唆してくれるのが，スーパーバイザーの存在です。演習の授業では教員がスーパーバイザーの役割をはたしてくれます。時に課題を指摘されたり，自分で自覚していない取り組み姿勢の課題などを指摘されると不愉快だったり，納得できないこともあると思います。そのような時は少し深呼吸してもう一度教員の指摘を講義やテキストの内容と比べながら考えてみてください。自分を個別化して専門的視点から評価を加えてくれている，つまり，適切なスーパービジョンをしてくれている教員だからこそ，伝えてくれている大事な学びのポイントがあるはずです。

　今後の実習や将来の実践で利用者との間に信頼関係を築くことのできるソーシャルワーカーに育つためにも，スーパービジョンを積極的に活用できるようになりましょう。

（4）振り返りの課題——事後学習

　1,200字程度で，「相談援助演習の体験学習を通じて出会った自分」についてレポートを作成しましょう。具体的な体験を言語化して感じたこと，考えたことを述べてみましょう。レポート作成にあたって，今回の演習での振り返りを参考にして，もう一度14回分過去の演習の授業の資料等を見直してみましょう。自分自身の学習課題が何かしら見つかるはずです。見つかった課題はそのままにせず，自分なりに復習をしておきましょう。

注
(1)　横田正雄監修『DVD　ケースの心をとらえる面接』第1巻，ジエムコ出版，1990年。

参考文献
岡村重夫『社会福祉原論』全国社会福祉協議会，1997年。
金澤泰子『天使の正体』かまくら春秋社，2008年。
川村隆彦『価値と倫理を根底に置いたソーシャルワーク演習』中央法規出版，2002年。
川村隆彦『支援者が成長するための50の原則——あなたの心と力を築く物語』中央法規出版，2006年。
川村隆彦『ソーシャルワーカーの力量を高める理論・アプローチ』中央法規出版，2011年。
佐藤俊一『ケアを生み出す力——傾聴から対話的関係へ』川島書店，2011年。
白澤政和・尾崎新・芝野松次郎編『社会福祉援助方法』有斐閣，1999年。
ソーシャルワーク演習教材開発研究会編『ソーシャルワーク演習ブック』みらい，2013年。
副田あけみ・小嶋章吾編『ソーシャルワーク記録——理論と技法』誠信書房，2006年。
辻村みよ子『人権をめぐる十五講——現代の難問に挑む』岩波現代全書，2013年。
内閣府（毎年刊行）『障害者白書』内閣府。
バイスティック，F.P.／尾崎新・原田和幸・福田俊子訳『ケースワークの原則——援助関係を形成する技法』誠信書房，2006年。
森田ゆり『エンパワメントと人権——こころの力のみなもとへ』部落解放・人権研究所，1998年。
山崎美貴子「相談援助の価値基盤」『社会福祉援助技術論Ⅰ』全国社会福祉協議会，2014年，42〜61頁。
大和三重編『ソーシャルワークの理論と方法Ⅱ』みらい，2010年。
渡部律子『高齢者援助における相談面接の理論と実際　第2版』医歯薬出版，2011年。

第 2 章　相談援助を体験してみよう

授業実施日　　　年　　　月　　　日

演習振り返りシート

学籍番号　　　　　　　　　氏名

1．今日の自分をどのように評価しますか

2．今日の授業でわかったことは何ですか

3．今日の授業でわからなかったこと，困ったことは何ですか

4．自分自身が成長したと思うことは何ですか（どんな小さなことでも）

5．（その他，担当教員の指示に従って記入してください）

第3章 相談援助の支援過程を体験的に学んでみよう1
―― 利用者との出会いと支援の開始期

第2章での演習では，ソーシャルワーカーや社会福祉士養成に必要な学びにあたっての基本的な姿勢や技術を身に付けることを目的に，コミュニケーションの方法や学習方法を学んできました。第3章では，第2章の学びを前提に，ソーシャルワークの援助過程の最初の段階を丁寧に学んで，基本的な「対象者の理解」と「コミュニケーション技術の体験的理解」を試みます。各演習のプログラムごとに少しずつコミュニケーションの取り方が変わっていったり，クライエントのさまざまな事情や人柄に出会います。

　ソーシャルワーカーは新たな援助に臨む度に，クライエントに合わせてコミュニケーションに工夫したり，相手（援助の対象）を理解しようと，これまで養成課程や援助経験の中で学んできた知識を活用して面接に臨みます。本章では，前半はコミュニケーション技術の洗練を意図して，後半はソーシャルワーカーらしくクライエントと関係形成できることを目指して面接のロールプレイを重ねます。

　1回，1回の学びにおいて，事前学習（体験学習の準備）⇒体験⇒振り返り（事後学習：次回の課題の整理と準備），そしてまた，事前学習⇒体験⇒振り返りという学習過程を繰り返していきます。この過程の繰り返しは学びの過程だけでなく，援助過程をソーシャルワーカーらしく展開していくための練習でもあります。実際の援助においてもソーシャルワーカーはクライエントについて事前に情報を集め，何等かの仮説を持って援助に臨み，援助に評価を加えて課題を修正したり再計画したりして，また次の援助過程に進めていきます。

　言い換えれば，援助にあたって準備をしたり，援助の後評価を加えたり，助言を得たり確認したりしなければ，人の命や人生に責任を負うような仕事はできないともいえます。本章の演習のプログラムはこれまでの演習の復習から始まり，コミュニケーションを会話から対話へと徐々にソーシャルワーカーらしい面接へと洗練していきます。事前・事後学習を活用しながら，自分の中にソーシャルワーカーらしい面接の力を培っていきましょう。

　そして，1回1回の演習が終わった際は，その演習時間内での発見や気付き，または，その後の課題を明確にするために第2章章末にある「演習振り返り

シート」を使って自分自身の振り返りを行いましょう。

1 自己・他者紹介

(1) 演習の目的と内容

1) 演習の目的
　相談援助演習の導入体験として位置づけ，クラスのメンバーがお互いに知り合いになります。次に演習を行うに際しての不安や緊張を軽減し，安心して臨めるような環境を作ります。そして，相談援助の様々な場面で活用する「インタビュー」を仲間同士の他者紹介として経験してみます。

2) 演習の内容
　以前の演習でも体験した自己紹介と他者紹介ですが，その後の講義科目等での学びを活かして，体験学習に臨みましょう。まず，初めて出会った演習クラスのメンバーを知り，また，自分自身を知ってもらいましょう。次に相談援助に欠かせないインタビューを体験してみます。

3) この演習を体験するにあたって──演習への参加の仕方
　クラスにおける学生間の距離を縮めるように意識しながら仲間づくりを積極的に行う気持ちで参加しましょう。そして，これまでの演習で学んだことを思い出し，コミュニケーション技術を活用してみましょう。

演習にあたっての事前学習

① 自己紹介や他者紹介の意義を考え，他者紹介をするときに相手から何を聞き取っておけばよいのか考えてみましょう。
② これまでの演習の資料を確認してコミュニケーションや面接の資料を授業にもっていけるようファイルしておきましょう。

---

(2) 演習の進め方

1) インタビューをしてみよう
① 第三者に他者を紹介することを予定した時に何を相手に聞き取るのか，そ

の項目を列挙してみましょう。
② 2人1組になり，相手を紹介するための必要な情報を互いにインタビューをしましょう。
　ⅰまず，ペア間で挨拶をしましょう。
　ⅱ①で作成した項目にそって，インタビューを進めてみましょう。
　ⅲ聞き取った内容は忘れないように，相手の了解を得てメモしておきましょう。
　ⅳメモを取るときは，相手の了解を得ましょう。
　ⅴインタビューは5分間で，お互いに交代しましょう。
2）仲間を紹介してみよう
① 聞き取った内容をみんなに紹介して良いか相手の了解を得ましょう。
② 聞き取った内容を1分で紹介できるよう，話す内容と順番を考えておきましょう。
③ その相手に演習クラスで仲間ができ，覚えてもらえるように話の内容を考えてみましょう。
④ インタビューした相手を全員の前で紹介しましょう。
⑤ ペアの相手に紹介された時の気持ちや気づいたことについて意見交換をしてみましょう。

（3）演習の考察

　自己紹介や他者紹介，面接などこれまでの演習でも体験してきたことを復習しながら，さらに一歩内容を深めてソーシャルワーカーの専門性や守るべき倫理規定などを意識してインタビュー（情報収集）と他者紹介（情報公開）の体験ができたでしょうか。

　まず，「受容」「共感」「傾聴」といったコミュニケーションの基礎技術を意識しながらインタビューに臨むことができましたか。その際，"丁寧にあなたの話を聴いています" という応答に，言語コミュニケーションや非言語コミュニケーションをどのように活用できましたか。相手が自分を見ていないのにう

なずいて，非言語コミュニケーションを活用した"つもり"にはなっていませんでしたか。

また，相手が話しにくそうにしたときには例示を用いて「Yes」「No」で応えてもらったり，相手の話が広がりをみせたら，確認したいことに「それは誰のことですか」「そしてどうなったのですか」と相手の話の展開をうながしたり，クローズド・クエスチョンとオープン・クエスチョン等も活用できたでしょうか。

さらに，「演習の進め方」にも確認しておきましたが，面接の際記録を取ることについては原則として，メモ・録音等して良いか相手の了解を取ることが必要です。また，情報の公開についても相手の了解をえることが必要です。面接等で知り得たクライエントの情報は，どのように活用，公開すれば良いのか，法律や専門知識として明らかにされています。守秘義務の理解とともに復習しておきましょう。

（4）演習の振り返り――事後学習

今回のインタビューについて，これまで学んできたコミュニケーション技術は意識できたか，コミュニケーション技術は活用できたか，という点について，自己評価を行いましょう。

これからの面接の体験に備えて自分の課題を理解しておきましょう。そのために，今回の演習で自覚したコミュニケーションの課題を列挙し，その改善・解決の方法を考えてメモしておきましょう。自己評価を行いましょう。

2　相談援助とは

（1）演習の目的と内容

1）演習の目的

クライエントが援助関係を正しく理解し安心して相談できるように，援助関係について理解するとともに自分の言葉で説明できようになることを目指しま

す。また，専門職として対人援助を行う際に備えておくべきものを理解し，演習において各自が学ぶ目標（何を目指すのか）と，内容（何を習得しなければいけないのか）を明確にします。

2）演習の内容

相談援助とはどのようなものであるか，クライエントとソーシャルワーカーの関係性から考えてみます。具体的には，友人に相談する場合と専門家である援助者に相談する場合の違いについて，これまでの学習成果をふまえた理解について意見交換します。

3）この演習を体験するにあたって――演習への参加の仕方

前述しましたが，演習の時間の学びを深めるために事前学習並びに事後学習は，必ず実施しておきましょう。ここでは，相談援助の専門職に自らが従事するという意識を持って真剣に取り組みましょう。

お互い，専門職を目指す者同士として相手の学びを尊重し，意見交換の際はお互いの学び合いの機会を活かせるよう，誠実に意見を述べましょう。また，演習の内容について，特に仲間の課題や上手くいかなかったことなどは，次の演習以外のところで安易に話題にしないようにしましょう。「守秘義務」「プライバシーの尊重」などソーシャルワーカーとして備えるべき姿勢を理解していれば，理解していて当然のことと思います。

演習にあたっての事前学習

① 専門的援助関係とはどのような関係を指すのか考えてまとめておきましょう。
② 対人援助の専門職が備えておく必要のあるものは何かを考えてまとめておきましょう。

（2）演習の進め方

今回の演習はグループ学習で自分たちの理解を深めます。

① 4人程度のグループになり以下の点を話合い，グループの意見をまとめてみましょう。

　①自分たちが友人知人ではなく，専門家に相談しようと思う時はどんな場合

か考えてみましょう。
　ⅱ①の話し合いの内容を参考に，友人関係と対人援助の関係について，似ている点や異なる点を挙げてみましょう。
　ⅲ以上の話し合いから，専門的援助関係と知り合いへの相談との相違を具体的に表現（3行程度の文章に）してみましょう。
　ⅳⅲで挙げた対人援助の専門職としての相談ができるために備えるために何が必要かを考えてみましょう。
②　①の内容をA4 1枚に整理して，話し合いの経過と結果がわかるように発表してみましょう。

（3）演習の考察

　相談援助は，専門職によって援助基盤を活用して展開される「相談」から始まる相互関係を利用した支援です。まず，専門職としての「援助基盤」にどのようなものが必要か確認できたでしょうか。具体的には，「社会福祉士及び介護福祉士法」や「社会福祉士の倫理綱領」などを復習してみるとよくわかることと思います。また，社会福祉士国家試験受験資格の前提となる科目にどのようなものがあるかを見ても明らかでしょう。

　前回の演習でも，単なるコミュニケーションと面接を意識したコミュニケーションの相違について，個人情報保護の点から考えてみました。専門職として知り得た情報の管理は，法律遵守，倫理規定遵守双方からソーシャルワーカーとして自覚が求められるところです。個々の演習では，同様にソーシャルワーカーとして身に付けるべきことが明示され，そのために必要な体験学習の機会が提示されます。

　しかし，演習に臨む皆さんに十分な準備（事前学習）ができていないと，演習の目的を理解できず，ロールプレイなどでも「役割」を演ずるにはいたらず，単なる"ごっこ（真似事）"に終わってしまいます。今回の演習で比較した「友人関係」と「援助関係」の相違がわからないまま，優しさや思いやりで"似て非なるもの"の真似をするだけに終われば，専門性を身に付けたり，向上させ

る体験にはなりえません。

　さらに、演習の体験の場面で自覚的に自己観察（モニタリング）していなければ、振り返り（事後学習）をしても、体験の際の自分の言動や感じていたこと、考えていたことを明瞭に思い出して考察を加える（知識に基づいて自分の体験を評価する）こともできないでしょう。将来専門職として「援助関係」を構築できるソーシャルワーカーになるために、今何を学ぶべきか教員の指導や助言を活用しながら、主体的に事前学習・事後学習を重ねて、1回1回の演習（体験）を実り多い学びの機会にしていきましょう。

（4）体験の振り返り

　演習前と演習後で援助関係の理解は変化しましたか。自分の理解の変化の有無とその理由を考えてみましょう。また、今後演習の授業にどのような心構えで臨みますか。上記の振り返りを参考にして自分なりの学習課題を実際に取り組みやすいように項目ごとに箇条書きにしてみましょう。

3　対象者の理解1——手紙による相談への対応

（1）演習の目的と内容

1）演習の目的

　クライエントが訴えている課題を聴き（読み）取って理解できるようにしましょう。そして、クライエントに対する理解を深め、ソーシャルワーカーとして次の援助の展開を考えて実践できるようにしましょう。

2）演習の内容

　相談には多様な手段があります。直接の来訪、電話やメール、そして手紙による相談です。この演習では、手紙による相談への対応を体験してみます。そして、手紙という限られた情報から、クライエントの訴えの概要を理解しようと試みます。また、さまざまな方法を駆使してクライエント理解を深め、援助の展開を考えて手紙の返事を書いてみます。

第3章　相談援助の支援過程を体験的に学んでみよう1

3）この演習を体験するにあたって──演習への参加の仕方

　ここでは，クライエントの理解を深めることを目指しています。ソーシャルワークは本人が問題であると訴えている課題や不安を聴き取ることから始まります。その訴えはクライエント本人にとっては"事実"ですが，立場や見方を変えると理解が変わることもあります。

　クライエントだけでなく，その相互作用を及ぼす家族や環境にも関心を向け，クライエント自身とともに，家族を含む環境についても共感的な態度で理解できるような姿勢で参加しましょう。

演習にあたっての事前学習

① 手紙から読みとれる鈴木さんと鈴木さんを取り巻く環境（状況）を事実に基づいて記述しましょう。
② 鈴木さんは，どんな気持ちや思いでこの手紙を書いたか考えてみましょう。
③ 鈴木さんを取り巻く，息子の嫁，息子，孫の気持ちや思いを想像してその心情を記述しましょう。
④ 鈴木さんを含むこの家族の問題点と良いところをそれぞれ5つ以上，挙げてみましょう。
⑤ 以下の内容について調べて演習に備えておきましょう。
　・地域包括支援センター業務内容とその役割。
　・短期入所生活介護／短期入所療養介護について。
　・高齢者虐待の概要とその援助について。

（2）演習の進め方

　以下の手紙を題材にグループ学習の準備をしましょう。

　　　　　　　　　　　　　　　　　　　　　　　　　　平成〇〇年5月21日
　地域包括支援センター御中
　　　　　　　　　　　　　　　　　　　　　　　　　　　　　　　　鈴木史子

　前略
　初めまして，A地区に住む79歳になる老婆です。今，事情がありましてA地区の一寸法師特別養護老人ホームに昨日からショートステイで1週間の間お世話になっています。

> 　急なお手紙で失礼いたします。近所でそちらの地域包括支援センターのことを聞きました。突然ですがお力になってもらえるかと思い，ご無礼を承知で書かせて頂きました。私は，息子と嫁と孫と4人で暮らしています。夫は，心臓の病気で5年前に他界しました。息子は，働き者で早朝に家を出て深夜の帰宅がほとんどで休日も仕事に行くことが珍しくありません。嫁は，仕事をしていないので日中2人でいることが多いです。嫁は，昔は，私の言うことは，何でも聞いていましたが最近は，私のことをバカにするような言葉を使ったり，ひどい時には，食事も出してくれませんし，お風呂も入りづらいです。自分の小遣いで外食すればいいものですが年金は，すべて嫁が管理しているので私の自由になりません。このところ，嫁の顔を見ると動悸がするような気がして話もできません。
> 　最近は，少しずつ物忘れがひどくなり，今後のこのことも心配です。年を取れば誰でも若い人の世話になるので年寄りの私が我慢するべきことなのでしょうか。このようなことは，どこのお年寄りも経験することなのか知りたいです。当り前のことでしょうか。どう考えればよいのかわからなくてお手紙を書きました。失礼いたします。

① 　4人程度のグループになり，事前学習で調べてきた内容をグループで情報を交換し，内容を確認しましょう。次に，手紙から読みとれる鈴木さんと鈴木さんを取り巻く環境（状況）（鈴木さんの心情・鈴木さんと家族の関係・鈴木さん家族の抱える課題・鈴木さん家族のもつ力）を事実に基づいて以下の点について記述しましょう。そして，鈴木さんとその家族についてお互いの視点や気づきを学び合いましょう。

② 　あなたは地域包括支援センターのソーシャルワーカーです。鈴木さんに，以下の点をふまえ，返事を書いてみましょう。
　ⅰ地域包括支援センターの機能と役割とソーシャルワーカーである自分の職能の範囲を確認しておきましょう。
　ⅱ今後鈴木さんとどのように関わるつもりなのか，方向性を確認しておきましょう。
　ⅲ鈴木さんへの手紙の内容の構成を考えましょう。

（3）演習の考察

　この演習では，非対面の一方通行の相談にどのように応えるのか，皆で考えてみました。限られた情報から適切かつ妥当な対応を提案していきます。まず，援助の対象者は，79歳の女性です。特別養護老人ホームのショートステイの利

用をきっかけに，あなたが勤務する地域包括支援センターのことを知って，今現在不安に思っていることを相談してきています。事前学習で地域包括支援センターについて，調べ学習をしてもらいましたので，自分の職能や職権，さらには職場にどのような同僚が勤務しているか理解した上で手紙を情報源とした鈴木さんの援助を検討することになります。

　また，鈴木さんの手紙の内容からは，家族に関する情報や鈴木さん自身の生活状況，そこで感じている不安が書かれていましたが，情報量は必ずしも多くありません。この限られた情報から一定の推論をたてるために，事前学習の内容を活かして，鈴木さんの主観的訴え（フェルトニーズ）を適切に理解し，家族の対応の方法が示す可能性（コンパラティブニーズ）を仮説として明確化できたでしょうか。情報と知識を関連させて考えてみると，情報の理解の仕方にはいくつか異なる視点や理解があったと思います。自分自身の気づきや，仲間との意見交換でいくつかの視点や理解が提起されたと思います。

　ソーシャルワーカーの援助は専門職による援助ですから，根拠の明確な実践（エビデンス・ベイスド・プラクティス：Evidence based practice）であることが必要です。そして，その根拠はクライエントと共有できるものであり，社会に承認されるレベルと内容であることが必要です。仲間との話し合いの中で，自分の視点や判断の根拠を何等かの根拠（エビデンス）に基づいて説明できましたか。

　まだまだ説明責任（アカウンタビリティ：Accountability）に耐えうるソーシャルワーカーらしい思考が身に付くまでには学びを重ねることが必要です。少しずつ，根拠に基づいて考える習慣を身に付けていきましょう。

（4）演習の振り返り——事後学習

　演習を通じて自分自身の知識基盤について，自己評価してみましょう。そして，今回の演習の成果をふまえて，自分なりに鈴木さんへの返事を完成させましょう（作成した手紙は次回の演習で使います）。

4 対象者の理解 2 ――手紙の返事にみる理解の多様性

(1) 演習の目的と内容
1) 演習の目的
　前回の演習で共有化したクライエントの状況や生活背景の理解，つまり同様の情報からも，異なる視点や介入方法が想定されることを学び合い，ソーシャルワークの援助の多様性を理解します。また，その際ソーシャルワーカーの力量（知識・方法〔技術〕価値観：技能）によって，援助内容に多様性ばかりでなく，"差"が生じる危険性があることも学びます。

　これらの学びをふまえて，クライエントをどのように理解したか，返事を書く際その内容にソーシャルワーカーらしい配慮を反映できるようにしましょう。

2) 演習の内容
　手紙の返事を書く際，クライエントにどのような配慮をしたか確認し，グループ内で手紙の返事を読み合いながらメンバーがそれぞれクライエントをどのように理解したのかを共有し，その理解の多様性に目を向けてみましょう。また，クライエントに対する配慮を確認した後に，それを反映した手紙の返事を書いてみましょう。

3) この演習を体験するにあたって――演習への参加の仕方
　仲間との学び合いからソーシャルワークの多様性への関心を高め，クライエントを理解したいということを手紙の返事で相手に伝えるときにどんなことに気をつけたか，自分なりの配慮を仲間に説明できるよう考えておきましょう。また，実際に手紙を投函するつもりで基本的な手紙の書き方を調べておきましょう。

演習にあたっての事前学習

① 自分が作成した手紙の返事を読み返し，返事を書くにあたって配慮したことを列挙してみましょう。
② 作成した手紙のコピーを5部用意しておきましょう。

（2）演習の進め方

① 4人程度のグループになって，お互い書いてきた手紙の返事を読み合って，意見交換しましょう。また，手紙の返事のコピーをメンバーに配り，返事を読み上げ，返事を書くにあたって配慮したことを発表しましょう。次に，発表内容について，さらに説明してほしいことや確認したいことについて質問し合いましょう。そして，お互いの返事について，良い点，さらに工夫したら良くなる点を助言し合いましょう。

② グループメンバーとの話し合いを参考に，もう一度，返事を書きましょう。

（3）演習の考察

　この演習では，ソーシャルワーカーからの非対面・一方通行のコミュニケーションの応答を，手紙という手段で試みることを題材に，対面型の面接とは状況やコミュニケーション手段を変えても可能な限りソーシャルワーカーらしい「相談援助」が展開できるよう体験的に学びました。ソーシャルワーカーとして，クライエントへの理解の姿勢や提供すべき情報など正確・十分に言語化して伝えることができましたか。

　併せて，手紙による応答にある程度の限界性があることをどの程度認識して，話し合いや手紙の作成に臨むことができたでしょうか。そして，その時，直接クライエントと関わっている関係機関（A地区の一寸法師特別養護老人ホーム）のソーシャルワーカーとの連携をどの程度想定することができていましたか。単に「返事を書く」ことだけでなく，「どのように返事を書くか」，そして，「返事を書いた後，どのような支援を想定するか」，ソーシャルワーカーとして必要な配慮を考えることができたでしょうか。

　ソーシャルワーカーであるあなたが，鈴木さんの手紙の限られた情報から思い悩んだり，想像を巡らせたように，鈴木さんもあなたの返事の限られた情報から，何等かの示唆を得るだけでなく，思い込みに陥ったり，不安を強めたりする可能性もあります。その時必要になるのが「つながっている事」です。鈴木さんが　返事をくれたソーシャルワーカーやA地区の一寸法師特別養護老人

ホームのソーシャルワーカーと"つながりたい"と思ったり，鈴木さんの様子を観察した同ホームのソーシャルワーカーが"つながる必要性がある"と判断して鈴木さんとのつながりを強化したりできることが必要です。当然，双方のソーシャルワーカー同士がつながっていることは大前提です。

　そして，今回の手紙を通じての出会いは次の援助の機会へつながる出会い（援助の契機）でもあります。1回1回の，多様な形でのクライエントとの出会い（援助の契機）を逃さず捉えるためには，ソーシャルワーカーらしい価値観や十分な知識と，知識に裏付けられた多様な援助方法（技術）を技能として備えていることが必要です。併せて，それが社会人としてのマナーやルールを踏まえた対応であることは，言うまでもありません。

（4）演習の振り返り──事後学習

　手紙の返事を書くにあたって，ソーシャルワーカーらしい思考をめぐらし返事を書くことができたでしょうか。手紙の書き方は，ソーシャルワーカーとして，さらには社会人として十分なものだったでしょうか。そして，この2点を振り返り，上記を意識して返事を書き直してみましょう。

5　面接技術を身に付けよう1──ロールプレイの体験

（1）演習の目的と内容

1）演習の目的

　これまでの講義や演習で学んできた面接技術，中でもコミュニケーション技術を意識的に活用して習得することを目指します。中でも，特にインタビューを体験し，面接技法の中でも使われる頻度が高い傾聴の技術を習得します。そして，インタビューを体験し，開いた質問や閉じた質問を使い分けて適切な質問ができるようにします。

2）演習の内容

この演習では，面接のロールプレイを体験します。面接の内容はお互いの1週間の暮らしについてのインタビューです。まず，相手にどのような1週間を過ごしたかインタビューをします。次に，インタビューの際に面接技術である傾聴と適切な質問に留意し実践的に試みてみましょう。そして，相手から聴きとった一週間の出来事を記録してみます。

3）この演習を体験するにあたって——演習への参加の仕方

これまで学んだコミュニケーション技術，面接の方法など意識的に活用してみましょう。また，面接の相手が顔見知りの友人の場合でも，友人とのおしゃべりとは異なり，目的をもった会話であることを意識してロール（役割）に集中して臨んでみましょう。

演習にあたっての事前学習

① 面接における基本的な傾聴と質問技法について調べてまとめておきましょう。
② ①を参照してインタビューをするにあたっての準備と必要とされる技術について列挙してみましょう。
③ インタビューを受ける準備として，ある週の1週間について書き出して整理しておきましょう。

（2）演習の進め方

1）インタビューのロールプレイの体験

① 3人のグループを作り，観察者，インタビュイー（インタビューを受ける人），インタビュアー（インタビューを実施する人）の役割分担を決め，順番にそれぞれの役割を体験しましょう。

② インタビュイーとインタビュアーのペアになって相手の1週間の出来事をインタビュー（10分程度）しましょう。

③ 観察者はインタビュアーの傾聴や質問技法を評価することを前提に，インタビュイーとインタビュアー両者の様子を観察しながら，気が付いたことをメモしておきましょう。

2） 相互評価
①　3人のインタビューが終了したら，順番に以下の点について相互評価をしてみましょう。
　ⅰインタビュアーは自分が工夫した点を説明してみましょう。
　ⅱインタビュイーはインタビュアーの工夫をふまえて自分の感じたことを伝えましょう。
　ⅲ観察者は自分の観察に，両者の説明や感想を加味して観察結果を伝えましょう。
②　①の話し合いをふまえてお互いの面接技術について助言し合いましょう。

(3) 演習の考察
　これまでも何度か演習での授業で面接の体験を重ねてきましたが，その学びと今回の演習に備えての復習を重ねて，自分なりの課題を意識しながら面接体験に臨むことができたでしょうか。そして，今回の演習では自己評価だけでなく他者の実践を相手の専門性の向上につながるような観察をすることも併せて求められました。適切な観察と明確に言語された評価をすることができたでしょうか。
　今回の面接のロールプレイでは，インタビュイーがあらかじめ1週間の体験を整理して，聞かれたら何をどのように話そうか準備をしてきているので，比較的順序良く，5W1H（When, Where, Who, What, Why, How）なども意識して，話してくれたのではないかと思います。実際のインタビューでは，インタビュイーは順番や内容など考えながら，あるいは思い出しながら自分の興味・関心の印象の深いところから話してくれます。傾聴を深めていくためには，必要に応じて話の内容を確認するフィードバックも必要となります。
　このようなインタビューは面接の中でも，特に「何を聞きたいか（確かめたいか）」が明確な面接でもあります。その目的を達成するためには言語・非言語の応答を駆使して傾聴を心掛け，さらに聞き取った内容の精度を高めて可能な限り正確な理解を図っていくことが必要となります。そのためには，相手の

話しやすさとともに情報確認としてのクローズド・クエスチョンやオープン・クエスチョンの活用も必要です。聞き取った内容を確認しながら，次の質問方法を想定して話し方を工夫できたでしょうか。インタビューでは，受診⇒判断⇒発信をインタビュイーの話のテンポや動機を阻害しないよう，相手のペースで進めていくことが必要です。

　インタビュアーとしてだけでなく，評価者として前述のような留意点を意識して面接に臨むことができたでしょうか。他者を評価する視点は自己評価の視座でもあります。仲間の体験が有意義なものになるよう努力することが，自己評価の時には意識が難しい"評価に臨む責任の自覚"にもつながり，専門性の洗練の機会にもなります。こうした学び合い，高め合いが可能となることも演習の授業のおもしろさでもあります。

（4）演習の振り返り──事後学習

　面接技術の体験に必要な事前学習は十分だったかどうか，自己評価を加えてみましょう。また，相手から聴きとった1週間の出来事を，記録技術を意識して記録に起こしてみましょう。

6　面接技術を身に付けよう2──利用者主体の援助関係の形成の体験

（1）演習の目的と内容

1）演習の目的

　インタビューを体験し，面接技法である基本的応答技法を習得しましょう。そして，面接では，面接技法を身に付けるだけではなく，クライエントとの援助関係の構築を目指します。

2）演習の内容

　この演習では面接を事実確認ではなく，クライエントの想いを共感的に理解しようとすることで，クライエント自身への理解を深め，クライエントの個別化を図るとともに，利用者主体の援助関係の形成を体験的に学びます。まず，

クライエントに将来の夢や希望についてインタビューします。もし，「将来の夢や希望」といった質問に答えにくいようであれば，異なる質問を考えるなどの工夫をしましょう。次にインタビューの際に面接技術である基本的応答技法を体験的に学んでみましょう。そして，相手から聴きとった将来の夢や願いを記録してみます。

3）この演習を体験するにあたって――演習への参加の仕方

自分のコミュニケーションの特性を理解し，自己覚知できるよう心掛けましょう。クライエントの意味世界を共感的に理解できるような応答技法を意識してみましょう。そして，上記を活かして，自分自身に援助者として求められるコミュニケーションのスキルの課題を自覚的に学習課題としましょう。

演習にあたっての事前学習

① 面接において基本的な応答技法とは，どのような技法であるか調べてまとめておきましょう。
② クライエントとの援助関係の構築に結びつく面接ができるようになるためには，どのようなことに留意すべきか，体験に臨む自分に助言するつもりで，まとめておきましょう。
③ 非言語コミュニケーションのバリエーションを確認するとともに，その意義について調べてまとめてみましょう。

（2）演習の進め方

① 3人のグループを作り，基本的応答技法について，グループメンバーの理解を共有化しておきましょう。
② インタビューのロールプレイを体験しましょう。まず，3人で，観察者，インタビュイー（インタビューを受ける人），インタビュアー（インタビューを実施する人）を決め，順番にそれぞれの役割を体験しましょう。次にインタビュイーとインタビュアーのペアになって相手の将来の夢や願いについてインタビュー（10分程度）しましょう。そして，観察者はインタビュアーの基本的応答技法を評価することを前提に，インタビュイーとインタビュアー両者の様子を観察しながら，気が付いたことをメモしておきましょう。

③ 相互評価をしてみましょう。3人のインタビューが終了したら，順番に相互評価をしてみましょう。まず，インタビュアーは自分が工夫した点を説明し，インタビュイーはインタビュアーの工夫を踏まえて自分の感じたことを伝えましょう。次に，観察者は自分の観察に，両者の説明や感想を加味して観察結果を伝えましょう。そして，前述の話し合いを踏まえてお互いの面接技術について助言し合いましょう。

（3）演習の考察

　この演習では，従来の面接のようにクライエントの生活や体験の事実を確認したり，事実に基づいた判断を重ねていくのではなく，「将来の夢や願い」といった抽象度の高い質問をすることによって，クライエントが自分の中に創造している意味世界を理解しようとすることで，クライエントを個別化した理解を試みました。併せてソーシャルワーカーが，自分の世界を語る他者を否定せず，共感的に話を傾聴し続けることで，他者はソーシャルワーカーが自分を受容してくれようとしていることを実感し，このような中で信頼関係が形成されていきます。こうして，他者の中にソーシャルワーカーに対する安心が芽生え，より強固な信頼関係に至ります。

　信頼関係の構築を意識しながら面接を進めていきます。インタビュイーが「将来の夢や願い」を日常意識しているとは限りません。そうした他者に対してのインタビューでは，日常意識していない心の奥にある思いを引き出することが求められます。そのような他者の意識や無意識を言語化させ，その言葉の意味を明確化し，他者とソーシャルワーカーとの関係のなかで確認し，理解を分かち合っていきます。そこでは，語る相手がそれぞれの夢や願いの話を続けやすいように促し，質問を繰り返す時にも特定の情報を引き出す閉ざされた質問と他者が自由に応えられるような開かれた質問をするなど開かれた質問を適宜組み合わせて使用していくことも重要です。こうして，他者の考えや感情を引き出し　その気持ちや状況を積極的に承認し保証していくような共感的理解が求められます。

他者の気持ちや感情を引き出すためには，非言語的な関わりも意識する必要があります。たとえば，視線や顔の表情，座る姿勢，声の調子やトーン，口調などの違いは，他者には敏感に伝わり，面接の内容も左右します。

（4）演習の振り返り——事後学習

事前学習の①～③について，自己評価を加え，相手から聴きとった将来の夢や願いを記録してみましょう。

7　生活場面面接1——日常生活から面接への展開

（1）演習の目的と内容
1）演習の目的
ロールプレイにおいて，クライエント役を体験することによって，その生活や気持ちの理解を深め，生活場面面接とはどのような面接なのか体験的に学びましょう。

2）演習の内容
この演習では，特に面接のための場所を設定せず，ソーシャルワーカーがクライエントの生活の中や，ちょっとしたコミュニケーションの機会をとらえて（援助の契機），日常からコミュニケーション，そして面接へと展開していきます。クライエントもソーシャルワーカーもあらかじめ面接することを認識するとともに，そのために用意された場所を活用した面接（構造化面接）とは，面接の始め方や展開の仕方がどのように異なるか確認しながら学びます。そのために，特別養護老人ホームにおける事例を用いてロールプレイを行います。そして，ロールプレイを実施しながらクライエントの気持ちを理解し，その気持ちに応じた対応を考え，実践してみましょう。

3）この演習を体験するにあたって——演習への参加の仕方
まず，特別養護老人ホームの特性や，最近の利用者の特性について理解を深めた上でロールプレイができるように準備しておきましょう。次に，構造化面

接と生活場面面接との相違をふまえて，自分なりに面接の展開の仕方を工夫してみましょう。そして，相談援助実習の際，入所施設での実習ではこの生活場面面接と似た体験をすることが多くあります。併せて，実習への事前学習として取り組んでみましょう。

―― 演習にあたっての事前学習 ――

① 生活場面面接とはどのような面接か調べまとめておきましょう。
② 入所施設というクライエント生活の場で面接をする際，その尊厳を大切にした面接を展開するためには，どのようなことに留意すべきか，面接の際に確認できるようまとめておきましょう。

（2）演習の進め方

以下の事例の場面を読んで，その後の面接場面面接を展開してみましょう。

　　実習が終わる最後の日にデイルームにいると，デイサービスでレクリエーションを企画し実施した際のメンバーであった利用者の安岡与太郎さんがあなたに近寄って来ました。「職員には言わないで欲しいのだけれど，この間，トイレに間に合わなくてズボンと椅子を汚してしまったんだ」「その時，新人職員の大谷さんが私のお尻をつねったんだ」「こんな屈辱はなかったよ。この気持ちを誰かに聞いてもらいたかったんだ」とあなたに打ち明けました。その時あなたは，安岡さんが服や椅子を汚してしまい，大谷さんに小さな声で謝っていた場面を思い出しました。

① 特別養護老人ホームの実習中の出来事です。事例を読んで以下の点をふまえ，安岡さんの役柄を設定して，面接の準備をしましょう。
　ⅰ今，どんな気持ちなのか。
　ⅱ何を学生に聞いてもらいたいのか。
　ⅲなぜ，小さな声で謝ったのか。
　ⅳこの後学生にどうしてほしいのか。
　ⅴ安岡さん自身が周囲に望む自己イメージとは。
② 事例を読んで交代しながら学生役，クライエント役に分かれて，2人でロールプレイをやってみましょう。

ⅰクライエント役は，①で想定した安岡さんになりきって学生に応答しましょう。
　　ⅱ学生は生活場面面接の特性を踏まえて安岡さんの話を聴いてみましょう。
　③　ロールプレイを振り返りましょう
　　ⅰ学生役のあなたが発した第一声は，どんな言葉ですか。また，その意図は何か考えてみましょう。
　　ⅱ学生役のあなたが注意や配慮して対応した内容を列挙してみましょう。
　　ⅲ安岡さん役の学生の感想を聞きましょう。

（3）演習の考察

　生活場面面接は，施設の敷地や建物のちょっとしたセミ・パブリックなスペースでの何気ない挨拶や会話から始まることがあります。あるいは，クライエントの変化や何気ない様子にニーズの潜在化を危惧したソーシャルワーカーの声かけから展開される場合もあります。いずれの場合にもどちらかと言えばクライエントの「相談にのってもらう」といった動機は希薄で，ソーシャルワーカーが会話を面接としてのコミュニケーションへと展開していくよう促す場合が多くみられます。クライエントの動機が不十分で，面接の場所も日常生活の場であれば，ソーシャルワーカーはその機会（チャンス）を速やかに面接へとつなげられるよう意図的な関わりを展開しなければいけません。しかし，その際にもクライエントの日常生活の延長線上という環境で他のクライエントの目や耳，その関心のある中で，話を聞くことに十分な注意と配慮が必要です。

　他の人々の関心や視線のある中で話を聞いて良いかどうか，まず，クライエントの意思確認をした上で，適切な面接場所を探します。面接室ではなくても，少し周囲の視線を遮るような場所や，落ち着いて話すことができるような椅子や机のある場所など，クライエントの話しやすさを尊重して場の設定をすることが必要です。その場で話をしてよいか，面接の最初にクライエントの意思確認はできていましたか。

　社会福祉施設は個室化が進んでいますから，クライエントの個室へと移動す

るのも一つの方法です。しかし，クライエントとの関係形成が十分でなかったり，クライエントの状態によっては緊張感の高まる個室での面接は避けた方が良い場合もあります。入所施設での暮らしが長くなれば長くなるほど，クライエントにとって施設の暮らしは日常化していきます。仮にクライエントが要援助課題を抱えていなければ，単なる宿所提供で良いのですが，施設のサービス利用者であるクライエントは，改善・解決を必要としているからこそ，社会福祉施設を利用しているのです。

　ソーシャルワーカーは，クライエントが日々の暮らしに違和感を生じないように，しかし，彼／彼女らが顕在的・潜在的に示すニーズには速やかに気づきアプローチすることが必要となります。今回の体験は実習生として行いましたが，安岡さんが顕在化させたニーズをきっかけ（契機）に，安岡さんに共感的理解を寄せながら対応方法を想定できましたか。クライエントが，あるソーシャルワーカー（この場合は実習生）に開示した，「誰にも言わないでほしい」訴えの場合，援助につなげるか，その場の事として聞いておくか，どのように対応すべきか対応方法に迷うかもしれません。利用者の最善の利益に責任を負うソーシャルワーカーはどのように行動すべきか考えてみましょう。

（4）演習の振り返り――事後学習

　会話から生活場面面接へと展開できましたか。自己評価をしておきましょう。また，前回の面接での「基本的応答技法」を活用して安岡さんの想いを共感的に聞き取ることができたかを確認するために，ロールプレイの内容を記録に起こして評価を加えてみましょう。

8　生活場面面接2――突然の問いかけへの対応

（1）演習の目的と内容

1）演習の目的

　生活の中で発するクライエントの言動の背景にある感情への理解を深めまし

ょう。クライエントの感情を理解するためにはどのような関わりが必要なのか考えてみましょう。また，構造化面接（面接室における面接）と異なる生活場面面接の特色を理解しましょう。

2）演習の内容

今回の演習も引き続き特別養護老人ホームでの一場面です。職員に対して初対面のクライエントからの突然の問いかけがありました。生活場面でのクライエントの何気ない問いかけが生活場面面接に移行するロールプレイを体験してみましょう。

3）この演習を体験するにあたって——演習への参加の仕方

さまざまなクライエントの言動の背景にある彼／彼女の気持ちを理解しようとコミュニケーションを展開し，生活の中で自然に発せられる相手の言葉に丁寧に対応する姿勢を持ち，積極的に聴く態度で臨みましょう。

演習にあたっての事前学習

① 生活場面面接の留意点を復習しておきましょう。
  ・面接の際注意すべきことを列挙しておきましょう。
  ・上記とこれまでの自分の演習体験を比較して自分の課題を箇条書きにしておきましょう。
② クライエントがあいまいに語る言葉や物語に潜在化させているクライエントの感情や気持ちを引き出させるような聴き方を考えておきましょう。

（2）演習の進め方

1）ロールプレイの準備

以下の事例を読み，生活場面面接のロールプレイの準備をしましょう。

> 初めてユニットへ行くと「89歳で認知症がある」とだけ職員から説明を受けていた田上洋子さんがあなたの傍に歩いて来て，「私に早くお迎えが来ないかと待っているの。いつ来るのだろうか。教えてもらえないかしら。」と神妙な顔つきで実習生の私に言いました。

① 特別養護老人ホームの実習中の出来事です。以下の点をふまえ，田上さん

の役柄を設定してみましょう。
　　ⅰどんな気持ちで，あなたの傍に来たのか。
　　ⅱ何を伝えたいのだろうか。
　　ⅲどんな表情でどのように声をかけてきたのか。
② クライエントは実習生のどんな応答を期待しているのか。この事例の続きを考えておきましょう。
2) 生活場面面接のロールプレイの体験
① ソーシャルワーカー役，クライエント役に分かれて，2人でロールプレイをやってみましょう。
　・クライエント役の際は，1)の①で設定したクライエントになりきって演じてみましょう。
② それぞれの役割を演じて感じたことを意見交換しましょう。
　　ⅰ全員のロールプレイが終わってから意見交換をしましょう。
　　ⅱまず，自分がどんな設定でロールプレイに臨んだかを説明したうえで感想を述べましょう。
3) グループで振り返りをしよう
① ソーシャルワーカー役の自分を振り返ってみましょう。
　　ⅰあなたが対応した第一声は，どんな言葉ですか。声の大きさやイントネーションなど具体的にメンバーに伝えましょう。
　　ⅱその意図を説明しましょう。
　　ⅲそれに対してのクライエントの感想はどのようなものだったか伝えましょう。
② お互いにメンバーの試みで良かった点，改善すると良い点を助言し合いましょう。

(3) 演習の考察
　ソーシャルワークの援助の対象は母親の胎内に育つ子どもから，100歳を越える高齢者まで年齢の幅は広く，さらにその生活のあり方はさまざまです。

ソーシャルワーカーはどんなに努力してもすべてのクライエントの人生を自分自身の人生の経験を材料に理解するのは不可能です。特に今回の事例のようにまだ学生である若く人生経験も少ない実習生が，90年近く人生を生きてきたクライエントの人生を理解したり，「お迎えを待つ」死生観を理解したりするのは容易なことではありません。また，「お迎え」を「自宅に帰るお迎え」として理解した人もいるかもしれません。

　高齢者だけでなく，ソーシャルワークの援助の対象となる人々は病気や障害が原因で間近に死を意識して日々を送っている場合があります。クライエントが死期を認識して残りの人生をいかに生きるかを援助することをターミナルケアと言います。ソーシャルワーカーには，生きることを援助することともに，生き抜いた先に穏やかな最期を迎えることができるよう援助することも求められます。

　人の生活には誕生もあれば死もあります。高齢者にとって暮らしの場である特別養護老人ホームの日常で，ふとクライエントが自らの死について語るのは極めて自然なことです。しかし一方で現代社会は核家族化が進み，自分の家で高齢の家族が亡くなることを見送ることも稀になりつつあります。誰にも死や死の看取りはどこか，遠いことかもしれません。

　これまでの講義や演習で学んできた受容や共感を今回の演習でも活用できたでしょうか。前述したようにソーシャルワーカーの個人的体験には限界があり，事例のような場面でクライエントの言葉の意味世界に共感的理解を試みても，ソーシャルワーカー個人の体験をもとにその正解を「そうぞう」（創造・想像）しようとすると限界が生じてしまいます。クライエントへの共感的理解にはコミュニケーション技術の駆使は大前提ですが，クライエントがその生活の中で生活に根差したニーズを顕在化させる際，併せて必要となるのは人間の暮らしや人生の理解と，長短に関わらずその人の人生をその人なりに一生懸命生きている人の尊厳を見失わない姿勢です。思いがけないクライエントの言動に揺れながらも，ソーシャルワーカーらしく思考し対応する努力ができましたか。

（4）演習の振り返り――事後学習

ロールプレイを体験して，以下の点をふまえ，クライエントの問いかけに応答している時の自分自身を振り返ってみましょう。また，ロールプレイの記録を作成しておきましょう。

- ・どのような心情だったのだろうか。
- ・自分なりに工夫できた点はどのようなところだろうか。
- ・何が一番困っただろうか。

9　生活場面面接3――集団への介入場面のロールプレイの体験

（1）演習の目的と内容

1）演習の目的

この演習では，クライエントの集団にアプローチする体験をし，グループにおいてクライエントの話を聴く際の留意点を体験的に理解します。また，生活場面面接でのグループの力を利用した個人に対する援助を体験的に学びます。

2）演習の内容

援助の場面は多様で，ソーシャルワーカーとクライエントの関係は必ずしも1対1とは限りません。特に入所施設では居住環境自体が集団生活であり，ソーシャルワーカー一人とクライエント多数の場面は生活のそこここに生じます。今回は，特別養護老人ホームにおける集団への介入場面のロールプレイを体験してみましょう。

3）この演習を体験するにあたって――演習への参加の仕方

クライエントが個人の場合と集団の場合とアプローチの違いを意識して演習に臨みましょう。また，個別援助技術と集団援助技術の援助特性を理解し，グループがグループメンバーに与える影響力，逆にグループメンバーがグループに与える影響力などを意識しながら生活場面面接のロールプレイを実施してみましょう。

---- 演習にあたっての事前学習 ----
① 集団援助技術のソーシャルワーカーの役割と基本的技法を調べてまとめておきましょう。
② 特別養護老人ホームの利用者の特性や高齢者が集団になった場合の援助の留意点など確認しておきましょう。

（2）演習の進め方

以下の事例を読み，生活場面面接のロールプレイの準備をしましょう。

「ここの食事は，いつもまずい」と入所中の杉岡宏さんが大きな声を出して箸をテーブルに置いて食べるのをやめてしまいました。なごやかだった食事の雰囲気が，急に気まずい雰囲気に変わり，会話も途切れて食堂のBGMだけが流れています。この場には，他の職員は誰もいません。ソーシャルワーカーのあなただけがたまたま杉岡さんの隣に座っていました。

1）ロールプレイの準備
① 一人ひとり事前学習を参考に，事例を読んで自分なりの杉岡さんの役柄を設定しましょう（どんな考えや気持ちか，なぜ，ここで大きな声で言ったのか等）。
② 事前学習を参考に，特別養護老人ホームの生活や食事場面についてグループでの理解を共有化し，それぞれ自分が設定した杉岡さんの理解を深めておきましょう。

2）集団のロールプレイの体験
① 1回目のロールプレイ
　ⅰ5人1組になり，それぞれソーシャルワーカー役，クライエント役，3人の入所者役に分かれてやってみましょう。
　ⅱ利用者役の一人を決め，「そんなことないわぁ，美味しく頂いている人も居るわよ」と言ってから次の会話に進みましょう。
　ⅲソーシャルワーカー役のあなたが対応した第一声は，どんな言葉ですか。また，その意図は何か考えてみましょう。

② 2回目のロールプレイ
　ⅰ利用者役の一人を決め，「そうよね，私もまずいと思うの，何とかならないかしら」と言ってから次の会話に進みましょう。
　ⅱソーシャルワーカー役のあなたが対応した第一声は，どんな言葉ですか。また，その意図は何か考えてみましょう。
③ 2回のロールプレイそれぞれにおいてソーシャルワーカー役のあなたがグループメンバーやその関係性に対して注意したことや配慮して対応した内容を列挙してみましょう。

(3) 演習の考察

　この演習では集団援助技術の活用を意図しました。前述したように，社会福祉の入所施設は集団生活が基本となります。居室自体は個室化しても，その居室が6～10室集まったユニット等が生活単位となります。言い換えれば，入所施設における6～10人のクライエント集団の生活場面で，ソーシャルワーカーは常に集団援助技術を応用しながら日々の援助を展開しているともいえます。特に今回の演習の場面のように，その生活場面に解決を必要とする人間関係の葛藤や，施設生活（環境）へのクライエントのニーズが顕在化した場合には，その課題をそのままにせず，その場のグループの力動を活用しながら援助へと展開していきます。

　本来の集団援助技術では，事前にソーシャルワーカーが課題の特性に合わせて，グループメンバーを抽出しニーズ調整やメンバーの波長合わせを行って，集団の相互作用を問題解決へと意図的に展開していきます。しかし，入所施設では居室を割り当てる際にも，それほど厳密に入居者の状況を調整することはできません。たまたま"同居"することになったメンバーが施設の生活特性に応じて集団を形成しているだけで，メンバーの背景もそれぞれの生活課題もさまざまです。

　したがって，入所型の施設で展開される前述のような場面での集団へのアプローチは集団援助技術の応用にとどまる限界性があります。しかし，この演習

の2つの場面で体験したように，同じ場面でも一人のクライエントの発言の相違がその後の集団の話合いの方向性を変えていく事もあります。利用者主体といえども，複数のクライエントが同居する入所施設では，クライエントの関係調整はソーシャルワーカーの責務です。こうした偶発的な場面での集団援助技術の展開にも日頃の一人ひとりのクライエントの状況や特性を理解し，話合いの場面で誰にどのように発言してもらうか，最初の発言者を示唆したり，促したりすることもソーシャルワーカーの集団への関与には必要な技術と言えます。

　グループワークという言葉は，ソーシャルワークの分野のみならずさまざまなところの集団で何かをする時に使われるようになっています。しかし，この演習では，事前学習の課題で調べた「集団援助技術の基本的技法」も意識しながら演習に臨んでみましょう。こうした視点から2回のロールプレイのそれぞれに，どのように対応できたか比較しながら振り返ってみましょう。

（4）演習の振り返り──事後学習

　集団による生活場面面接の展開で，集団援助技術を意識してクライエント集団に介入できましたか。自己評価をしておきましょう。また，2つのロールプレイの内容を記録に起こして，双方の面接の相違と集団への影響について評価を加えてみましょう。

10　相談機関における面接を学ぼう1──福祉事務所

（1）演習の目的と内容

1）演習の目的

　インテーク面接において，その機関におけるサービス提供が適当であるかどうかを見極め利用者と契約を結びます。そこでは，限られた面接時間の中で「サービス利用要件」を確認する必要があります。以下のような点に留意して面接ができるようにしましょう。

・事前学習を通じて福祉事務所の機能と役割を実践的に理解した上で、そこでの面接の特徴を理解しておきましょう。
・社会福祉の諸制度とその利用要件との照合が求められる場面での面接ができるようにします。

2）演習の内容

　この演習では社会福祉の専門機関である福祉事務所での生活保護相談のロールプレイを体験します。これまでの演習と異なり、機関の相談窓口には何等かの主訴をもった利用者が、その後のサービス利用を目的に来所する場合が多く、一定の時間内にその主訴に沿ってサービス利用が可能か判断することが求められます。この演習では、来談者が本人の意図するサービス利用要件を満たしているか確認する面接を体験します。

3）この演習を体験するにあたって――演習への参加の仕方

　生活保護の制度等や利用要件については面接で活用できるよう資料を整理しておきましょう。また、単に資料をコピーして持参するだけでは、クライエントの問いに即応できません。必要事項を整理しておきましょう。

　　演習にあたっての事前学習
---
① この事例を担当する福祉事務所のソーシャルワーカーとして面接する場合に必要な知識を調べまとめておきましょう。
② ソーシャルワーカーとして面接時に確認（質問）したい内容を列挙しておきましょう。

（2）演習の進め方

　以下の事例を読み、ロールプレイの準備をしましょう。

　福祉事務所の生活保護の相談窓口に62歳の男性が現れ、「お金がないんだ、生活に困っている。相談にのって欲しい」と足を引きずりながら訪れました。

1）ロールプレイの準備
① 4人程度のグループになり，事前学習で調べた面接に必要な知識について，どんな準備をしてきたか意見交換しましょう。
② 62歳男性の役柄を以下の点をふまえ設定してみましょう。
　ⅰ なぜお金がないのか，所持金の額はどれだけか。
　ⅱ どのような家族状況か。
　ⅲ どんな気持ちでの来所か。
③ 各自グループでの意見交換を参考に事前学習で作成した質問リストを修正・加工してみましょう。

2）ロールプレイの体験
① 事例を読んで交代しながらソーシャルワーカー役，クライエント役に分かれて，2人でロールプレイを体験してみましょう（15分間）。
② クライエント役は1）の②の設定をもとに，ソーシャルワーカー役の質問に対して自分なりに回答してみましょう。クライエントになりきって，心情の部分でもソーシャルワーカーの言動に反応してみましょう。

3）ロールプレイの振り返り
① すべてのロールプレイが終わったら，お互いの面接に助言し合いましょう。
② クライエント役は役柄に共感を寄せた時，感じたことを率直にソーシャルワーカー役に伝えましょう。
③ ソーシャルワーカー役での面接の記録を作成しておきましょう。

（3）演習の考察

　事例に提示された内容は短く，提供されている情報はごくわずかです。その情報と福祉事務所という場面とそこで提供されているサービスを関連づけて面接内容の設定ができたでしょうか。専門知識やその場での観察による推論と，感覚的な想像は似ていて異なるものです。ソーシャルワーカーは専門知識をもとに，限られた情報からクライエントの置かれている状況を推測し，クライエントのニーズについていくつかの仮説をたてながら面接に臨みます。仮説は問

われればその根拠を説明できることが必要です。"何となくそう思った"ことは想像で，時に思い込みに陥るので注意しましょう。

そして，面接の中でクライエントから提供される情報やクライエントの非言語情報を観察して，仮説の中から当てはまらないものを取り除き，新しい情報からの推測を加え，アセスメントを確定させていきます。ただ，この際まだクライエントも十分に自分の立場や想いを説明することができません。クライエントの語りを傾聴しながら，その言動を丁寧に観察してクライエントの生活背景や生活歴への理解を深めて，より正確な推論を立てて，クライエントの状況に応じてその内容をフィードバックして確認していきましょう。

初回の面接での確認には限界がありますが，援助の必要性，特に緊急性の確認ができるよう，短時間で面接を効果的に進めていくためには，適切な推論が立てられるように，知識とともに先輩の事例から援助のバリエーションについても学んでおきましょう。仮に今回はサービスを利用しない場合でも，困ったら再度この相談窓口に来ようという動機づけを形成して面接を終了することが必要です。クライエントが，「誰にもわかってもらえない」「誰も助けてくれない」などと思い込んでしまわないよう配慮した言動が必要です。併せて，過剰な期待を抱きすぎないよう注意することも忘れてはいけません。面接の終わり方にどのような配慮が必要なのか考えてみましょう。

（4）演習の振り返り――事後学習

生活保護という制度の特性に応じた面接をどのように理解できたか，生活場面面接の相違を十分理解して面接ができたか，場面によって面接技術を使い分ける必要性を理解できたか，について振り返りましょう。また，ロールプレイの記録を作成しておきましょう。

11　相談機関における面接を学ぼう2——婦人相談所

(1) 演習の目的と内容
1) 演習の目的
　これまでもいくつかの相談場面のロールプレイを体験してきましたが、今回の面接場面は従来の場面設定以上に緊急な対応の必要性が想定されるケースです。そして、そのケースで、婦人相談所の機能と役割実践的な、ドメスティック・バイオレンス（Domestic Violence, 以下、DV）など、被害的体験をしたクライエントへの面接の特徴、暴力を受けた母子に対する援助に関わるさまざまな社会資源を把握し、具体的活用方法を理解しましょう。

2) 演習の内容
　相談機関の窓口にクライエントが被害的内容の相談に訪れた際の面接を体験します。場面は婦人相談所の相談窓口です。危機対応の相談場面のロールプレイを体験してみましょう。

3) この演習を体験するにあたって——演習への参加の仕方
　この演習ではDVの「緊急対応」のインテーク面接の体験と難易度が上がるので、事前に学習も丁寧に行うとともに、これまでの面接技術の振り返りを復習して、自分の課題を意識して演習に臨むようにしましょう。また、共感的態度でクライエントの安心感を増し、速やかに信用をとりつけられるような対応が出来るように工夫してみましょう。

演習にあたっての事前学習

① 婦人相談所は、どんな役割を果たしているか、配偶者の暴力に関する被害者援助にはどのようなものがあるか、について調べ、面接の資料となるよう記述しましょう。
② 緊急対応を必要とする援助にはどのようなケースが想定されるでしょうか。想定されるケースとその援助の留意点を調べておきましょう。

（2）演習の進め方

以下の事例を読んでロールプレイを体験してみましょう。

> 婦人相談所へ17歳の女性が訪れて以下のような話を始めた。「お腹に赤ちゃんがいると思います。夫の暴力がひどくて逃げ出して来ました。別れたいのでかくまって下さい，お願いします」。女性の顔や腕には赤や青のあざのようなものが見える。しきりに，周囲の様子を気にしている。手には婦人相談所のパンフレットを握りしめていた。

1）ロールプレイの準備

① 4～6人のグループをつくり，グループをソーシャルワーカー役とクライエント役の2つに分けておきましょう。
② ソーシャルワーカーの小グループは，以下の点を話し合って面接の準備をしましょう。
　ⅰ面接時に確認（質問）したい内容。
　ⅱ面接の際，気を付けること。
③ ロールプレイでクライエントを演じる小グループは，以下の点を話し合って面接の準備をしましょう。
　ⅰ17歳女性の生活状況を想定しておきましょう（成育歴，結婚・妊娠の経緯，現在の生活状況など）。
　ⅱ特に現在どのような心境でいるのか，丁寧な設定をしておきましょう。

2）ロールプレイの体験

1）で準備した資料と事例を参考に，女性役とソーシャルワーカー役2人1組になってロールプレイを体験してみましょう。

3）ロールプレイの振り返り

① グループでロールプレイを振り返りましょう。
　ⅰソーシャルワーカーはどのような点に気を付けて面接に臨んだか説明しましょう。
　ⅱクライエント役は面接を体験して感じたことを率直に伝えましょう。

ⅲ DVケースの対応にどのような社会資源が使えるのか事前学習の資料を参照しながら確認しましょう。

② 事前学習の内容や前述の話し合いをふまえて，グループで緊急対応の面接でソーシャルワーカーが気を付けるべきことはどのようなことか，具体的に挙げてみましょう。

4）学びの共有化

　グループでの話し合いの結果を発表し，他のグループの発表や教員の助言から学びましょう。

（3）演習の考察

　今回の演習では今現在，夫からの暴力被害にあっている女性の保護の依頼への対応場面を体験的に学びました。これまでの演習の面接と大きく異なるのは，面接の前にまず女性の安全を確保することが必要な点です。女性の訴えの真偽はわかりません。もしかしたら女性の被害妄想かもしれません。しかし，このような場合，被害女性を追って加害的立場の夫が後を追いかけてきている可能性があります。また，話の内容は夫婦のプライバシーあるいは，犯罪として警察が関与する可能性もある内容になる可能性もあります。速やかに安全とプライバシーが確保できる場所に移動することが必要です。面接を受け付けるにあたって，まず面接場所の設定ができたでしょうか。

　次にDV関係を解消しようと勇気をもって逃げ出してきた女性を，支持的に受容することが必要です。事前学習で確認できていると思いますが，DV関係から被害者が逃げ出すのは簡単なことではありません。加害者は様々な方法で被害者の行動を抑圧して，心理的にパワーレスな状況に追い込みます。まずは，その状況から逃げ出してきたことを肯定的に受け止めていることを相手に伝わるように言語・非言語表現を駆使することが必要です。

　いかがでしょうか。緊急対応の面接で上記のような特性を踏まえた対応ができましたか。もちろんソーシャルワーカーが自己紹介したり，女性の状況確認を速やかに行うことも必要ですが，まずは来談者の安全確保と安心の提供が優

先です。本章第10節から4回,機関での面接の体験を重ねてきましたが,援助内容やクライエントの特性によって,インテーク場面の対応の仕方も様々です。ソーシャルワーカーは基本を踏まえつつ,必要に応じて適切な対応ができるよう援助のバリエーションについても学びとトレーニングを重ねていく事が必要です。4回の演習を比較して現在の自分の学習到達度を確認しておきましょう。

(4) 演習の振り返り──事後学習

面接場面の記録を作成し,緊急対応の面接について,面接の際の留意点,自分自身の課題をふまえ,今回の演習から学んだことを書きとめておきましょう。

12 相談機関における面接を学ぼう3──障害者相談支援事業所

(1) 演習の目的と内容

1) 演習の目的

在宅生活を送るクライエントは自分自身の生活課題と家族の抱える生活課題の間で,葛藤を抱えることがあり,時に家族のために自己犠牲を払って問題解決をしようとすることがあります。クライエント自身の人生を尊重しつつ併せて家族の問題解決を図る援助方法を理解し,実践できるようになるため,以下の点を意識しましょう。

2) 演習の内容

この演習では障害者(統合失調症)の自立(律)援助の相談場面を体験します。クライエント本人と家族の課題の間で自己決定に悩むクライエントの援助を体験します。相談支援事業所の相談場面のロールプレイを体験してみましょう。

・クライエントの生活の中で抱える不安や葛藤などを理解しましょう。
・クライエントの複雑な気持ちを理解し,クライエント自身がその気持ちを整理し,自己決定できるような働きかけをします。

3) この演習を体験するにあたって──演習への参加の仕方

統合失調症という病気の特性と,クライエントが混乱や不安に陥る生活背景

を理解し,その理解を支援に活かした働きかけを考えながらロールプレイに挑戦しましょう。

--- 演習にあたっての事前学習 ---
① この事例を担当する場合にあなたに必要な知識を列挙しましょう。
② あなたが上記で必要だと挙げた知識について面接の際に活用できるように資料化しましょう。

(2) 演習の進め方

以下の事例を読み,ロールプレイの準備をしましょう。

> 障害者からの相談を受付ける相談支援事業所に25歳の女性が疲れた表情で訪ねて来ました。「3年前に統合失調症で精神科病院に4カ月間入院し,今は,薬を飲みながら生活を続けています。入院を契機に職場を退職しました」「そして,退院後は,精神障害者の方が多く利用している就労継続支援B型事業所に通い元気を取り戻そうと頑張っています」「また,兄が結婚して家を出て,現在は,海外赴任で当分戻ってきません。それから父と2人で暮らしでしたが自活したいと考え始めました」「一人暮らしよりも仲間と暮らせるグループホームに入るのも私らしいと考え,見学にも行ってきました」。
>
> 「そんな時に父が倒れ入院してしまいましたが,体調も回復し近いうちに退院するように言われました」「そこで,病院のソーシャルワーカーさんに相談し,自宅で暮らせるように介護用のベッドや車椅子を借りました」「でも,退院したら私が父の面倒をみるしかないのです。母は,10年ほど前に父と離婚し,今では,私も関わりがありません」「親戚や近所の人とも交流はありませんが頼りにしている民生委員さんがいます。その民生委員さんにここに相談に行くように勧められて来ました」「私は,父親の面倒を看るために自分のこれからの計画を諦めなければならないのでしょうか」。

1) ロールプレイの準備

① ソーシャルワーカーとして面接時に確認(質問)したい内容を列挙しましょう。
② ロールプレイで演じるために25歳の女性の役柄を設定して,この後さらに

質問したい事柄など列挙しておきましょう。

2）ロールプレイの体験
① 2人1組で役柄を交代しながらロールプレイを体験しましょう。
② ロールプレイが終わったら，クライエント役の感想を聞いておきましょう。また，クライエント役は以下の点について，ソーシャルワーカー役に感想を伝えましょう。
　ⅰ面接技術について。
　ⅱ提供された情報や考え方のわかりやすさ，正確さについて。

3）ロールプレイ体験の振り返り
① 自分の面接結果をエコマップに整理してみましょう。
② 4～6人のグループになって，お互いのエコマップを比較し，お互い助言し合いましょう。
③ グループで，自分の問題と家族の問題の間で葛藤を抱えるクライエントへの面接の際，どのような情報確認が必要なのか，お互いの学びの成果を交換しておきましょう。

（3）演習の考察

利用者主体はソーシャルワークの援助の原則です。しかし，今回の演習で検討した事例の場合，クライエントはどこに主体性の拠り所をおけばよいのでしょうか。自分自身の人生を大切にしたいのはもちろんの事，家族のことも大切にしたい。一人の人間としての自己実現を尊重するのか，家族の一員としての自分の立場や責任を果たすことに自己肯定感を見出すのか，事例のクライエントだけでなく，誰でも葛藤を抱えやすい事柄ではあります。

また，従来の日本の家族観やこれを前提とした高齢者の在宅介護の仕組みは，女性が家や家族のために，自己犠牲的に労働対価を伴わない家庭内介護を担うことが前提です。現状では，インフォーマルネットワークの中で要介護状態の父の介護を家庭内で担うことができるのは，クライエントのみで彼女は自分自身の生き方や考え方だけでなく社会の仕組みやジェンダー観との相互作用の中

でもどのように主体的に自己決定すれば良いのか揺れている状況であると言えます。

　個人の生き方を優先することと，家族への責任を果たすことどちらを選択するのもクライエントの自己決定であれば，それが彼女の"生き方"でしょう。大切なのはソーシャルワーカーが関与することで，インフォールなネットワークの中でも介護の責任を担うべきは，クライエントだけではないこと，多様なサービス利用が可能であること，介護の問題にはジェンダー・バイアスが存在することなど説明・情報提供をして，今後の選択肢は多様であることを伝える事でしょう。

　クライエントはその障害の特性から，目前の課題やストレスによって不安定になる恐れもあります。関係する医療機関とも連携しながら，クライエントの自己決定を支持的に援助していくことが必要でしょう。また，父親の介護についてもクライエントだけでは把握・説明しきれない情報も想定されます。父親が入院している病院のソーシャルワーカーとも連携して介護負担の軽減を一緒に考えると良いでしょう。その上で，クライエントがどのような選択をし，今後の方向性を自己決定していくか共に考えることが必要だといえます。連携を意図した支援の想定はできていましたか。さらには援助関係は今後も継続し，今後も迷った時，困った時は一緒に考えることを伝えることはできていますか。

（4）演習の振り返り——事後学習

　面接を終えた時点でクライエントと共有できた社会資源をもとにエコマップと面接の記録を作成し，前述の内容と演習の2）の②でクライエントが伝えてくれた感想を比較して面接の自己評価を加えましょう。

13 医療機関における面接を学ぼう1――病　院

（1）演習の目的と内容
1）演習の目的
　この演習での来談者は課題を抱えたクライエント本人ではなく，クライエントの家族です。こうした間接的なニーズの表明に際し，どのように情報を確認していくのか。曖昧に語られることの多い情報の整理に便利な記録技術の道具（マッピング技法）が活用できるようにします。つまり，マッピング技法を身に付け，利用者理解に役立てられるようにし，面接時にクライエントの問題状況を把握できるようになることが目的です。

2）演習の内容
　地域で暮らす家族への援助について学びます。一つの事例に複数の家族が関わり，その関係性の中に暮らすクライエントを援助するためにどのように家族状況の確認を行う方法，事例を読み，マッピング技法であるジェノグラムの作成の仕方を学びます。また，面接においてクライエントに対する情報収集のための質問内容を考えます。

3）この演習を体験するにあたって――演習への参加の仕方
　クライエントの理解を深めるためのジェノグラム以外のマッピング技法を調べておきましょう。

　　演習にあたっての事前学習
① この事例を読んでジェノグラムを作成してみましょう。
② この事例を担当する場合にあなたに必要な知識を列挙しましょう。
③ 上記の知識のうち，面接に必要な事柄を資料にしておきましょう。
④ 来談者の日頃の暮らしの様子や家族の課題を自分なりに設定しておきましょう。

（2）演習の進め方
　以下の事例を読み，ロールプレイの準備をしましょう。

> 　地域医療支援病院の「総合相談室」のソーシャルワーカーの所へ68歳の男性が訪れ，困り果てた表情で以下のようなことを話し始めました。
> 　「私と同居している娘が先日，2人目の子どもをこの病院で出産したばかり。じいちゃん（68歳男性の父）も親子4代で暮らせると喜んでいる。ところが，その子の父親である娘の夫が書き置きを残して出て行ってしまった。それからというもの，娘は沈み込んで食事も喉に通らず，眠れない日が続いて赤ん坊の世話もままならない。次男と私の長兄が娘の夫を探してくれているが手がかりもない。このまま，帰って来なければどうしたらいいのか。明日の退院には，私の妻が子どもを抱いて帰り，世話をすると言っているが，妻はすでに疲れをためて体調が良くない。じいちゃんの世話もあるのにどうしたらいいんだ。
> 　また，病院から出産費を請求されて困っている。私の国民年金の収入と妻のパート代だけでは，これからの家族の生活はどのようにしたらいいのか」。

1）ロールプレイの事前準備

① 4人程度のグループになって，事前学習において作成したジェノグラムを見比べてみましょう（ロールプレイ後にジェノグラムを加筆してみましょう）。
② 各々事前学習において調べておいた「必要な知識」や面接時に確認（質問）したい内容を列挙しましょう。
③ 各自事前学習④を参考にクライエント役柄設定を確認しましょう。

2）ロールプレイの体験

① クライエント（2人で協力して1人を演じましょう），ソーシャルワーカー（4人の場合観察者）に分かれてロールプレイ（10分）を体験しましょう。
② 役柄を交代しながらロールプレイを体験しましょう。

（3）演習の考察

　地域住民を対象とした社会福祉の機関や関連領域の機関にはさまざまな生活課題を抱えた住民の相談が寄せられます。その相談内容は直接クライエントである住民から寄せられる場合だけでなく，今回の事例のように家族が代わりに相談に訪れたり，児童虐待のように近隣住民からの通報という形で顕在化する場合もあります。今回の事例の場合，家族はクライエントの代理人であり，家

族援助（ファミリーソーシャルワーク）の観点から考えると，重複する問題を抱えた家族のキーパーソンとも捉えることができます。

　来談者は娘の夫の失踪に端を発した不安をきっかけ（契機）に家族の問題を相談していますが，それ以前にこの家族には援助を必要とするような生活の課題はなかったのでしょうか。来談者との面接から可能な限り家族の状況やこれまでの生活歴を確認し，そこに顕在化している課題をフィードバックし，この家族が抱えている本当の課題を明確にし，主訴を確定していくことが必要です。

　これらのことを面接において留意しながら，状況を整理するための技法としてジェノグラムやエコマップを作成できたでしょうか。

（4）演習の振り返り──事後学習

　面接内容の記録を作成し，この記録を材料に以下の点を自己評価してみましょう。また，この演習をふまえて面接の課題を具体的に挙げておきましょう。

- ・誰をクライエントと想定したのか。
- ・その根拠となる情報は。
- ・その判断として活用した知識は。
- ・今回の情報収集と判断をどのように自己評価したのか。

14　医療機関おける面接を学ぼう2──病　院

（1）演習の目的と内容

1）演習の目的

　ソーシャルワーカーはさまざまな領域で援助活動に従事していますが，病院や学校のように社会福祉の専門機関・施設ではないところでも働いています。この演習では病院での総合相談を体験し，社会福祉の専門機関以外でのソーシャルワーカーの働き方の特性と求められる専門性を理解します。さらに，この演習では緊急対応の事例の援助計画の立て方を体験的に学びます。

・医療機関で実践されるソーシャルワークの機能と役割を実践的に理解した上でそこでの面接の特徴を理解しましょう。
・緊急性や即応性（速やかに援助計画を立てられる）を意識した面接ができるようにします。

2）演習の内容

事例は前回と同様です。今回の事例では68歳の男性をクライエントとして，娘の退院に際しての援助を求めてきている場面として，病院のソーシャルワーカー（以下，MSW）としての援助を体験的に学びます。病院の総合相談の場面のロールプレイを体験しましょう。

3）この演習を体験するにあたって——演習への参加の仕方

演習の時間の学びを深めるために，事前学習並びに事後学習は必ず実施してきましょう。特に医療や社会保障等に関する社会資源とその活用方法を事前に調べてから参加しましょう。

―― 演習にあたっての事前学習 ――
前回の演習を参考に68歳男性の背景等を考え，役柄設定をしてみましょう。

（2）演習の進め方

以下の事例は前回の演習の事例の続きです。具体的な援助計画を立てられるよう，アセスメントを進めましょう。

> 68歳の男性は，「退院したいが，困ったことばかりだ。助けてほしい」とソーシャルワーカーに訴えます。そこで，ソーシャルワーカーは「わかりました。どうぞおかけください」「もう少しお話を聞かせてください」と男性に椅子を勧めました。
> 男性は「さっき話したように，同居している娘が先日，2人目の子どもをこの病院で出産したばかり。ところが，その子の父親である娘の夫が書き置きを残して出て行ってしまっていまだに見つからない」「退院後の事も心配だが，病院から出産費を請求されて困っている。私の国民年金の収入と妻のパート代だけでは，これからの家族の生活はどのようにしたらいいのか」と話した。

1）ロールプレイの準備をしよう
① 68歳男性の役柄を以下の点をふまえ設定してみましょう。
　ⅰ彼が今ソーシャルワーカーの援助を必要として困っていることは，何だろうか。
　ⅱ困っていることのうち，何から解決してほしいと思っているだろうか。
　ⅲその理由はなぜだろうか。
② 事前学習を参考に病院のソーシャルワーカーの機能と役割を確認しておきましょう
2）アセスメントから緊急の援助へとつなげる面接を意識してロールプレイをしてみよう
① 男性役とソーシャルワーカー役に分かれて，2人で交替でロールプレイをやってみましょう。
② 面接の後，ソーシャルワーカーはどのような援助を想定するか具体的に列挙してみましょう。
3）援助内容を検討して助言を得よう
① 4〜6人のグループになって，具体的な援助内容について話し合い，グループの意見をまとめてみましょう。
② グループの意見を発表して教員の助言を得ましょう。

（3）演習の考察

　前述したように，社会福祉の専門機関・施設以外でもソーシャルワーカーは活躍しています。特に病院で働くMSWは半世紀を超える長い実践のキャリアを持っています。最近では小・中学校にスクールソーシャルワーカーが配置されたり，刑務所などに司法ソーシャルワーカーが配置されたりしています。このような職場でソーシャルワークの援助を展開するためには，ソーシャルワーカーがどんな専門職か，まず同じ職場の同僚にも理解してもらい，信頼してもらえるような仕事の仕方が求められます。そのためには，ソーシャルワーカーが自分自身の機能や役割をクライエントや周囲の専門職にわかりやすく説明で

きるのはもちろんの事，その存在や機能を必要とされた時，速やかに対応できることが求められます。

　特に MSW は医療専門職と患者やその家族の間に立って，彼／彼女らの治療やリハビリテーションへの主体的な意思表示を支援・代弁したり，退院後の地域での暮らしの援助を取り付けるべく地域の社会資源に働きかけたり，広範な知識とフットワークの良い活動が求められる専門職と言えます。今回の事例でも「明日退院」「出産費用の請求に困っている」との68歳男性からの訴えにより，速やかな対応が必要なことがわかります。短時間の面接で，まずは男性とその家族の生活状況の傾聴・受容から始め，退院後の地域での援助を想定できるようなニーズと意向の確認を行わなければなりません。そのためには，面接でのコミュニケーションを単なる傾聴にとどめず，意思確認が可能となるような語りを引き出す，積極的傾聴（Active Listening）を活用することも必要となります。併せて，娘さんや赤ちゃんの健康状態を担当の医師や看護師に確認することも必要です。

　さらに速やかに援助を展開するためには，クライエントの話を聞きながら次々とそのニーズや意思に沿ったサービスを思い浮かべて，クライエントに説明し，了解が取れ次第手続きに移行することが必要です。クライエントの話を聞きながら，どの程度具体的なサービス利用を想定できましたか。

（4）演習の振り返り――事後学習

　ロールプレイの記録を作成しましょう。そして，今回の演習で，前回の演習の「演習の振り返り」であげた「面接の課題」をどのように意識して課題の克服に取り組むことができたか，自己評価してみましょう。

第3章　相談援助の支援過程を体験的に学んでみよう1

15　自己評価——自らの成長を確認しよう

（1）演習の目的と内容

1）演習の目的

　ここでは14回までの演習を通観して評価を行います。1回1回の演習でのさまざまな体験を通して，そしてその体験の際仲間や教員から寄せられる助言や指導によって自分自身がどのように変化したのか，「体験と考察の連続性と変化する自分」に視点をおいて，各自の気づきや学びを確認し，自らの課題を明確にしてみましょう。

2）演習の内容

　今回の演習では前回までの14回分の演習について，資料やワークシートを確認しながら以下のような自己評価を加えます。

①　毎回の「演習振り返りシート」（第2章章末）を読み直して，自己が成長した点を挙げてみましょう。
②　演習を通して，自分の考え方や援助の傾向について気づいたことを挙げてみましょう。
③　演習を通して，ソーシャルワーカーを目指すあなたの自己の課題を挙げてみましょう。
④　4人1グループとなり，自分自身の成長したことや今後の課題などを各自がグループ内で発表しましょう。

3）この演習を体験するにあたって——演習への参加の仕方

　各回ごとに終了時に作成した「演習振り返りシート」（第2章章末）を整理しておき，自らの課題を見つけておきましょう。

―― 演習にあたっての事前学習 ――
① 各回ごとの「振り返りシート」の記述が適切にできているか確認し、準備してきましょう。
② 演習全体を振り返り、自らの課題を整理しておきましょう。

(2) 演習の進め方

まず、毎回の「演習振り返りシート」を読み直し、演習を通して、気づいたことや自らが成長したと思う点を挙げ、自己総合評価表を各自で作成してみましょう。

次に、4人グループとなり、自分自身の成長したことや今後の課題などを各自がグループ内で発表しましょう。

第4章　相談援助の支援過程を体験的に学んでみよう2
―― 支援の展開と評価

これまで，相談援助技術に関する講義科目等で学んできたように，ソーシャルワークの支援はクライエントや地域住民と共有した目標に向かって，双方で共有した計画に沿って，一定の過程（プロセス：Process）によって展開されます。それはソーシャルワークが人権や地域の未来に関わる責任の重い仕事であるゆえ，社会に対する説明責任を問われるとともに，そこに働く専門職には対価が支払われる仕事でもあるからです。いずれにしても，ソーシャルワーカーには，論拠（エビデンス：Evidence）に基づいた説明が求められると言えるでしょう。

　本章では特に，この「援助過程」の理解を学習目標として，一つひとつの過程を丁寧にグループ学習の特性を活かしながら学んでいきます。一緒に学ぶ仲間が活用する知識，仮説の立案方法はそれぞれの興味・関心の寄せ方や支援方法の選択によって異なる場合もあります。仲間と一緒に学ぶことで一人では気が付かない多様な視点と出会うことは，今後の支援のバリエーションともなっていきます。

　"正しい答えを覚える"のではなく，ソーシャルワークの考え方に沿って多様な発想ができるよう，自ら考え，発言することを心掛けて主体的に学んでみましょう。ソーシャルワークの知識を活用して，"ソーシャルワーカーらしく思考する"ことができるようになると，実習や国家試験さらには，実践において新しい体験や考察の機会に臨んでソーシャルワーク実践として選択すべき妥当な回答や方法を選択することが可能となります。

1　相談援助の過程

（1）演習の目的と内容

1）演習の目的

　この演習では，まず相談援助について，ソーシャルワーカーがクライエントとの間で"意図的に"関係性をつくって，一定の手順に従い，見通しをもって過程が展開されていることを理解します。また，援助では，なぜ過程と手順が

第4章　相談援助の支援過程を体験的に学んでみよう2

重要なのか理解します。相談援助技術のテキストなどを参照しながら，援助過程の展開を確認し，クライエントが，どのように出会うのか出会い方にもさまざまなパターンがあることを理解します。次に，そのパターンによって援助の始め方にも，バリエーションがあることを理解します。

2）演習の内容

　社会福祉の相談の援助場面には，ソーシャルワーカーとクライエントとのさまざまな出会い方（契機）があります。すべてのクライエントが自ら望んで，そして積極的にソーシャルワーカーのところへ相談に出向いてくるとは限りません。時にクライエントは"いたしかたなく"あるいは，"人に勧められてよくわからず"相談窓口にやってきます。この演習では，ソーシャルワーカーとクライエントとの出会いの契機が違っても，ソーシャルワーク実践の過程が，まず，援助関係を結ぶ（契約する）ことから始めることを学びます。

　人（ソーシャルワーカー）が他者（クライエント）に援助する際にどのような手順を踏むのか，そしてその際必要とされる配慮はどのようなものか考え，援助のプロセスの理解を深めます。

3）この演習を体験するにあたって――演習への参加の仕方

　事前に相談援助技術のテキストなどを参照して援助過程（プロセス）の展開の手順を調べ，そこで過程を追って支援を展開することがクライエントにとってどのような意味を持つのか，ソーシャルワーク実践としてどのような意義があるのか，説明できるようにしてから演習に参加し，より実践的に援助プロセスを理解できるように努めます。

　なお，演習を意義深い学びにさせるためには，最低限必要な知識を事前学習において学んでおくことが必須です。次頁の事前学習の内容などを参考にして，演習の際に参照できるようにしておきましょう。また，ノートづくりをしておいて演習の際に参照しても良いでしょう。

演習にあたっての事前学習

① 相談援助場面において，ソーシャルワーカーとクライエントがどのような出会い方（契機）をするのかいくつかのパターンを想定して考えてまとめておきましょう。
② ソーシャルワークの基本的な援助の展開過程について（インテーク・アセスメント・プランニング・インターベンション・モニタリング・エバリエーション・ターミネーション）その内容をテキストで確認し，2,500字程度のレポートにしてまとめておきましょう。

（2）演習の進め方

① 実際に社会福祉の現場でクライエントとソーシャルワーカーがどのように出会うのか，その出会い方（契機）はどのようなものが考えられるか，事前学習①の内容について4人程度のグループを作ってお互いに意見交換してみましょう。

② 意見交換の結果をいくつかの出会い方のパターンに整理してみましょう。そして，それぞれの出会い方（契機）の違いによって，ソーシャルワーカーは何に気を付けることが必要なのか，事前学習の知識を活用しながら留意点（気を付けるべき点）を列挙してみましょう。

③ それでは，実際にあなたの目の前に以下の⒤～ⅳの4パターンでクライエントが来たことを想定して2人1組になってロールプレイをしてみましょう。また，クライエント役の学生はこれまでの話合いを参考に，⒤～ⅳのパターンのクライエントの心情を想像し，それを口調や態度に表現してみましょう。さらに，ソーシャルワーカー役の学生は皆で話し合った留意点を意識してソーシャルワーカー役を演じてみましょう。

⒤クライエント本人が望んで相談にやってきた場合。

ⅱクライエントが自らの意思ではなく，人に勧められてやってきた場合。

ⅲクライエントがまったく相談を望まないのに嫌々やってきた場合。

ⅳクライエントにはまったく相談の意思がないのにソーシャルワーカーが自宅にやってきた場合。

④　次に事前学習②で調べてきた援助の展開過程について，4人程度のグループに分かれてお互い調べてきた内容を発表して，確認しよう。特に調べてきたことが，今回のロールプレイにどのように役立ったか，確認してみましょう。
⑤　今回の演習全体を振り返ってみましょう。今回は特にクライエントとソーシャルワーカーの出会い（契機）の場面に焦点を当てて，ソーシャルワーカーが備えておくべき専門性を体験的に確認した点をふまえ，なぜ，相談援助には過程があり，そこでの手順が問われるのか，"出会い（契機）"の場面について，体験をふまえて考えてみましょう。

（3）体験の考察

　この演習では相談援助の展開過程のうち，特に最初のクライエントとソーシャルワーカーの出会い方について，事前学習を活かしながら想像と創造を組み合わせながら学びました。
　まず，事前学習を活かして援助場面を想像することができたでしょうか。ソーシャルワーカーが自ら体験できる機会は限られています。ソーシャルワーカーの援助のバリエーションは，他の人の援助経験からどれだけ想像的に学ぶことができるかに大きく影響されます。これまでの講義科目や，外部講師として講義するソーシャルワーカーの話などを参照して，いくつくらい相談援助の出会いの場面を想像できましたか。
　次に，その想像した場面によって，クライエントの示す相談援助の利用に対しての動機づけは，積極的なものから消極的，時に拒否的だったりします。さらに，クライエントの年齢や特性，傷病の有無などによって相談援助の理解，援助を活用することへの抵抗感なども異なります。その動機づけの相違などを加味してクライエント像を想像することができましたか。クライエントの特性と相談援助の利用への動機づけを確認すると，クライエント像が創造できると思います。さて，ロールプレイではその創造したクライエント役に共感を寄せながら演じられたでしょうか。
　さらに，そのクライエントとどのような出会いができましたか。ソーシャル

ワークの支援原則に「個別化の原則」があります。ソーシャルワーカー役を演じた際，ロールプレイ相手が演じるクライエントを個別化して理解しようと心掛け，その話を傾聴して意図的に受容しながら援助関係を構築するよう努力できましたか。出会い（契機）に焦点化した面接はインテーク面接と言われ，短時間の間にクライエントの信用を得て，ソーシャルワーカーがクライエントにとってどんな存在なのか，最低限度理解してもらうことが必要となります。どの程度専門性，知識を自らの体験と関連づけようと意識しながら演習（体験学習）に臨むことができましたか。

　自らの体験を率直に言語化して記録に残すとともに，一緒に体験に臨んだ仲間の感想や助言もメモして振り返りの参考にすると良いでしょう。

（4）振り返りの課題――事後学習

　事前学習の内容は体験の準備として十分なものかを振り返り，各々の役割の演じ方を振り返り"出会い（契機）"の相違による"援助関係の構築方法"とそこで活用する知識や方法について自分の体験学習の成果と課題について考察を加えてみましょう。また，今後の演習の授業に臨む際の課題を具体的に言語化しておきましょう。

　「振り返りの課題」は章末の「振り返りシート」をコピーして取り組み，教員の指示に応じて提出できるようにしておいてください。特に教員の指示があった場合，パソコンで作成してもかまいません。

2　問題の発見

（1）演習の目的と内容

1）演習の目的

　通報者である相手の話を聞き，まず電話をかけてきた相手（通報者）の気持ちや考え等を十分に引き出すとともに，実際に起こっている事象（児童虐待を疑うことになった事柄や経緯）をできるだけ正確に把握できるよう"聴く力"を

養います。また，児童相談所における児童虐待の疑いについての通報への対応（法的な手順や権限等も含み）を理解し，具体的な援助行動にどのように結び付くのか過程（Process）を理解します。さらに，電話で相談を受ける際の留意点を学びます。

2）演習の内容

相談援助は，ソーシャルワーカーがクライエントの抱える生活上のニーズに出会うところから始まります。その出会い方（契機）は，第1節で見たようにさまざまです。そして，時にソーシャルワーカーの側が発見している（見立てている）ニーズとクライエントが感じているニーズが一致しない場合もあります。

ここでは，近隣の通報によって児童相談所のソーシャルワーカーが出会った児童虐待の事例を取り上げて体験的に学んでみましょう。クライエント自身（親）には自分の子どもを虐待しているという自覚もありませんし，子ども自身も自分の被害的な状況をニーズとして訴えることも困難です。

さらに，この事例の契機は電話での通報です。電話での相談を受ける際にどのようなことに注意するのか考えながらロールプレイを行います。

3）この演習を体験するにあたって——演習への参加の仕方

電話での対応は，相談者の顔の表情や様子がわからないという特徴があります。対面での相談以上に声の調子や話し方に潜む非言語的要素まで傾聴し，提供される情報を丁寧にフィードバックしながら事実確認を重ねることが必要です。当然確認できることと，あいまいなこと，さらには情報が確認できないこともあります。それらを理解した上でソーシャルワーカーの役割が果たせるように学んでいきましょう。

その役割を果たすためには事前学習で関連する知識を学んでおくことが大切です。電話相談に限りませんが，確認できた限られた情報からある程度の推論を立てていくためには，根拠となる知識が必要です。演習を意義深い学びにさせるために，相談援助技術はもちろんのこと，子ども家庭福祉，発達心理学など最低限必要な知識を事前学習にて学んでおくことが必須です。

―― 演習にあたっての事前学習 ――

① 児童相談所の機能やそこで実施されている具体的な児童虐待への対応について調べてみましょう。
② 「児童虐待の防止等に関する法律」について調べてまとめてみましょう(特に,法律の目的,児童虐待の定義,通告,立ち入り,親子分離,措置〔緊急一時保護〕,等を確認しておきましょう)。
③ 以下の事例場面1を読み児童相談所のソーシャルワーカーは,この電話で相談を受ける時に尋ねるべきことや説明すること,留意しなければならないことを列挙しておきましょう。
④ ソーシャルワーカーは,記録を作成する際にその目的や用途によって文体を選択します。記録に用いる文体にどのようなものがあるかを調べ,それぞれの文体の特性や用途を説明できるよう整理しておきましょう。

(2) 演習の進め方

1) 事例場面1

　女性の声でY児童相談所に電話がかかってきました。ソーシャルワーカーが電話を取るとその女性は以下のような内容を,ポツポツと話し始めました。「あのぉ〜…,私の名前は,言いたくないのですが気になることがありまして…」「ここへ電話することなのかどうかもわからないのですけれど…」「近所のお宅の鈴木さんの家のことですが…」「ご夫婦とお子さんが一人,小学校3年生の男の子がいますがあまり学校へ行っていないようなのです」「あの,お父さんのものすごい怒鳴り声がよく聞こえるし,お母さんも外で会っても目を合わさず,逃げるように行ってしまって,何だか変な様子なので気になったもので…」「市の広報を見てそちらへ電話しました」。

2) 演習の流れ

① 4人程度のグループを作り,以下の点をふまえて事前学習の内容を意見交換してみましょう。
　ⅰ通報を受けた際,児童相談所はどのように対応するのだろうか。
　ⅱ電話相談の応談の際,注意するべきことはどういうことだろうか。

② 電話相談（通報）のロールプレイを体験してみましょう。
　はじめに各自で電話をしてきた女性の役柄を設定しましょう（近所の鈴木家のことをどのように見ているのか，実際に何を見たり聞いたりしているのか，何を児童相談所に伝えたいのか等）。また，グループ内でペアを組み，ソーシャルワーカー役と電話をしてきた女性役に分かれてロールプレイを実施してみましょう。
　ⅰ ソーシャルワーカー役は①のワーク内容を参照してソーシャルワーカーの役割や応談の留意点に十分注意して演じてみましょう。
　ⅱ 相談者役は，2）の②冒頭のワークの内容を参照して，相談者に共感的理解を寄せて相談者になりきって，ソーシャルワーカーに相談してみましょう。
③ それぞれの役割を交代してやってみましょう。
④ ロールプレイを実施した後，ソーシャルワーカーは，次にどのような援助を開始するのかグループで話し合ってみましょう。
⑤ グループ内でロールプレイの後にそれぞれの役割を体験した感想を述べ合ってみましょう。また，お互いの良かった点，改善するとより良くなる点など助言し合いましょう。

（3）体験の考察

　この演習も相談援助の展開過程のうち，特に最初のクライエントとソーシャルワーカーの出会い方について，事前学習を活かしながら想像と創造を組み合わせながら学びました。前回と異なり，今回は「児童虐待の通報への対応」について課題が限定されていました。前回の演習では自分の知っている，あるいは，興味のある場面を設定することが出来ましたが，今回はソーシャルワーカーとして，そして社会福祉士として当然知っているべき社会福祉関連の基礎知識が問われる演習でした。
　まず，事前学習を活かして援助場面を想像することができたでしょうか。児童相談所は社会福祉，特に子ども家庭福祉に関する専門機関です。その組織構

造や人員配置，役割や機能を知っていることは，ソーシャルワーカーとして必須の要件といえます。

　2000年に社会福祉法が改正され地域福祉の充実が図られました。ソーシャルワークにおける課題は多様化し，児童だけでなく，高齢者や障害者の虐待被害からの緊急保護，そして孤立状況の住民への支援など，領域を越えた地域でのネットワークによる支援が必要となっています。特にソーシャルワーカーには，相談窓口でクライエントの来訪を待つ応談だけでなく，通報など間接的な支援要請などに応えることができるアウトリーチの機能を強化することが求められています。その際必要となるのが，適切かつ速やかな判断です。

　今回取り上げた児童虐待の実際については，テレビの報道番組やネット上の動画での情報がありますが，どれも側面的（部分的な限られた）な情報です。専門職らしく正確な知識に基づいて想像したり，推論を立てたり判断したりすることができましたか。児童虐待のような緊急対応を必要とされる相談ではソーシャルワーカーが判断を誤ると人の命が失われる恐れもあります。

　しかし一方で強い，あるいは偏った先入観をもって通報者の話を聞いてしまうと，実際にはない"事件"を生み出して，難しい子育てに必死で頑張っている親に"児童虐待"という誤ったラベルを張ってしまうことにもなりかねません。バイスティックの原則はソーシャルワークの中でも基本的な原則ですが，そこにも「個別化」「非審判的態度」が提起されています。特に今回のように通報者自身もはっきり確認できていないことが多い相談では，ソーシャルワーカーの聞き方・聴き方が通報者に不必要な偏見を刷り込まないよう，それと同時に，児童虐待を肯定するような安易な，かつ断定的な応答も控えるべきでしょう。

（4）振り返りの課題——**事後学習**

　ロールプレイの際，自分がソーシャルワーカー役を演じた場面を実際の相談場面であると想定して記録を作成してみましょう。

第4章　相談援助の支援過程を体験的に学んでみよう2

3　アウトリーチ

(1) 演習の目的と内容
1) 演習の目的
　前回の演習に引き続き児童相談所のソーシャルワーカーが地域住民からの"児童虐待の疑い"の通報の電話によってクライエントの自宅へアウトリーチする事例です。この事例を使い，アウトリーチについて学びます。
- ・アウトリーチの機能について，まず，相談援助技術のテキスト等を参照して，活用する場面や留意点の理解を確認します。
- ・アウトリーチにおける初対面のクライエントへ働き掛け，援助関係の構築を実践的に体験し，その修得を目指します。
- ・上記で確認した留意点を参照してアウトリーチの内容を的確に記録できるようにします。
- ・相談援助の活用が動機づけられていない人に，児童相談所のソーシャルワーカーの役割を相手に伝え，援助への協力が得られるような関係構築を図ることの意識づけを図ります。

2) 演習の内容
　アウトリーチの重要性を理解するとともに，アウトリーチ場面の面接を体験し主訴が明確ではないクライエントと援助関係構築を図ることができるよう面接技術を洗練できるよう学びます。また，アウトリーチの際の面接内容記録が，その後の援助につながる記録となるよう，意図的に作成してみます。

3) この演習を体験するにあたって――演習への参加の仕方
　アウトリーチの機能を活用した援助は，クライエントの援助希望があるかどうかもわからず，それどころかニーズの自覚さえあるかどうかもわからずに自宅訪問を行うという特徴があります。当然，突然訪問されたクライエントには戸惑いや不安，時には怒りがあり，訪問自体を拒絶される可能性もあります。それを理解した上でアウトリーチから援助関係を構築できるように工夫してみ

ましょう。

　なお，演習を意義深い学びにさせるためには，相談援助でも危機介入の知識，そして，子ども家庭福祉や地域福祉，中でもコミュニティ・ベイスド・ソーシャルワークなどについて，最低限必要な知識を事前学習にて学んでおくことが必須です。

　　演習にあたっての事前学習

① アウトリーチの機能について調べてみましょう。
② アウトリーチの機能を活用した介入が必要となる対象者は，どのような人々なのか具体的にその例を挙げてみましょう。
③ アウトリーチを援助関係の構築，援助の展開へと進めるにあたっての留意点を調べてみましょう。

（2）演習の進め方

1）事例場面2

　児童相談所のソーシャルワーカーのあなたは，電話のあった女性から聞いた住所の市営住宅3階を訪ねた。「鈴木」の表札を確認して，玄関のチャイムを鳴らしてもしばらく応答がない。ドアに耳をあてると中で物音がするので家族の誰かは在宅しているようだ。そこでしばらく待って，さらにチャイムを鳴らした。すると中からヨレヨレのスウェットを着て化粧もせず，髪の手入れもしていないような生気がない女性が，ドアのチェーンをしたまま少しだけ開けたドアの隙間からこちらを覗いた。

＊鈴木さんの追加情報：鈴木宅から顔を出した女性は，家庭がうまくいっていないことはある程度自覚している。そして，どうしたらいいのかと悩み，誰かに助けてほしいと思ってはいた。そこへ急に児童相談所のソーシャルワーカーの訪問を受ける。頼んでもいない人が急に訪れ，何をしにきたのかわからず警戒し，関わりを持つことに言いようのない不安感がある。

2）演習の流れ

① 4人程度のグループを作り，事前学習の内容を意見交換してみましょう。アウトリーチの特性や介入方法の手順など，アウトリーチが必要となるクライエントの特性を確認しておきましょう。

② アウトリーチによる面接場面のロールプレイを交代で体験するにあたり，はじめに鈴木さんの役柄を設定しましょう。上記の話し合いの内容に，事例場面2の内容や追加情報を考慮して設定してみましょう。また，前述の設定のもとグループ内でソーシャルワーカー役と鈴木さん役でペアを組み，ドアから鈴木さんが顔を出した場面でロールプレイを体験してみましょう。

　　ソーシャルワーカーは，このような場面で特に何に配慮する必要があるのか考えながら，体験に臨んでみましょう（面接時間は5分間以内）。時間があれば，ソーシャルワーカーを2人組に替えて鈴木さん宅に出向くロールプレイにも挑戦してみましょう。

③ ロールプレイを実施した後，ソーシャルワーカー役の際，アウトリーチの目的を達成できたかどうか事前学習やグループでの学び合いの内容を参考に各自で振り返ってみましょう。その際にロールプレイの中でソーシャルワーカーとして，面接技術，特にアウトリーチの機能を意識して対応した内容や，児童虐待の事実確認，相談への関連づけというアウトリーチの目的はどこまで達成できたか確認してみましょう。また，自分がソーシャルワーカー役の時，鈴木さん役を演じてくれた仲間に，家庭がうまくいっていないことを率直にソーシャルワーカーに相談してみようという感じをもったかどうか確認してみましょう。最後に上記で振り返ったことをグループで話し合い意見交換してみましょう。

（3）体験の考察

　この演習は前回の「児童虐待の通報への対応」を受けて，児童相談所のソーシャルワーカーが緊急訪問をする場面へと展開しての体験学習です。通報を受けて児童相談所は事実確認のために，鈴木さんの自宅を訪問することとなりま

す。通常こうした訪問は複数のソーシャルワーカーで行われますが、その際にはワーカー同士のチームワークが前提となります。限られた時間内での演習ではまず1対1の関係で訪問による面接を体験してみました。

　この演習の特徴は、機関や施設のように通常から社会福祉実践が行われていない場所（Place）で面接を実施し、援助関係を構築するという相談援助の中でも、特にアウトリーチの機能を十分発揮することが必要とされる場面の体験学習にあります。したがって、今回の演習ではロールプレイの時間が「5分間」に限定されました。やっと開いたドアが閉じないよう、短時間の間に「不安を誰かに相談したい」という鈴木さんの動機を、ソーシャルワーカーである自分への援助の依頼へと関連づける契機となるような意図的な応答の展開が必要になります。

　また、今回の演習の面接の対象は、初回（第1節）の演習で想定した「④クライエントにはまったく相談の意思がないのにソーシャルワーカーが自宅にやってきた場合」に該当します。初回の演習での体験や振り返りを思い出しながら演習、特にロールプレイに臨むことができたでしょうか。ソーシャルワーカーが相談援助の方法を理解し援助技術を向上させていくためには、1回1回の演習をその場限りの学びに終わらせることなく、連続させ、体験を積み上げることによって専門職としての援助基盤である実践力が強化していくことが大切です。

　この授業を通じて、演習から演習へと、そして今後の実習さらには実践へと、体験とその振り返りを連続させていく専門職としての学びの習慣をつけていきましょう。

（4）振り返りの課題──事後学習

　ロールプレイの際、自分がソーシャルワーカー役を演じた場面を実際の相談場面であると想定して叙述体で記録を作成してみましょう。

4　インテーク

（1）演習の目的と内容
1）演習の目的
　この演習では，インテークの目的と機能を理解し，アウトリーチによって出会ったクライエントに，限られた時間の中で訪問の意図と，ソーシャルワーカーの役割や機能を理解してもらいインテーク面接へと展開できるようになること，クライエントとの援助関係構築が図ることを目指します。また，インテークで実施したその内容を役に立つ記録として作成できるようにします。

2）演習の内容
　前回の演習での振り返りをふまえて，児童相談所のソーシャルワーカーがアウトリーチし，インテークに繋げていく事例から使い面接について学びます。また，インテーク面接の目的に沿って，主訴を明らかにし，適切な情報収集をロールプレイで実践的に学びます。また，インテーク面接の内容を記録にまとめます。

3）この演習を体験するにあって──演習への参加の仕方
　アウトリーチによりクライエントの自宅を訪ねて，訪問からクライエントが潜在化させている主訴を顕在化させ援助へと繋げるインテーク面接を体験してみます。そこで，コミュニケーション技術を駆使するとともに，適切な情報収集を行い，クライエントの信用を得て援助関係を構築できるように工夫してみましょう。
　なお，演習を意義深い学びにさせるためには，最低限必要な知識を事前学習にて学んでおくことが必須です。

　演習にあたっての事前学習
　① 一般的にインテーク面接において情報収集する内容を列挙してみましょう。
　② インテークの目的をまとめてみましょう。
---

③　インテークを進めるにあたっての留意点を調べてまとめてみましょう。
④　インテーク面接を行うクライエントやその家族の役柄や環境の設定をしてみましょう。
・ロールプレイ（30分間）をするために鈴木家の設定をしてみましょう。一人ひとりの家族の状況や考え方，心身の健康状態，家族の抱える問題の内容や原因等についてなるべく詳しく設定し，1,200字程度にまとめておきましょう。
⑤　設定した鈴木家のジェノグラムを作成してみましょう。
・家族状況などこれまでの演習で提示されている情報を確認しておきましょう。

（2）演習の進め方

1）事例場面3

> 女性がドアのチェーンをしたまま少しだけドアから顔を出した。そこでソーシャルワーカーは，自己紹介をし，「ご近所で鈴木さんのことを心配している方から相談にのってあげてほしいという電話もらったので来ました」「鈴木さんの奥さんですか」と話しかけた。女性は黙ったままうなずいた。「少し，お話を伺えませんか？」と話した。すると鈴木さんは，「明日にしてほしい」とだけ答えたので，「では，明日13時頃もう一度来ますね」と約束した。そして，次の日ソーシャルワーカーは，再度約束の時間に出直し部屋に招き入れてもらい話を聞いた。

2）演習の流れ

①　4人程度のグループを作り，事前学習の内容を意見交換してみましょう。また，インテーク面接の特性や留意点などや，相談への動機づけが曖昧なクライエントが，ソーシャルワーカーの訪問と，積極的ではない面接に臨む心情や話し方の特性を確認しておきましょう。
②　インテーク面接のロールプレイを交代で体験してみましょう。まず，はじめに鈴木さんの役柄を再確認し，前回の演習や上記の話し合いの内容を考慮して設定してみましょう。次に，鈴木さん，ソーシャルワーカーそれぞれの役になりきって，ペアになりインテーク面接のロープレイをしてみましょう（30分間）。
③　グループで，インテーク面接の目的と機能が達成されたか振り返りをして

みましょう。まず，事前学習の内容を参考に，専門性を意識して面接を展開できたか自己評価し，鈴木さん役のメンバーに感想を聞いておきましょう。また，グループでインテーク面接が意図通り展開できたか，お互い良かった点，課題など具体的に相互評価してみましょう。

（3）体験の考察

　前回の演習から今回の演習へとアウトリーチからインテーク面接へと訪問が展開されてきました。前回は5分間の"出会い"でしたが，今回は鈴木さんに家の中に入れてもらって，30分間会話を続けることが必要になります。その30分で出会い（契機）をその後の援助過程へと関連づける援助関係の形成を試みなければなりません。時間をかければ相手の理解や信用を取り付けることが可能かもしれません。しかしクライエントがそれを容認してくれるかどうかわかりません。初対面のしかも自ら望んでいない人との面接は，30分でも長く感じるものです。

　また，約束に基づいた訪問でも，鈴木さんが快く部屋の中に入れてくれるとは限りません。再度の訪問であっても，まずは鈴木さんの心情に配慮しながら，可能な限り鈴木さんの納得と合意を得て部屋に入れてもらわなければいけません。部屋に入れてもらうための交渉をどのように試みましたか。そしてその際の鈴木さんの抵抗感に共感的理解を寄せられましたか。

　さて，部屋に入れてもらったら，再度丁寧な自己紹介が必要です。どのような自己紹介をしましたか。実際の訪問では，どの部屋のどこに招き入れてもらえるか，個々のクライエントや家族の状況によって異なります。実際にはこの事例のように簡単に家に入れてもらうことは難しく，玄関での立ち話が続く場合もあります。その際でも，チェーンの隙間からでも垣間見える家族の生活状況は，クライエントの語りの理解を深める大切な情報にもなります。

　この演習では生活環境の観察はできませんが，あいさつ程度の会話から訪問の目的について鈴木さんの理解を促し，可能であれば児童虐待の疑いのある状況について語ってもらえるようなコミュニケーションに展開していく積極的傾

聴（Active-listening）が必要になります。学生同士の演習では，困ったソーシャルワーカー役の学生の様子にクライエント役の学生が助け舟を出しがちです。自力でクライエントの信用を得て語りを促す面接場面が構築できましたか。事前学習で確認したインテーク面接の留意点と自分の面接を比較して振り返ってみましょう。

（4）振り返りの課題──事後学習

　インテーク面接の記録を起こしてみましょう。可能であれば「逐語記録」を起こしてみるのも良いでしょう。逐語記録を起こした上で，要約記録にまとめて，教員の助言を得ると，面接技術の体験の振り返りへの助言とともに，記録技術の助言も得ることができます。

5　面接記録とマッピング技法

（1）演習の目的と内容
1）演習の目的
　面接後に面接記録が正確にわかりやすく作成できることを目指します。この演習では，その後の援助過程での活用を前提に面談内容について，ワーカー自身の記憶や部分的なメモを頼りに，可能な限り正確にわかりやすく記録に起こすことができるようになることを目指します。その際，文章による記録だけでなく，記録の技法を活用することを習得します。援助におけるマッピング技法の活用方法とその意義を理解します。次に，マッピング技法としてのファミリーマップとエコマップの作成方法を習得します。そして，正確な記録を残すために，記録の道具を第三者に確認してもらうことの必要性を理解します。
2）演習の内容
　インテークの記録を参照し，そこで得た情報からファミリーマップとエコマップを作成し，マッピング技法を習得します。また，作成した記録からインテーク面接において必要な情報収集ができているかどうか確認し，インテーク

面接の機能が果たせたのか評価（モニタリング）を加えてみましょう。

3）この演習を体験するにあって──演習への参加の仕方

インテーク面接を終了し，インテークからアセスメントへと援助過程を展開するために，これまでの過程を振り返って必要な情報が収集されているかどうかも確認します。そして，その情報に基づいて今後の介入方法を想定しながら，次の展開でアセスメントができるように，意識的に援助関係を展開できるよう取り組んでみましょう。

なお，演習を意義深い学びにさせるためには，最低限必要な知識を事前学習にて学んでおくことが必須です。

演習にあたっての事前学習

① ソーシャルワークにおけるマッピング技法の種類について調べてみましょう。
② それぞれのマッピングの作成方法を調べてみましょう。
③ マッピング技法の意義について考えてみましょう。

（2）演習の進め方

① 作成した各自の記録にもとづき，インテーク面接として，良い点や改善すべき点，収集できた情報について話し合ってみましょう。特にどのようなコミュニケーションがクライエントの情報提供につながったか，お互い助言してみましょう。
② 各自のインテークの内容からファミリーマップとエコマップを各自で作成してみましょう。
③ 作成したファミリーマップとエコマップを，グループ内で確認し合い文字だけの記録と比較して，その意義を確認してみましょう。

（3）体験の考察

マッピング技法は「記録の道具」と表現されます。私たちは家庭や地域において，さまざまな人間関係の中で暮らしています。そこに生じる相互作用は私たちを支えてくれることもあれば，喧嘩をしたり，傷つけ合ったり，時に憎し

みの感情さえ生じさせていきます。家族は一番小さな単位の社会であり，私たちが生まれて初めて経験する社会でもあり，私たちの人生に大きく影響を及ぼします。つまり，その人を知りたいと思ったら，その人の家族との関係性を知ることが大切な手掛かりとなります。

そこで，ソーシャルワークでは，その人を個別化して理解する際，その人に関わる情報のうち，大人になるまでの情報（成育歴），大人になってからの生活状況（生活歴）を確認します。ただし，人によっては家族の数が多かったり，関係が複雑だったり，地域社会との関わりが多様で文字での情報確認や理解が難しい場合があります。このような時に，情報をわかりやすく図式化して短時間で複数の人間の理解を可能にする道具がマッピング技法です。

これまで文字を主体に援助の記録を残してきました。その記録と今回作成したマッピング技法を活用した記録を比較してみてください。マッピング技法の方がケース全体の構成や簡単な経緯を理解するには適しています。"一目瞭然"ケースの状況がわかります。しかし，マッピング技法は，情報を一定の記号に替える際の約束事があり詳細に情報を明示できるわけではありません。正確かつ詳細な記録は文字で明記しなければ正誤の確認が困難です。

ソーシャルワーカーはクライエントやその家族，あるいは生活状況をチームの仲間や関連する機関の専門職を速やかに共有するためには，マッピング技法のような道具を使いこなし，より詳細な支援方針の決定や諸手続きのためには正確な記録を文章化する力が必要です。「記録技術も援助技術のうち」とも言われます。個々の演習の機会の事前学習，ワークシート，そして振り返りの記録やレポートの際記録技術を十分意識しながら学びを重ねましょう。

（4）振り返りの課題——事後復習

マッピング技法と文章を併用して，これまでの援助経過をケース記録を意識してまとめてみましょう。その際，相談援助のテキストと合わせて，子ども家庭福祉論のテキストなども参照して，専門用語を使って「援助記録」を意識した記録を作成してみましょう。

6 アセスメント1——情報収集

(1) 演習の目的と内容
1) 演習の目的
　アセスメントは「事前調査」とも言われるように，面接をしているソーシャルワーカーの個人的判断によって，気になる点をニーズとして提起するだけでなく，それぞれの領域のクライエントの特性とサービスの枠組を勘案した仮説に基づいて，情報を収集・判断・整理する過程です。したがってこの演習では次のことを目指します。

　まず，アセスメントの目的理解を深め，ソーシャルワークにおいてアセスメントを実施する際，ソーシャルワーカーが常に理解しておくべき基本的な情報の枠組みを学びます。また，アセスメントに必要な情報をそれぞれの事例に合わせて的確に抽出・言語化・整理することができるようにします。

2) 演習の内容
　インテーク面接でのクライエントとの間で援助関係を構築することの合意形成が成り立つ（契約）へと，いよいよ援助が展開していきます。インテークでも最低限度，援助の必要性を判断するためのアセンスメントが試みられますが，今後の援助の展開（介入への展開）にあたって，援助計画の根拠となるアセスメント（情報収集と分析）を実施します。

　この演習ではインテーク面接において聴き取った内容（下記事例内容1）をもとにアセスメントの段階で収集しなければならない情報を明確にすることを学びます。

3) この演習を体験するにあたって——演習への参加の仕方
　インテークからアセスメントの展開を学んでいきます。ソーシャルワークにおけるアセスメントの理解を深めた上で下記の事例内容1の事例のアセスメント面接が出来るように準備をします。なお，演習を意義深い学びにさせるためには，最低限必要な知識を事前学習にて学んでおくことが必須です。以下の事

前学習は不可欠です。

演習にあたっての事前学習

① ソーシャルワークの展開におけるアセスメント理論について確認し，まとめてみましょう。
② ソーシャルワークにおいてアセスメントに必要な情報の項目を列挙してみましょう。
③ 事例内容1を読み，ここでアセスメントに必要となる情報の項目を列挙してみましょう。

（2）演習の進め方

1）事例の提示

この演習から具体的に事例を提示します。ソーシャルワークの援助において領域や対象が変わっても活用する専門知識や介入の方法（相談援助技術），わきまえるべき価値観は共通です。自分たちで想像して創造してきた内容とは少し異なる点があるかもしれませんが，これまでの学びを活かしながら，事前学習で確認した項目を参照しながら以下の事例を読んで課題に取り組みましょう。

2）事例内容1

① 事例概要

クライエントは無事に出産したいが，生活費と出産費に困っており，夫の暴力から逃れたい，という主訴を持っています。家族構成は，鈴木陽子（30歳，クライエント），鈴木昌夫（27歳），鈴木静香（7歳），鈴木祈愛（2歳9ヵ月）の4人家族で，住居は市営住宅で経済状況は貯金はなく，家賃も滞納。手持ち金も5万円程度である。

② 陽子からインテークで聴き取った内容

陽子は，もともと勉強が嫌いであったが「高校くらい卒業しないと就職もできない」と周囲に言われ，しぶしぶ通っていた。しかし，授業にもついていけず，毎日が無意味な気がして，両親の反対を押し切って退学した。高校生の時から付き合って通っていた男性とすぐに結婚し，静香を産み育てていた。しか

し，夫がバイクの事故で死亡した。仕事をしていなかった陽子は生活に困り果て，同じ町に住む両親の所へ静香と身を寄せた。

　しかし，両親からは，「早く出て行ってほしい」とはっきり言われていたこともあり，3カ月くらいの間にパチンコ屋で出会った現在の夫と両親の反対を押し切り再婚をした。やがて，次女をもうけ，家族4人で暮らしていた。暮らし始めた当初，昌夫は無職であったために陽子もコンビニのパート勤務で生活費を稼いでいた。昌夫は新しい仕事に就いても長続きせず，一家の暮らしは経済的にも苦しく，陽子は静香に祈愛の世話を頼んで給料の高い深夜のパートに出ることもあった。保育料を払えないので保育所に子どもを預けることもできず，やむを得ず子ども2人を残してパートにでることが続いた。そのような生活の中再度の妊娠に気づいた時は中絶することを考えたが，昌夫も相談に乗ってくれず，中絶の費用の工面も不安で決心がつかないまま7カ月ほど経った。

　妊娠後もパートを続けたが最近になって身体がつらくなって辞めた。病院へ行っていないため，いつ生まれるのかよくわからない。昌夫はクリーニング配達の仕事に就いたものの店主とトラブルを起こして2カ月で辞めた。その後も転職を繰り返し定職につけずにいた。現在は，日雇いにより建設業の仕事を行っている。最近は，酒を飲んで酔って帰ってくることが多くなり，大声を出すので近所にも迷惑を掛けているだろう。そんな状態で夫とまともな話もできない。

　付き合い始めた時から昌男は時々陽子だけに暴力を振るうことがあったが，最近では暴力も益々エスカレートしていると陽子は感じている（手足に新旧交えた大きな痣が何箇所も陽子にも静香にもある）。それが最近では，飲んで帰って来て，静香にも大きな声を出して手をあげるようになった。静香は，夫の実の子どもでないから仕方ないのかもしれないと陽子は思っているが，暴力を見ているのがつらい。自分が止めるべきだと自分でも思うが，お腹の大きな自分が止めに入って赤ちゃんにもしものことがあったらと考えると，どうすることもできない。このままでは静香を守ることもできないし，自分もつらいのでこの状況から逃げ出したいと思っている。しかし，どうしていいかわからず，また，

夫が怖くてそんな気持ちでいることを夫に伝えることもできない。ここ数日は毎日の生活の中で命の危険さえ感じることもある。

病院に行くお金もないし、このままの状況で出産をどう迎えるのか不安で仕方ない。もともとお金は無いが、今の夫には決まった給料が出ないこともあり、現在は、明日の食費にも困る状況である。陽子の両親には結婚を反対されたこともあり、家を出て以来、音信不通の状態で今回の妊娠さえも知らせていない。それどころか、両親は引っ越すと聞いたが連絡もなく、今はどこに行ったかわからない。

もともと陽子は、父親の連れ子で、母は実母ではなく、両親から可愛がられた記憶もない。今になって助けてくれると思えない。実母のことは、一切知らされていないので、どこにいるのか生きているのかさえわからない。また、夫の両親には、会ったこともないし、どこにいるのかも知らない。陽子には、兄弟姉妹もおらず、他に頼れる人もいない。

最近の陽子は足がむくんでつらく、食欲も出ずにいつも頭がぼんやりしている状況である。

陽子の体調が悪いので静香が学校へ行かずに面倒をみてくれている。陽子も体調が悪いのでどうすることもできないし、静香も学校へ行きたがらない。祈愛は、2歳になるのに立ち上がりもできず、手が掛かる子である。陽子が同じ頃には歩き、言葉も発していたので随分違いがあり心配している。しかし、誰に相談してよいのかもわからない。

3）演習の流れ

① 4人程度のグループにおいて事前学習中の「ソーシャルワークにおけるアセスメントに必要な情報項目の列挙」をグループ内で確認してグループとしてのアセスメントの枠組みを確認しておきましょう。

② 次にグループで話し合った枠組みを確認しながら、再度事例内容1を読み、該当する情報を転記してみましょう。

③ 事前学習中の「インテークからアセスメントに必要な情報項目の列挙」と②の話し合いでグループで確認した枠組みと、事例から転記した情報を比較

してグループで意見交換しましょう。
④ ③の内容を振り返り、以下の点を自己評価してみましょう。
　ⅰ アセスメントの役割と機能をどの程度理解できたか。
　ⅱ アセスメントの枠組みに沿って、必要な情報を見つけて言語化することができたか。

（3）体験の考察

　なかなか理解が難しい事例だったかもしれません。相談窓口にクライエント自らが訪れる場合は、主訴が明確で利用したいサービスも具体的だったりします。しかし、今回の事例のように、クライエント自身の動機が曖昧で、利用したいサービスも明確ではない場合、援助の最初の段階ではソーシャルワーカーの側がニーズを見立てていく（プロフェッショナルニーズ）場合があります。

　当然のことながら援助関係が安定して支援が展開して、クライエント自身が自らの課題を自覚したり、解決を意図したりできるようになれば、クライエント主体に援助は展開されるべきです。しかし、この事例の鈴木陽子さんは現在妊娠中で妊娠中毒が疑われるような体調不良を抱え、夫の暴力に怯えパワーレスの状態にあり、援助の主体となるのは困難な状況です。

　このような場合、ソーシャルワーカーの側が、その専門知識や経験を活用して潜在化しているであろうニーズを予測しながら、クライエントの語りを整理してアセスメントを進めていきます。クライエントが語る（訴える）ニーズは曖昧だったり、事実認識が困難だったりして言語化が不十分です。ソーシャルワーカーには、その語りをフィードバックして情報を確認したり、語りを支持して言語化を促す面接技術は無論のこと、言語化された情報を適切に拾い上げ、ニーズに整理していく力が必要となります。

　そのためには、曖昧な表現や個人的な想いをニーズへと言語化できる知識の活用が不可欠です。さて、今日の演習では事例にちりばめられた陽子さんのニーズ、子どもたちのニーズ、そして夫である昌夫さんのニーズ、さらには家族のニーズについて、視点や関心を寄せてアセスメントできたでしょうか。個

人と家族をアセスメントする際には，時に家族と家族のニーズや人権が葛藤を招くこともあります。家族の関係性にも十分留意して，枠組みを設定したり，ニーズを汲み上げることができましたか。

（4） 振り返りの課題──事後学習

　今回のアセスメントは陽子からの情報のみのアセスメントになります。まだまだケース全体の情報収集は十分と言えません。グループ学習で確認できた情報を基にアセスメントを確認し，現状での支援の方針を自分なりに設定【仮説の立案】してみましょう。

　そして，さらにどのような情報を確認することが必要か考え箇条書きに書き出してみましょう。

7　アセスメント2──面接の実際

（1） 演習の目的と内容

1） 演習の目的

　クライエントは時に「社会的弱者」と呼称されたり「課題を抱えた人」として，その課題ばかりに援助者の関心が集中することがあります。こうした呼称や関心の寄せ方が，クライエントの自己肯定感を減退させ，クライエント自身の課題を改善，解決する力や意思を弱めてしまうことにもつながりかねません。ソーシャルワーカーには，ソーシャルワーカー自身がクライエントの持つ"生きる力"を信じ，彼／彼女らが主体的に問題解決を図ろうとする過程に寄り沿う姿勢が必要です。このような，ソーシャルワーカーの姿勢や介入をストレングス・アプローチと言います。この演習では，このストレングス・アプローチの手法を体験的に学びます。

　ストレングス・アプローチを意識したアセスメント面接の方法を学び，情報収集のみならず，信頼関係づくりを意識してできるようにし，アセスメントの役割と機能を理解します。また，アセスメント面接を通して，利用者理解を深

めることを学びます。

2）演習の内容

　同じアセスメント面接であっても，ソーシャルワーカーがどのような視点や態度で臨むかによってクライエントの受け止め方は変わります。実際の面接でクライエントをどう理解するのか，意図的に姿勢をつくりだして，クライエントに生じる変化や反応を体験的に学びます。こうした意図的な面接体験を通して，面接の際にどのような配慮や留意することがあるのかについて学びます。

3）この演習を体験するにあたって──演習への参加の仕方

　ロールプレイでは，これまで学んできた基本的な面接技術を活用し，信頼関係が築けるように試行してみましょう。また，特に今回の面接では，アセスメント面接やその後の分析においては，クライエントのストレングスに着目することを意識してみましょう。なお，演習を意義深い学びにさせるためには，最低限必要な知識を事前学習にて学んでおくことが必須です。

演習にあたっての事前学習

① 面接における基本的な技術について調べてまとめておきましょう。
② ストレングスモデルについて調べて，面接の際参考にできるように自分なりに留意点など具体的にわかりやすくまとめておきましょう。

（2）**演習の進め方**

① 4人程度のグループになり，事前学習①，②の内容の意見交換をしてみましょう。特にストレングス・アプローチについて，留意点など確認しておきましょう。
② ロールプレイを体験してみましょう。
　アセスメント面接をする前にクライエントの陽子について事例内容1を参考に，役柄の設定をしてみましょう。陽子に共感的理解を寄せ，陽子の心情や面接に臨む態度を想像して，自分の中に陽子像を創造しておきましょう。次に，2人1組となり，事例内容1を使ったアセスメント面接のロールプレイ行ってみましょう。そして，ロールプレイを行った感想をお互いに意見交換

してみましょう。
③　ロールプレイの中でソーシャルワーカーとして意識して対応した内容をグループの中で確認してみましょう。

(3) 体験の考察

　ストレングスはクライエント自身が内在させている生きる力（資質），問題を解決していく力の総称として用いられます。どんな困難な状況にあるクライエントでも，ストレングスを内在しています。ソーシャルワーカーが援助に臨む際には，クライエントに内在するストレングスを信じ，その主体性を尊重しようとする姿勢が不可欠と言えます。

　ソーシャルワーク実践においては時にサービスを利用するクライエントを「社会的弱者」と呼称することによって，ソーシャルワーカーがクライエントの"問題"を発見してその生活や生き方を"指導"して解決に"導く"といった誤解を招くことがあります。しかし，実際にはこれまでも引用したバイスティックの原則を見てもクライエントの「自己決定」が提起されているように，クライエントの人格を尊重し，問題解決にあたってもその主体性を支援していくことは，ソーシャルワーカーが備えるべき基本的姿勢であり，体現すべき態度と言えます。

　事例の陽子は，さまざまな困難の中でパワーレスな状態にあります。今回の面接では特にストレングス・アプローチを意識して面接に臨んでみましたが，あなた自身の面接の仕方に何か変化はあったでしょうか。陽子の役を体験したメンバーの感想には，あなたが意図したストレングス・アプローチに応じた印象や想いが語られたでしょうか。事後学習では，逐語記録など作成して，そこでの自分自身の語りを丁寧に振り返って，ストレングス・アプローチに適う面接が展開できていたか確認してみると良いでしょう。

(4) 振り返りの課題――事後学習

　アセスメント面接について逐語記録を作成し，自分自身の言語・非言語にど

のようにストレングス・アプローチを意識できたか,陽子役のメンバーの評価を加筆しながら振り返ってみましょう。振り返った内容を1,200字程度のレポートにまとめて,次回の演習の際提出します。

8　アセスメント3——情報分析とニーズ把握

(1) 演習の目的と内容
1) 演習の目的
　前節でも述べたように,アセスメントは情報収集して終りではありません。その情報を整理する。つまり,ソーシャルワークの援助の枠組みに適切に関連付けるために,クライエントの訴えたこと,クライエントをめぐる人々,関係機関から収集した情報を分析(ソーシャルワークの知識と比較して収捨選択を加える)し,支援の対象となるニーズと個人的想いや,留意するべき点を区別します。

　アセスメント面接から援助につながる情報分析ができるように,面接等で得た情報からニーズを導き出せるように,情報分析によりニーズ把握を行い,援助の方向性が見出せるようにします。また,面接内容を記録し,記録技法の向上を図ります。

2) 演習の内容
　これまで重ねてきた演習での学びを活かしながらクライエントのニーズを言語化して確認(分析結果として明示)してみましょう。事例内容1の内容を基本に,ストレングス・アプローチを試行したアセスメント面接のロールプレイの体験での気づきを活かしながら,クライエントのストレングスを尊重・信用したアセスメントを実施できるようになることを目指します。

3) この演習を体験するにあたって——演習の参加の仕方
　アセスメントにおいて,クライエントと環境の全体的な関連性,相互作用に注目して現状の理解や問題の把握が実践できるように意識しましょう。なお,演習を意義深い学びにさせるためには,最低限必要な知識を事前学習にて学ん

でおくことが必須です。これまでの学びの復習をしておくとともに，授業にもアセスメントの理解に必要な参考文献を持参しましょう。

演習にあたっての事前学習

① 人と環境の関連性について調べましょう。子どもたちの発達と環境の相互作用を「マズローの基本的要求階層」などを参照して理解しておきましょう。また，ドメスティック・バイオレンスにおける加害・被害関係の傾向を確認しておきましょう。できれば現代家族の孤立化や地域との関係性も理解しておきましょう。
② 参考文献などから，アセスメントシートを探してコピーして授業に持参しましょう。

---

(2) 演習の進め方

① 4人程度のグループになり，ケース検討に臨む姿勢や役割分担を確認しましょう。
　ⓘ司会役を決め司会者の役割を確認し，ⓘⓘ既存のアセスメント・シートなどを参考にして，記録の取り方と情報の整理の仕方を確認しておきましょう。

② ケース検討を実施し，アセスメントし，各自が実施したアセスメント面接から取集・確認，言語化したクライエントと家族のニーズとストレングスをグループ内で発表しましょう。また，グループメンバーが発表したニーズとストレングスをそれぞれA4 1枚の紙に列挙してグループで共有しましょう。グループ内で列挙したニーズについて，その緊急性と重要性を考えて支援の優先順位を考えてみましょう。

　優先順位を付ける際には，"緊急性"や"重要性"について具体的な根拠を述べて説明できるようにしましょう。

③ グループでの検討結果を発表してみましょう。
　ⓘグループでの検討結果を他のグループの人たちにも正確に伝わるようプレゼンテーションしてみましょう。
　ⓘⓘ自分たちのグループと他のグループのアセスメントの一致点と相違点に留意しながら，必要事項はメモを取りお互いの発表を聞いてみましょう。

（3）体験の考察

　同じアセスメントでも援助（面接）を重ねていく事で情報が増え，正確さを増し，より適切な状況把握と分析が可能になっていきます。また，同じ面接結果の判断でも，アプローチの方法を意識すると，クライエントの語りや態度，あるいは情報の理解の仕方も変わってきます。さらには，人々の暮らしや社会状況との相互作用の中で一人ひとりのクライエントや家族が本人の意図や意識にかかわらず，生活を抑圧されたり，生きる力や勇気を減退させてしまうことが理解できると，一つひとつのニーズの理解の仕方や優先順位のつけ方も変わってきます。

　これまでアセスメントを重ねて情報を明確化したり，アプローチを変えてソーシャルワーカー自身の視点や態度を変化させることでクライエントやケースの理解を変化させてきました。演習の成果から，皆さん自身の学習到達度についてプロセス評価を加える機会でもあります。専門知識を活用して，次の計画につながるニーズの分析過程を体験するとともに，学びを重ねて変化している自分自身に自己評価を加えてみましょう。

　特に今回の演習では，各グループのアセスメント結果を相互に発表しました。そして，その共通点と相違点を比較することで，同じクライエントに対して，同じ情報量であってもソーシャルワーカー側の姿勢や分析視点，興味関心の寄せ方によってアセスメントの結果が異なる可能性があることを学ぶことができたことと思います。つまり，ソーシャルワーカーの姿勢によってもアセスメント結果が異なる可能性があるといえます。したがって，クライエントや家族の一生に関わる判断や自己決定に寄り添うソーシャルワーカーは常に自己研鑽を意識するとともに，自分独りの見解には限界があることを認識し，チームアプローチやスーパービジョンを意識して援助に臨むことが必要です。

（4）振り返りの課題──事後学習

　アセスメントは事前調査と訳されるように，社会調査の手法を応用した過程でもあります。事例から必要な情報を漏れなく拾い上げ，適切な項目に整理し

て，このケースのニーズ分析ができたでしょうか。アセスメント結果に考察を加えて，分析してみましょう。

9 アセスメント4——記録作成

(1) 演習の目的と内容
1) 演習の目的
　アセスメントの過程では，ソーシャルワーカーが一方向的に実施するのではなく，ソーシャルワーカーがクライエントと一緒に課題やその背景となる生活を分析するとともに，クリエントも自らの課題や問題解決の必要性を理解し，自らの課題を主体的に解決できるようになることが望まれます。

　そして，この演習では，アセスメント面接からアセスメントを確定するまでのプロセスについて，根拠に基づいた検討を重ね，検討結果をエビデンスとして記録に残して，援助過程を展開できるようになることを目指します。

2) 演習の内容
　この演習では事例内容1に加え，事例内容2の内容が情報として収集された段階でのアセスメントに臨みます。これまでの演習で習得したアセスメントの手法を活用して，収集した情報から顕在化したニーズに優先順位を付けて，援助目標を検討してみましょう。

　併せて，検討過程をソーシャルワーカーがどのような判断をした結果のアセスメントなのかが具体的に理解できる記録を作成してアセスメントを確定してみましょう。

3) この演習を体験するにあたって——演習への参加の仕方
　アセスメントの過程では，ソーシャルワーカーが一方向的に実施するのではなく，クライエントと一緒に課題やその背景となる生活を分析し，クライエントが自らの課題を主体的に解決できるようになることが望まれます。援助過程の展開を進めつつ，同時にクライエントの意識形成を意図した関わりを意識しておき，アセスメント内容は，誰が読んでもわかりやすく共有できるように項

目や書く内容を工夫しましょう。また，アセスメントは，単なる情報の列挙ではなく，ソーシャルワーカーの専門的な判断が明示されている（言語化されている）ことが必要です。"なぜ：判断の根拠"を明確にする習慣を付けましょう。なお，演習を意義深い学びにさせるためには，最低限必要な知識を事前学習にて学んでおくことが必須です。

  演習にあたっての事前学習
  ① アセスメントにおける留意点を列挙してみましょう。
  ② ファミリーマップとエコマップを作成し，クライエントが置かれている社会状況を理解しましょう。

（2）演習の進め方

　事例内容1の後，継続された陽子への面接で以下のような新たな情報が収取されました。これまでの情報に加えて，「2）演習の流れ」に沿ってアセスメントを確定していきます。

1）事例内容2

　① 陽子からアセスメントのために面接で聴き取った内容

　陽子は，「このまま3人目の子どもが生まれても生活の見通しが立たない」「自分への暴力だけならばこれまで通り我慢できるが，静香にまで暴力が及ぶのなら離婚したい。しかし，離婚しても行くところがないし，どうしていいのかわからない」「特に，体調がおもわしくないので色々なことが考えられない」「ただ，3人の子どもを夫の元に残すことはできず，しかし，お金もなく，育てる自信もない。元気であれば，働いて3人の子どもを陽子だけで育てたい」と思っている。

　静香を学校に行かせていないことについても，このままでよいとは思わないが，今静香が居ないと家のことをやってもらえず困ってしまうという。学校の担任教員が一度心配して訪ねて来てくれたが，夫が追い返してしまったので気になっている。陽子から，「できれば，ソーシャルワーカーから学校の担任に連絡を取ってもらいたい」と希望が出された。

さらに、「祈愛は、2歳なのにハイハイしかできず、成長が遅いことが気になっているが相談できる人もいない」「育児についても相談にのってくれる人がほしい」とも語った。

② スクールソーシャルワーカーを通して2年生の静香の現担任から得た情報

静香は1年生の時から学校に来ていない。入学式を終えて、1週間ぐらい登校した程度であった。学校内での教員や同級生との関係で登校しなくなった理由は見当たらない。欠席が4日間ほど続いてすぐに1年生の時の担任が自宅へ電話したが誰も出ないため、家庭訪問した。すると父親が出てきて、「うちの子どものことは放っておいてほしい」と凄むような態度で静香との面会も断られてしまった。結局、担任はどうしていいのかわからず帰ってくるよりほかなく、対応もそのままになっていた。

静香は不登校のまま2年生になった。相変わらず担任が電話しても切られたり、出なかったり、両親とも話もできない状況が続き、結果として静香は1年以上登校せずに時間だけが過ぎて何も変わっていない。最近、2年生の担任から長期欠席の子どもがいると、静香のケースについてスクールソーシャルワーカーに相談があり、どのように関わるか考えていたところだった。

③ A保健福祉センターと役所からの情報

祈愛は、1歳半検診を受診していない。保健師が産後2カ月に新生児訪問を実施したり、母子保健推進委員がこんにちは赤ちゃん事業として訪問したり、関係機関が何度か訪問を重ねたが、留守なのか応答はなくそのままになっていた。数カ月後に3歳時検診の案内を出す予定となっているが、児童虐待防止連絡会議でも何度か話題になっている。

児童手当等、給付が可能な手当も手続きがなされておらず、支給されていない。

2）演習の流れ

① アセスメントの事前準備をしましょう。まず、事前学習にて作成したファミリーマップとエコマップをクラスのメンバーと見せ合って意見交換し、次にこれまでの演習で作成したアセスメントの項目を確認しておきましょう。

② アセスメントを行ってみましょう。項目に従ってアセスメントをし，クライエント（陽子）を中心にそれぞれの家族の課題も忘れずにアセスメントしておきましょう。また，最後にクライエントとその家族の「統合的アセスメント」を作成してみましょう。
③ 以下はアセスメントの一例です。これまでも紹介してきたように，ソーシャルワーカーの姿勢や活用する方法，事例への焦点の当て方，着目する情報や分析の視点，さらには課題の優先順位の付け方などによって，アセスメント内容は変わってきます。

　また，できれば，以下の内容を読まず，これまでの演習の成果を活かして自分でアセスメントしてみましょう。どうしても，どのように作業を進めたらよいのかわからない時には，以下のアセスメントの例を見て，参考にしましょう。

3）事例内容3──アセスメントの例

① 陽子の生活歴と現況

　高校を中退し，すぐに結婚し出産しているため，職歴としては，コンビニのパート経験のみ。幼い時に父親と現在の継母が結婚したもののかわいがられずに育った。きょうだいもおらず，親しくしている友人や近所付き合いもなく，孤立した社会関係の中での生活が続いている。

　現在，同居している再婚相手の夫からは，結婚前より暴力を振るわれており，最近は，長女にまで暴力が及んでいる。この関係から逃れるために離婚したいと考えている。しかし，夫の暴力が怖くそのようなことも言い出せずにいる。また，妊娠後期に入っており，体調不良もあるが経済的な問題があり受診ができずにいるため，予定日さえも定かではない。

　本来，物事を考える力と実行力もありそうであるが体調不良により，思考力も実行力も低下している。今後の生活と間近いと思われる出産をどうするのか策もなく困っている。妊娠と体調不良で普段持ち合わせている問題解決能力を発揮出来ずにいる状態であろう。

② 昌夫の現況

もともと子育てに非協力的であり，家庭のことは一切関わりを持とうとしない。人の話を聞かず，気に入らないことがあると暴力を振るう。人との関係構築が困難であるために仕事も長続きせずに定職に付けない。現在は，土木関係の仕事を行っている。両親が健在かどうか不明であり関わりもない。

③ 子どもの状況

長女は，小学校2年生だが入学当初からすぐに不登校状態となり現在も不登校が続いている。いじめ等の不登校に至る原因は学校内で発見されず，家庭の問題が不登校の直接的な原因となっていると考えられる。最近では継父（昌夫）からの児童虐待（身体的虐待）が危惧される状況にある。

次女の発達に何らかの課題があるものと推測される。しかし，検診を受けたり病院を受診したりする行為は行われていない。姉妹とも保育所へ通った経験もなく，友達もおらず，集団の行動をする機会が著しく乏しく育っている。

④ 総合的アセスメント

陽子は収入が不安定な上に夫の収入もほとんど使えずに経済的に非常に困窮している。このために，陽子が病院を受診することさえも出来ずにおり，出産への不安は大きい。本人に体調不良の自覚もあり早急な受診が必要と判断される。

併せて，陽子は結婚前から夫の暴力があり，離婚をして子どもを産み，3人の子どもたちと安全に暮らしたいと希望している。しかし夫は，粗暴であるため，離婚を言い出すと命の危険さえあると不安になっている。さらに現在は，職もなく生活の見通しが立っていない。夫は職歴も乏しいために職業スキルも乏しい可能性が高い。

このような状況で陽子が自力で育児や家事を両立し，子ども3人との暮らしを実現することは容易なことでないが，夫からのDVや，子ども達の状況を考えても現状の生活が継続することは，さらなる被害関係の発生が危惧される状況である。

（3）体験の考察

　これまで陽子からの聞き取りを中心にアセスメントを試みてきましたが，今回の演習では陽子からの聞き取りに加えて，関係機関の情報が寄せられました。これまでの演習の経過で関係機関がこのケースに関与している可能性を考え，アセスメント項目に関係機関との連携による情報収集を位置づけることができていたでしょうか。

　個人情報保護法により，何らかの方法で知り得た情報を当事者の了解なしに公開することはできませんが，同法により専門職には関係機関の間で職権による情報の共有も認められています。アセスメントにあたっては，当事者との面接による情報収取や主体性の尊重も大切ですが，併せて関係機関との有機的な連携によって専門機関や専門職であるからこそ把握している，あるいはリスクの存在に気が付いている情報を必要十分に収集することも必要です。

　事例のロで保健センターからの情報提供で次女は本来当児の権利として利用すべき健診を利用できないまま，心身の発達や健康状態の確認ができないままになっていることがわかりました。陽子自身がパワーレスになって，子どもの状況を把握したり子どものために社会資源を活用することに関心が寄せられなくなっている状況で，陽子からの聞き取りだけに頼っていたら，次女のニーズは見逃されてしまいます。

　また，これまでも関心を寄せてきたように家族の中に起生した困難は，問題意識をもって援助にたどり着いたクライエントだけでなく，共に暮らす家族一人ひとりにも何らかの課題を引き起こします。さらには，家族が家族らしく相互に助け合い労わりあうことも困難にしていきます。クライエントが発した何らかの「SOS」に出会ったとき，ソーシャルワーカーはクライエントのみに関心をとどめず，それを家族の抱える課題との間接的な出会い（契機）として，その課題にも関心を及ぼす姿勢も必要です。

（4）振り返りの課題——事後学習

　今回の演習で，「アセスメント」についてテキスト等で学んだ知識がどの程

度活用できたでしょうか。あるいは，演習を重ねて「アセスメントを確定させていく過程」をどのように理解できたでしょうか。また，今回の演習を終えて，再度これまで自分たちで作成したアセスメント項目を見直しておきましょう。

10　プランニング1——ニーズを支援につなげる

(1) 演習の目的と内容

1) 演習の目的

　アセスメントが確立すると，そのアセスメントに基づいて援助計画を立案します。一般的に援助計画では，長期の援助目標とそれを達成するための短期目標を設定し，モニタリングを加えつつ定期的に見直します。この演習ではDV被害から逃げ出したクライエントの支援という，特性のある援助場面でもあり，まず当面の短期目標を設定し，その目標に沿った援助計画を立案しておきます。その際，人（クライエント）とその環境（家族）とその相互作用，それぞれに関心を寄せて，検討を加えてみましょう。

　計画立案を体験してクライエントとその家族のニーズをふまえた短期の支援計画が立てられるよう学びを重ねます。

2) 演習の内容

　この演習では，前回の演習で例示された事例内容3で示されたものを使い，支援計画を立案し短期目標と支援課題を設定してみます。

3) この演習を体験するにあたって——演習への参加の仕方

　利用者主体を意識し，クライエントの立場に立って，実現可能性のある支援目標と具体的な支援課題を明確にした支援計画を立案するように心掛けてみましょう。また，支援計画の作成にあたっては，このクライエントと家族が住む地域には，一般的に現在の法制度で整えられている社会資源，地域や民間の社会資源が整っていると想定し計画を立案してみましょう。

第4章　相談援助の支援過程を体験的に学んでみよう2

演習にあたっての事前学習

① ソーシャルワークの展開におけるプランニングの留意点について確認し，まとめておきましょう。
② 事例内容3を読み，ソーシャルワークの理論とアプローチで本事例に活用できるものがあるのか考えてみましょう。
③ 事例内容3を読み，援助内容の優先順位を考えてみましょう。
④ 援助に活用可能な社会資源には，どのようなものがあるのか調べて，自分なりの社会資源リストを作成しておきましょう。また，後で加筆修正できるようにスペースに余裕をもって作成しておきましょう。

（2）演習の進め方

1）演習の流れ

① 4人程度のグループになり，事前学習において学んだプランニングの留意点について確認してグループとしての支援計画の枠組みを共有しましょう。
② 支援計画を作成してみましょう。まず，事例内容3を再読して，グループ内で援助の優先順位を確定しましょう。この時，アセスメント例に記載ない事柄でもグループとして課題提起した事柄があれば追加して検討しましょう。また，グループ内で短期的な支援目標を設定してみましょう。
　ⅰ解決の優先順位の高い課題から3つ程度を選んで，社会資源を組み込んだ支援計画を立案しましょう。
　ⅱ短期（概ね半年から1年）を目安に，アセスメントの結果からクライエントとソーシャルワーカーが共有していく問題解決の方向性（目標）を具体的に言語化してみましょう。
　ⅲ設定した目標を達成するために取り組むべき支援課題を具体的に挙げてみましょう。
③ 以下は支援目標と支援課題の一例です。これまでも紹介してきたように，クライエントの意思や意向，ソーシャルワーカーの姿勢や活用する方法，事例への焦点の当て方，着目する情報や分析の視点，さらには課題の優先順位のつけ方などによって，支援計画の内容は変わってきます。また，できれば，

以下の内容を読まず，これまでの演習の成果を活かして自分で支援計画を立案してみましょう。どうしても，どのように作業を進めたらよいのか分からない時には，以下の例を見て，参考にしましょう。

2) 事例内容4――支援目標と支援計画の例
① 支援計画立案の視点
・支援計画の主体はクライエント（陽子）
・支援の優先順位はクライエントの健康回復と安全な出産
・そのための環境調整
② 短期的な支援目標と支援課題

支援目標	支援課題
1）健康の回復	1）入院助産が可能な病院での産婦人科受診
2）出産に安心して臨める環境整備	1）入院助産の手続きと出産病院の確保 2）入院中の子どもの居場所の確保（施設入所の相談） 3）母親学級の代わりとなる保健師による指導
3）経済的な安定	1）児童手当等の手続き 2）生活保護受給相談の検討 3）母子福祉資金の借り入れの検討
4）暴力からの避難	1）避難に対する意思の確認 2）母子共に安全な場の提供（一時保護） 3）夫に対する暴力の認知を促す 4）夫への対応

(3) 体験の考察

前回の演習で確認したように，陽子の家族は家族員それぞれ，そして家族として多くの課題を抱えています。そして，その課題の中には陽子や子どもたちの命や人権に関わる深刻な課題もあります。陽子の事例だけでなく，みなさんがこれから実習や実践で出会う多くのクライエントや家族，あるいは地域や地域住民も同様に，同時に多くの課題を抱えて，自分たちではどうにもできないような困難な状況に陥っています。

ソーシャルワーカーといえども，その多様で複雑な課題を一挙に解決することはできません。課題によっては家族や地域の長年の関係性の上に重層化して

いる場合もあり、その経過を紐解く（アセスメントする）だけでも、多くの時間と繰り返しの面接を必要とすることがあります。今回の事例でもアセスメントのための面接を何度か繰り返し、さらに関係機関から情報を得て、陽子の家族の抱える課題の概要が確認できるようになりました。

　相談援助等の講義でも学んでいると思いますが、援助の過程は何度かアセスメントから評価（エバリュエーション・モニタリング）を繰り返します。援助を展開していくことで新たな事実が確認されたり情報が加えられたりしてアセスメントが変わったり、援助の効果によってクライエントの主体性が強化されて、問題解決の方向性に新たな意思表示がなされたりします。その際、ソーシャルワーカーはクライエントと状況を共有し支援計画の再計画を図ります。

　今回の支援計画も現状でのアセスメントと陽子の意向を尊重して、当面介入（インターベンション）の必要性のある事柄に焦点化して計画立案をしてみました。個々の事例の状況やソーシャルワーカーとその所属機関の判断によりますが、こうしたケースの場合、事例内容4に示したように、まずは第三子の出産に備えてクライエントと子どもたちの安全な環境の確保に優先順位をおきます。特に第三子の出産は刻一刻と予測される出産日が迫っており、安全な出産環境を整えることが急務となります。まずは、医療機関の協力を得て胎児と母体の健康状態を確認し、出産予定日を推測して必要な支援を用意することから始めることとなります。

　グループの検討では何に優先順位をおいて目標設定をしましたか。その時、家族一人ひとりの課題の理解や、リスクの高さの判断には多様な知識が必要です。また、利用できる社会資源もソーシャルワーカーの知識の豊かさと地域のネットワークとの連携状況によって異なります。事前学習での社会資源の確認は十分だったでしょうか。

（4）振り返りの課題――**事後学習**

　グループで立案した計画を事例内容4を参照しながら見直して、必要であれば修正を加えておきましょう。また、事前学習で整理した社会資源に追加でき

そうな社会資源を探してリストを修正しておきましょう。

11　プランニング2——支援計画を立てる

(1) 演習の目的と内容
1) 演習の目的
　前節では，DV被害から逃げてきたケースの緊急対応的な短期目標の設定と当面の支援（短期目標）の設定を経験しました。この節では，この緊急対応が一段落し，今後のクライエントの自立支援を意図した計画を再度立案していきます。緊急対応と自立支援では，確認すべき情報や社会資源の活用の仕方も変わってきます。立案する計画の違いを理解して，これまで重ねてきたアセスメントの内容など確認・見直しして，検討に臨みましょう。

　クライエントとその家族のニーズを踏まえた長期支援計画が立てられるようになりましょう。また，立案した計画をクライエントが十分理解するとともに，その主体性を強化できるようエンパワメント・アプローチを意識した面接ができるようにしましょう。

2) 演習の内容
　事例内容3で示されたものを使い，長期支援目標と支援課題を設定します。また，立案した短期・長期支援計画をクライエントがよく理解できるように説明し，契約を行う面接をします。

3) この演習を体験するにあたって——演習への参加の仕方
　プランニングにおいて，実現可能で具体的な支援計画を立てることを意識し，利用者主体を意識して，クライエントの希望を実現する視点も加えるようにしていきましょう。また，プランニングにあたっては，知っている社会資源に合わせて立案するのではなく，クライエントのニーズを満たすために，より良い方法を探す視点を忘れないようにしていきましょう。

　なお，演習を意義深い学びにさせるためには，最低限必要な知識を事前学習にて学んでおくことが必須です。これまでの演習で作成した社会資源リストを

活用するとともに，学びの機会を活かしながら修正を加えていきましょう。

演習にあたっての事前学習

① 長期支援目標と支援計画を立案しておきましょう。
  ・概ね3年を目安に目標を設定してみましょう。
  ・支援課題は，取り組む順序についても考えておきましょう。
② 長期支援に役立つ社会資源を調べておきましょう。
  ・これまで作成した社会資源リストを加筆修正しておきましょう。

（2）演習の進め方

1）演習の流れ

① 前回と同じ4人程度のグループになって，事前学習で作成してきた長期支援目標と支援計画をもとに話し合って，グループで長期支援目標と支援課題を設定してみましょう。

② それぞれのグループにおいて，設定した目標と課題をクライエントに説明する面接のロールプレイを実践してみましょう。また，これまでの演習同様クライエント役は陽子の生活状況や心身の状態を復習して陽子になりきってソーシャルワーカーの説明を聞いてみましょう。わからないことなど遠慮なく質問しましょう。ロールプレイが終わったらグループでクライエント役の感想を聞き，作成した計画や説明の仕方を相互評価してみましょう。

③ 各グループで立案した内容を全体に発表してみましょう。計画を発表し，実際にクライエントに説明して伝わりやすかった点，伝わりにくかった点など評価も加えて発表してみましょう。

④ 以下は支援計画と支援目標の一例です。これまでも紹介してきたように，クライエントの意思や意向，ソーシャルワーカーの姿勢や活用する方法，事例への焦点の当て方，着目する情報や分析の視点，さらには課題の優先順位のつけ方などによって，支援計画の内容は変わってきます。また，できれば，以下の内容を読まず，これまでの演習の成果を活かして自分で支援計画を立案してみましょう。どうしても，どのように作業を進めたらよいのかわからない時には，以下の例を見て，参考にしましょう。

2）事例内容5——支援目標と支援課題の例
　①　支援計画立案の視点
　　ⅰ今後の生活設計に向けての母子の合意形成
　　ⅱ子どもたちそれぞれの課題解決
　　ⅲそのための環境調整
　②　長期的な支援目標と支援課題

支援目標	支援課題
1）長女の学校教育の確保	1）長女の思いや考えを聴く（面接の設定） 2）担任教師と支援方法と方針の確定 3）長女の支援者の決定（スクールソーシャルワーカー）
2）次女の発達状況を確認する	1）保健センターの保健師に支援が受けられるように橋渡しをする 2）検診の受診
3）生活の再構築	1）出産後の生活の場の確保 2）就労支援（求職か訓練校の入学等の検討） 3）離婚の手続き等への支援

（3）体験の考察

　アセスメント同様，介入も支援計画に沿って段階的に展開されます。前回の演習の考察で言及したように，クライエントやその家族がかかえる課題は一挙に解決できるわけではなく，かつ援助を展開していくと新たな課題が顕在化してきたりします。また，アセスメントの段階で顕在化している課題も当初から，解決に長い時間を要することが想定されているものもあります。

　今回の事例のように第三者からの通報などによって要支援課題が顕在化するような場合には，ソーシャルワーカーが緊急かつ速やかに介入・解決しなければいけない課題が存在している場合が多くあります。当然，支援はその緊急課題から介入が始まっていきますが，皆さんがアセスメントを体験して確認したように，緊急課題の他にも多くの課題が存在しています。したがって，緊急課題が解決・改善してクライエントやその家族の状況が次の課題に取り組むことのできる状況になったり，その他の課題への介入の必要性が確認されると，ソーシャルワーカーは支援目標の再設定など支援計画の修正を提案し，支援は

次の段階に展開していきます。

　あるいは，クライエントやその家族の状況，課題の多少によって短期目標と長期目標が同時に展開していく場合もあります。また，利用する制度やサービスによっても計画立案の方法や設定する期間がおとなる場合もあります。特に最近では安易なサービス利用の長期化を防ぐ観点から，長期支援であっても支援期間が短め（2～3年）に設定される傾向にあります。

（4）振り返りの課題──**事後学習**

　以前の演習でアセスメントをする際，関係機関からの情報提供について学びましたが，支援計画を進める場合も他職種との連携が想定されます。短期，長期の計画を確認して支援課題の改善・解決にあたって，連携可能な他職種にどのような専門職があるか調べて列挙しておきましょう。これまで作成した社会資源リストを参照して考えても良いでしょう。

　また，その際他職種と連携する上で留意すべき点を注記として付記しておきましょう。

12　モニタリング1──どのような点を誰に確認するか

（1）**演習の目的と内容**

1）演習の目的

　援助過程を展開していく間にも，クライエントやクライエントをめぐる生活状況は変化をしていきます。その変化は，ソーシャルワーカーとともに展開している援助が効果を示した結果（成果）の場合もあれば，クライエントやその生活に，援助関係以外の別の影響や抑圧が加わった結果である場合もあります。また，当初のアセスメントや，ソーシャルワーカーとの援助関係の形成の仕方，あるいは，その後の援助の展開に何らかの理解や判断のズレや関り方の不足や過剰があり，速やかな援助計画の見直しが必要な場合もあります。

　そこで，この演習では，ソーシャルワーカーが自分自身の援助を観察・自己

評価するモニタリングを経験的に学びその習得を目指します。

支援計画に基づいてサービスが提供されているか，もしくは，何らかのトラブルが起きていないか，支援内容が効果的に作用しているかどうかを点検できるようにしましょう。また，モニタリングでの評価の方法や着眼点をソーシャルワーカーらしく意識できるようにしましょう。

2）演習の内容

支援計画を立案し，実施している援助が計画通りに進んでいるのか，また，新たなニーズが生じていないか，クライエントのニーズが解決や軽減されているのか確かめるのがモニタリングです。そのために，どのような点を誰に確認したら適切にモニタリングできるかを考えていきます。

また，モニタリングでは援助関係が適切に構築されソーシャルワーカーがその専門性に依拠した援助を展開できているか自己観察・評価する姿勢も不可欠です。援助の効果測定には，クライエントやクライエントが抱える課題だけでなく，ソーシャルワーカー自身とその援助を評価する視点と姿勢が必要です。援助は無論のこと，モニタリングにおいても常に援助関係を意識した評価を加えることを学びます。

3）この演習を体験するにあたって――演習への参加の仕方

モニタリングは，中間評価としてクライエントの状態を把握し，必要に応じて再アセスメントや再プランニングを提供することが求められます。モニタリングの意義を理解し，援助の展開を見通して実施できるようにしましょう。

なお，演習を意義深い学びにするためには，最低限必要な知識を事前学習にて学んでおくことが必須です。以下の事前学習について，講義やテキストを参照して演習場面で実際に使えるよう準備しておきましょう。

演習にあたっての事前学習

① ソーシャルワークにおけるモニタリングの目的について調べ，授業の際参照できるよう資料を用意しておきましょう。

② これまでの授業を振り返り，誰がモニタリングをするのか，データを集めるにはどのような方法を用いるのか，いつモニタリングを行うのか等について考え，

第4章 相談援助の支援過程を体験的に学んでみよう2

記述してみましょう。

（2）演習の進め方

① 4人程度のグループにおいて，事前学習①，②において学習したモニタリングの目的や方法を確認しケース検討の準備をしましょう。

② グループごとに話し合い，以下のワークシート13に本事例では，誰に，何を，どのくらいの期間・頻度で状況を確認するのか，具体的に記入してみましょう。

ワークシート13　モニタリングの項目

支援目標	支援課題	モニタリングの項目・機関・頻度 （誰にどんなことを聞くのか）
1）健康の回復	1）入院助産が可能な病院での産婦人科受診	
2）出産に安心して臨める環境整備	1）入院助産の手続きと出産病院の確保 2）入院中の子どもの居場所の確保（施設入所の相談） 3）母親学級の代わりをなすための保健師による指導	
3）経済的な安定	1）児童手当等の手続き 2）生活保護受給相談の検討 3）母子福祉資金の借り入れの検討	
4）暴力からの避難	1）避難に対する意思の確認 2）母子共に安全な場の提供（一時保護） 3）夫に対する暴力の認知を促す 4）夫への対応	

③ 以下は支援目標と支援課題の一例です。これまでも紹介してきたように，クライエントの意思や意向，ソーシャルワーカーの姿勢や活用する方法，事例への焦点の当て方，着目する情報や分析の視点，さらには課題の優先順位のつけ方などによって，支援計画の内容は変わってきます。また，できれば，以下の内容を読まず，これまでの演習の成果を活かして自分で支援計画を立

案してみましょう。どうしても，どのように作業を進めたらよいのか分からない時には，以下の例を見て，参考にしましょう。

支援目標	支援課題	モニタリングの項目・頻度 （誰にどんなことを聞くのか）	効果の有無 （備考）
1）健康の回復	1）入院助産が可能な病院での産婦人科受診	社会保障の手続き：至急 ＊医療保険，母子健康手帳等の手続き 産婦人科の紹介：至急 ＊妊婦健診の受診	
2）出産に安心して臨める環境整備	1）入院助産の手続きと出産病院の確保 2）入院中の子どもの居場所の確保（施設入所の相談） 3）母親学級の代わりをなすための保健師による指導	クライエントの意向確認：随時 出産病院の紹介と手続き：至急 児童相談所への相談：可能な限り速やかに 継続的連携：随時 子どもの意向確認：随時 保健師との連携：可能な限り速やかに 継続的支援：週1回程度	
3）経済的な安定	1）児童手当等の手続き 2）生活保護受給相談の検討 3）母子福祉資金の借り入れの検討	役所との連携：可能な限り速やかに 福祉事務所との連携：可能な限り速やかに 社会福祉協議会との連携：必要に応じて クライエントの意向確認：随時	
4）暴力からの避難	1）避難に対する意思の確認 2）母子共に安全な場の提供（一時保護） 3）夫に対する暴力の認知を促す 4）夫への対応	クライエントの意向確認：随時 子どもの意思確認・想いの受容：随時 女性センター・母子生活支援施設との連携：可能な限り速やかに DV防止センターなどとの連携：随時 夫の意見聴取・意向確認：随時	

（3）体験の考察

　この演習ではワークシート13に具体的に"何"を"どのくらいの期間・頻度で"確認するのかを記入しました。支援経過が展開し支援課題が具体化してき

たため，自分の知っている知識だけを使ったり，"何となくこうしたら良いのではないか"といった感覚的な対応では，必要事項が言語化できなく（記入できない）なってきたことと思います。

　たとえば，陽子が第三子を出産する際，現在の健康状態を確認したり，出産の準備をするためには，いつまでにどこにどんな手続きをしたら適切なサービスを利用できるのでしょうか。その際，どんな書類や証明書が必要になるのでしょう。こうした利用可能なサービスや，そのサービスを利用する際必要となる書類や手続きの期限がわかっていなければ，援助が適切に提供されているかどうか評価を加えるモニタリングを，いつ，どのタイミングで何回くらいするのか，想定することはできないでしょう。

　これまでもプランニングのために，事前学習や事後学習で活用できる社会資源の確認をしてきましたが，社会資源はそれが"ある"ことを知っているだけでは活用できません。また，援助が当初の予測通りに展開していかない要因は，クライエントだけにあるのではなく，ソーシャルワーカーの関わり方や活用している社会資源がクライエントのニーズに合っていない場合もあります。

　一旦計画し実際に介入している援助も，実際に展開してみると当初のアセスメントのズレや，クライエントの予想以上の変化によってミスマッチが起きていたりします。このような場合には，援助が合わない状況（課題が解決されない状況）をそのままにせず，一旦援助を止めて再度，必要なアセスメントをしたり支援計画の見直しをしたりします。言い換えれば，モニタリングは単に実践する以上に正確な知識と，丁寧に自らの実践を振り返る姿勢とが必要な過程だと言えるでしょう。

（4）振り返りの課題——**事後学習**

　講義科目のテキストなどを参照してモニタリングの内容や具体的な知識の復習をしておきましょう。また，モニタリング面接に備えて個々の項目の質問の仕方や説明の仕方を考えておきましょう。

13　モニタリング2——クライエントの生活の経過観察

(1) 演習の目的と内容
1) 演習の目的

　モニタリングの際，ソーシャルワーカーは，自らに内在する専門性を活用するのはもちろんのこと，可能な限りクライエントの意思や心情を確認し，それまでの援助過程が，クライエントの主体性を尊重した援助であったか（利用者主体の援助であったか）確認することも大切です。

　モニタリングの実際を体験的に学びます。また，モニタリングのための面接が適切にできるようにします。

2) 演習の内容

　前回の演習に引き続きモニタリングについて学びます。前回も確認したようにモニタリングは，クライエントの状態を把握し，援助方法や援助の進捗状況を確認し経過を評価するものです。援助が計画通りに提供されているか，または，クライエント自身の生活にどのような変化が見られたか等を経過観察します。この演習では実際にクライエントに直接面接するモニタリングのロールプレイを体験します。

3) この演習を体験するにあたって——演習への参加の仕方

　サービスを利用してクライエントの生活の質が向上したかを客観的に評価するとともにクライエントがサービス利用に満足しているかも含めて評価する視点を持って，モニタリングに取り組んでみましょう。また今回のモニタリングの面接も含めて，ソーシャルワーカー自身の支援に臨む姿勢についても自己評価を加えましょう。

　なお，演習を意義深い学びにするためには，最低限必要な知識を事前学習にて学んでおくことが必須です。以下の事前学習は十分にできているでしょうか。必要であれば，事前学習で用意した資料を傍らにおいて参照しながら演習に臨みましょう。

── 演習にあたっての事前学習 ──
① モニタリングを行う際にクライエントに何を確認すべきなのか，関連する法制度を調べて，資料を作成しておきましょう。
② 陽子とその家族が，事例内容２・３の後，どのような心情や生活状況で暮らしているか，生活の様子を想像してみましょう。事例内容４のアセスメントを参考に，それぞれのその後の生活を考えておきましょう。

（２）**演習の進め方**
① ロールプレイの準備をしましょう。まず，これまでの演習や事前学習①を参考にしてモニタリング面接での確認内容，質問の仕方を想定してみましょう。また，事前学習を参考にして支援開始後のクライエントやその家族の経過を設定しましょう。
② モニタリング面接を体験してみましょう。２人ペアになって，モニタリングにおける面接のロールプレイを実施してみましょう。また，モニタリングの面接について，クライエント役の感想の意見交換しましょう。

（３）**体験の考察**
　これまでの演習でも面接を繰り返してきましたが，今回の面接では特に今まで以上に知識を活用しながら，これまでの援助経過を確認しつつ今後の見通しを立てていくことができたでしょうか。前回の演習でも言及してきたように，モニタリングの面接では実施している支援が計画通りに進んでいるのか，また，新たなニーズが生じていないか，クライエントのニーズが解決や軽減されているのか確かめる。つまりコミュニケーション技術を意識して傾聴しつつ，聞いた内容を判断して，次の支援への継続性を意識しながら言語・非言語を活用することが必要な面接でした。
　また，以前の面接でストレングス・アプローチを活用した面接を体験して，それまでの面接との相違を確認しました。その時の「体験の振り返り（事後学習）」を活かして，面接に臨むことができたでしょうか。モニタリングでは，

前述の内容とともに，援助関係が適切に構築されソーシャルワーカーがその専門性に依拠した援助を展開できているか自己観察・評価することも必要です。

　皆さんがこれから体験する相談援助実習では，毎日実習の記録を書き，その最後に次の体験の機会に備えて，自分なりの課題を明示します。演習の授業で体験を振り返り，自分らしいソーシャルワーク実践としての課題を見つけることができるようになっていれば，実習の際にも具体的な実習課題を考え，主体的に取り組むことができるようになります。そして，やがてそれは利用者主体の援助過程の展開の評価（エバリュエーション・モニタリング）へとつながっていきます。

（4）振り返りの課題——事後学習

　まず，モニタリングをして支援課題が改善・解決して援助の必要性が軽減すると，援助を終了する場合があります。援助がどのようにして終結するのか，援助過程の復習をしましょう。次に，陽子への援助が効果を示して陽子さんや子どもたちの生活状況が変化した様子を想定してみましょう。そして，モニタリングの演習を体験して自分自身のソーシャルワーカーとしての学びの到達度をどのように自己評価しましたか。1,200字程度のレポートにまとめ，次回の演習の際に提出しましょう。

14　終結に向けての評価

（1）演習の目的と内容

1）演習の目的

　援助過程はさまざまな経過を経て，終結へと向かいます。ケースによって終結の迎え方は多様で，必ずしも当初の課題，あるいは修正を加えた課題が改善・解決して終結に至るわけではありません。何らかの課題を残しつつもクライエント自身の意思や生活力が強化され，ソーシャルワーカーの援助がなくても，自分の力で，自分の生活を支えることが可能になって援助が終結に至るこ

とがあります。逆に援助関係に何らかのトラブルが生じて,突然,援助を断られて終結することもあります。

　この演習では,援助が一定の結果を示し,クライエントの生活に落ち着きが見られたことを前提に,クライエントと援助の終結を合意して良いか何を基準とし,どのようなエビデンスに見て判断するのか理解することを目指します。

　まず,終結に向けての評価面接をどのような状態の時に実施するのか理解を深めましょう。次に,ソーシャルワークの終結のための評価（尺度）を作れるようにしましょう。そして,評価を実際に行い,終結の準備ができるようにしましょう。

2）演習の内容

　まず,援助が終結の段階を迎える場合,クライエントとその家族の生活状況は最初にアセスメントした状況と比較してどのような状態に移行しているか想定してみましょう。次に,前述の内容をもとに援助の目標が達成されたかクライエントとソーシャルワーカーそれぞれの役割になって評価尺度を作成し,援助の結果を評価してみましょう。そして,評価と終結の関連性を理解しましょう。

3）この演習を体験するにあって――演習への参加の仕方

　援助過程はクライエントとの出会いから始まり,援助が一定の効果や変化を見せると,評価が加えられ終結へと移行します。援助過程の展開における評価の重要性を理解し,自分の中に評価が可能な観察の技術や,観察したことを言語化し他者と共有できる情報,つまり根拠として活用できるか内省を深めつつ演習に臨みましょう。

　演習を意義深い学びにするためには,最低限必要な知識を事前学習にて学んでおくことが必須です。特にこの演習では評価スケールを作成します。これまでの演習の資料,講義のテキストなど丁寧に復習し,必要な資料は授業に携帯しましょう。

---- 演習にあたっての事前学習 ----
① クライエントとソーシャルワーカーの評価方法を調べておきましょう。
② 終結にあたっての評価の意義やその際のソーシャルワーカーの機能や役割を考えておきましょう。特に面接の始め方や終わり方を具体的に考えておきましょう。

（2）演習の進め方

① ロールプレイの準備をしましょう。まず，4人グループにおいて，終結を想定した陽子と子どもたちの状況を共有化しておきましょう。次に，評価の面接を行うために配慮することを列挙してみましょう。そして，評価スケールを共有化しておきましょう。また，下記のワークシートを活用して評価スケールを作成してみましょう。

支援目標	支援課題	評価の尺度 （何をどのように評価するのか）
1）健康の回復	1）入院助産が可能な病院での産婦人科受診	
2）出産に安心して臨める環境整備	1）入院助産の手続きと出産病院の確保 2）入院中の子どもの居場所の確保（施設入所の相談） 3）母親学級の代わりとなる保健師による指導	
3）経済的な安定	1）児童手当等の手続き 2）生活保護受給相談の検討 3）母子福祉資金の借り入れの検討	
4）暴力からの避難	1）避難に対する意思の確認 2）母子共に安全な場の提供（一時保護） 3）夫に対する暴力の認知を促す 4）夫への対応	

② 終結面接をしてみましょう。まず，2人1組になって面接をしてみましょう。次に，クライエント役は，上記で想定したクライエントの生活状況を想像し，そこに暮らす陽子の心情を想像し役になりきりましょう。そして，ソーシャルワーカーは事前学習での学びを活かしながら，グループで話し合

って作成したスケールを使いながら面接を進めてみましょう。
③ 面接結果をもとに，グループで評価を確定してみましょう。その際，スケールに評価を記入し，終結か否か判定をしてみましょう。クライエント役の感想を聞いてみましょう。
④ グループで作成したスケールを紹介し，グループの判定結果を根拠を明確にして発表してみましょう。
⑤ 以下に評価シートの一例です。これまでも紹介してきたように，クライエントの意思や意向，ソーシャルワーカーの姿勢や活用する方法，事例への焦点の当て方，着目する情報や分析の視点，さらには課題の優先順位のつけ方などによって，評価の支援も変わってきます。できれば，以下の内容を読まず，これまでの演習の成果を活かして自分で評価シートを作成してみましょう。どうしても，どのように作業を進めたらよいのか分からない時には，以下の例を見て，参考にしましょう。

支援目標	支援課題	評価スケール	特記事項(備考)
1) 健康の回復	1) 入院助産が可能な病院での産婦人科受診	5 4 3 2 1	
2) 出産に安心して臨める環境整備	1) 入院助産の手続きと出産病院の確保 2) 入院中の子どもの居場所の確保（施設入所の相談） 3) 母親学級の代わりをなすための保健師による指導	5 4 3 2 1 5 4 3 2 1 5 4 3 2 1	
3) 経済的な安定	1) 児童手当等の手続き 2) 生活保護受給相談の検討 3) 母子福祉資金の借り入れの検討	5 4 3 2 1 5 4 3 2 1 5 4 3 2 1	
4) 暴力からの避難	1) 避難に対する意思の確認 2) 母子共に安全な場の提供（一時保護） 3) 夫に対する暴力の認知を促す 4) 夫への対応	5 4 3 2 1 5 4 3 2 1 5 4 3 2 1 5 4 3 2 1	

評価スケール
 5：問題は概ね解決し支援の必要性のない状態
 4：問題は概ね解決したが見守りが必要な状態
 3：問題は継続しており支援の継続が必要な状態
 2：問題は改善されず介入方法の再検討が必要な状態
 1：問題のアセスメント自体にズレが危惧される状態

（3）体験の考察

　援助が一定の効果を示し，クライエントの課題が改善・解決して援助の必要性が軽減されてくると，ソーシャルワーカーはモニタリングをふまえて，援助を継続するか，終結するか判断をします。終結も援助の一環で，場合によっては一部の課題は解決して終結へと過程を進めて問題がなくても，別の課題は援助の継続が必要な場合もあります。このように，判断に迷う場合などは，ソーシャルワーカー一人でケースを抱え込まず，同僚や上司に相談してケース会議を開いて，終結か継続かの判断を検討します。

　ただし，この際にも会議に参加する職員はもとより，クライエントにも援助が一定の効果を示し，計画の終結もしくは見直しが必要となっていることを伝えなければいけません。どちらへの説明にも論拠（エビデンス）が必要となります。

　今回の演習で作成した評価のスケールは，この根拠を明確にするための道具でもあります。クライエントや職員から，「なぜ終結なのか」「なぜ，継続，見直しなのか」尋ねられた時，「こうした基準（評価スケール）に基づいて判断しました」と説明できることが必要となります。実際には，個々のソーシャルワーカーがそれぞれ評価スケールを作成するのではなく，それぞれの職場に共通の書式とスケールが用意されており，ソーシャルワーカーはそれらの道具を活用して判断の根拠を確認します。

　評価スケールを活用するためには，そのスケールを使う場面状況の理解や，何をどのように評価するのかわかっていなければ上手く活用することができません。今回の演習では自分たちで評価スケールを作成してみましたが，このように最初から活用する場面を考えてスケールを作成してみると，その用途や活用方法を再確認することができたのではないかと思います。

（4）振り返りの課題——事後学習

　自分たちのグループの評価と他のグループの評価は一致・類似していましたか，それとも大幅に違っていましたか。自分たちの判断と他のグループの判断

を比較して，自分たちの取り組みに考察を加えてみましょう。次に次回は最後の演習です。これまでの演習の資料やワークシートを順番にそろえて次回の授業に持参できるよう準備しておきましょう。

15　終　結

(1) 演習の目的と内容
1) 演習の目的
　ここでは14回までの演習における自己評価を行い，各自の気づきや学びを確認し，自らの課題を明確にします。演習はまだまだ続きます。今後の演習，そして実習に向けてソーシャルワーカーを目指す学びをどのように深めていくか，自分なりの課題を確認し等身大の目標を設定します。

2) 演習の内容
　この演習では前回までの14回分の演習について，資料やワークシートを確認しながら以下のような自己評価を加えます。

① 毎回の「演習振り返りシート」(第2章章末)を読み直して，自己が成長した点を挙げてみましょう。
② 演習を通して，気づいたことを挙げてみましょう。
③ 演習を通して自らが成長したと思う点を挙げてみましょう。
④ 演習を通して，ソーシャルワーカーを目指すあなたの自己の課題を挙げてみましょう。
⑤ 仲間と学びの成果と課題を共有してみましょう。

3) この演習を体験するにあたって──演習への参加の仕方
　各回の「演習振り返りシート」を整理しておき，自らの課題を見つけておきましょう。

---- 演習にあたっての事前学習 ----
① 各回ごとの「演習振り返りシート」の記述が適切にできているか確認し，準備しておきましょう。
② 演習全体を振り返り，自らの課題を整理しておきましょう。

（2）演習の進め方

① 4人程度のグループになって，お互い資料やワークシートを見ながら14回の演習を体験して以下の項目について感じていること，考えていることを述べ合いましょう。
　ⅰソーシャルワークの知識，援助方法（技術），価値観と関連づけながら体験の課題に臨むことができていたか。
　ⅱ援助過程の理解は深まったか。
　ⅲ自ら問いを立てる姿勢は身に付いたか。
　ⅳ振り返りの中から自分の課題を顕在化させ，次回に継続できたか。
　ⅴ仲間の助言を活かす事ができたか。
　ⅵ教員の助言を参考にできたか。
② グループでの話し合いを参考に次頁のワークシート14に取り組んでみましょう。

（3）体験の考察

　これで15回の演習は一区切りです。今回のシリーズでは，援助過程の展開を体験しつつ学んでいるあなた自身の変化を自己覚知することができたでしょうか。援助過程の展開とともにクライエントも変化します。当然援助関係も変化します。

　アセスメントから始まる支援過程は，「利用者主体」といっても初めて援助に関わるクライエントには，何に，あるいはどのように「主体」になって良いのかわからないところが多く，ソーシャルワーカーを頼りがちです。自ずと，ソーシャルワーカーが代弁機能を果たしながらクライエントとともにアセスメ

ワークシート14　自己点検表

1．毎回の「演習振り返りシート」を読み直して，自己が成長した点を挙げてみましょう（＊どんな小さなことでもかまいません）。

2．演習を通して，気づいたことを挙げてみましょう。

3．演習を通して，ソーシャルワーカーを目指すあなたの自己の課題を挙げてみましょう。

4．今後の学習の目標を具体的に挙げてみましょう。

ントを進めていくことになります。

　やがて、ソーシャルワーカーによってクライエントのストレングスを支持・強化するようなエンパワメント・アプローチなどが展開されると、クライエントは徐々に主体的に援助過程を進んでいくことができるようになります。第12・13節でモニタリングについて学びました。モニタリングの作業は援助が一定の展開を見せたところで実施しますが、モニタリングの視点は常に必要となります。クライエントがソーシャルワーカーの予測しなかった変化を見せたり、アセスメントの際確認できなかった課題が顕在化してケースが大きく変化した場合など、速やかに援助を見直さなければいけません。

　また、小さな変化の積み重ねが援助全体に大きな影響を及ぼすこともあります。クライエントは最初からソーシャルワーカーに何でも想いを打ち明けたり、言いたいことを言ったりできるわけではありません。ソーシャルワーカーがクライエントのうまく言語化できない想いや意思に気がつかないと信頼関係はおろか、コミュニケーションもままならなくなってしまうことさえあります。

　常にモニタリングを意識して、クライエントとソーシャルワーカー自身とそしてそこに形成されている援助関係を観察・評価する姿勢が必要と言えます。14回の演習を通観して自分自身を振り返ることは、この援助過程を継続的に観察・評価する姿勢の体験学習でもあります。言いかえれば、援助過程でも14回の学習課程で体験したように準備をしたり体験（介入）したり、振り返ったりを繰り返すことになります。

　そして、悩んだり困ったりした時には仲間（チーム）の力を合わせたり、教員（スーパーバイザー）の助力を得たように、援助過程もさまざまな資源の協力を取り付けて進めていきます。14回の演習の体験学習で変化した自分を自覚することが、援助過程で変化するクライエントを理解する一助となります。人は誰も一人ひとり個別の存在で、同じ体験、同じ変化はありませんが、クライエント理解の一つとなると良いですね。

第4章　相談援助の支援過程を体験的に学んでみよう2

（4）振り返りの課題——**事後学習**

　教員の指示にしたがって，以下のシートを基にレポートを作成しましょう。

【振り返りシート】　　　　　学籍番号　　　　　　　　氏名

第5章　相談援助の実際を学ぼう
──専門職の機能と役割

本章ではいくつかの事例を紹介し，その事例についてみんなで考えてみたいと思います。ソーシャルワークの事例のまとめ方にはさまざまな様式があり，その際用いる記録の方法もいくつかの方法があります。

　第1節から第3節までは，第1章で紹介した事例同様，援助過程に沿ったケースの概要を提示する方法をとっています。こうした方法は，ソーシャルワーカーが，自分が体験している事例（自験事例）を職場のケース・カンファレンス（支援方針決定のための検討会）や，職能団体の事例検討会などに提示する際プロセス評価，あるいはアウトカム評価を想定して提示する場合などに良く用いられます。第1章の事例紹介でも，ソーシャルワークを学び始めたばかりの皆さんに，ソーシャルワークらしい情報の整理の仕方，支援過程の進め方を知っていただくことを目的に，援助過程にそった事例を紹介しました。

　さらに，第4節から第7節では，ソーシャルワーク実践の価値観を掘り下げて思考を深める課題や，現代社会で話題になっている新しいソーシャルワークの課題の理解，あるいはソーシャルワーカーという職種の特性を理解するための実践の紹介など，それぞれの目的に応じたエピソードのまとめ方で事例を紹介しています。

　また，別の言い方をすれば第1節から第3節までの事例は個人（人）やその家族（身近な環境）の暮らし（交互作用）に焦点を当てた，ミクロレベルの実践の紹介でもあります。これに対して，第4節から第7節の事例は，ソーシャルワークの課題を社会的（やや広範囲の環境）にどのように捉えるか，つまり，クライエントの暮らす社会へのアプローチとしてはメゾレベル，政策を視野に入れた場合は，マクロレベルのソーシャルワークの視点から問題提起をしていると言えます。

　それぞれの事例の特徴は各節の冒頭に紹介しておきましたので，参照して学習教材として活用してみてください。一つひとつの事例がそれを担当したソーシャルワーカーの問題意識の置き方によって，ソーシャルワークのさまざまな側面の実践知となることを理解しましょう。

1 高齢者虐待と権利擁護
――認知症の妻を虐待する養護者である夫への支援事例――

　この事例では，地域包括支援センターという地域福祉の中心となる機関に地域住民から寄せられた相談をきっかけにアウトリーチの手法を活用した事例です。地域包括支援センターが権利擁護の中心的機関としてどのように支援を展開するのか，そして，その過程で，ソーシャルワーカー（社会福祉士）が求められる役割や機能を理解しましょう。

（1）認知症の妻を虐待する養護者である夫への支援事例
1）事例の概要
　この事例は，近隣住民の相談から高齢者虐待の疑いが明らかになった，認知症の妻を介護する夫に対する支援事例です。高齢者虐待対応では，虐待を受けている高齢者の安全確保が最優先されることは言うまでもありませんが，虐待をしている養護者への対応を行わなければ虐待状況の改善がなされないことも多く，本事例は養護者に焦点を当て，その支援を進めた事例です。なお，ワーカーの所属機関は地域包括支援センターで，社会福祉士です。

2）基本属性
　①　A夫（性別：男性，年齢：80歳代前半）

　X市の戸建て住宅にて妻B子，長男C彦との3人暮らし。若い頃は土木関係の仕事をしていた。認知症の妻B子をひとりで介護している。また，B子が家事をすることができないため，調理・掃除・洗濯等，家事はA夫が全てを賄っており負担を感じていた。

　②　妻B子（性別：女性，年齢：80歳代前半）

　3年前頃から認知症と思われる症状がみられ，近医に受診しアルツハイマー型認知症の診断を得ているが継続受診はしていない。これまで，道路の真ん中を徘徊していることがあり，その後も症状が進んでいるようで，不穏な行動が見られる。

③ 長男C彦（性別：男性，年齢：60歳代前半）

同居しているが，長距離トラックの運転手のため，ほとんど家にはいない。そのため，介護を手伝えないし，その気持ちも無い。借金を抱え，その返済に負われている。

④ D相談員（性別：女性，年齢：20歳代後半）

福祉系大学を卒業後，社会福祉士資格をとりX市役所へ入職。福祉事務所のケースワーカーを経験後，市直営の地域包括支援センターに勤務して5年となる。

（2）事例の展開過程
1）支援に辿り着くまでの過程

B子の認知症状が進行しているようで，最近，A夫の怒鳴る声が近所で聞かれることが頻繁となり，先日は隣家より「どなり声が聞こえて，心配な家がある」との相談が地域包括支援センターに寄せられた。D相談員は担当民生委員や居宅介護支援事業者などに問い合わせて，これまで把握している情報を提供してもらおうと情報収集に努めた。しかし，B子の様子やA夫の状況など，十分に把握できず，緊急対応の必要性も判断できないため訪問することにした。

2）開 始 期
① インテーク面接・アウトリーチ

A夫から現状を把握するため，D相談員は高齢者世帯への巡回訪問の一環であると称して，A夫宅を訪問した。そこでA夫から妻B子の介護に関して話を聞いた。家の中は乱雑で整理されておらず，家事に手が回っていない様子が伺われた。

その中で，B子は聴力の低下が著しく，コミュニケーションがとりにくいこと，A夫がB子の近くから離れると，「じいちゃんはどこだ」と探し回るため，A夫は常に一緒に行動しなければならず，肉体的，精神的にも非常に疲れていること，B子がA夫の思い通りに行動しないときに，怒鳴る，叩くなどの暴力をふるってしまうことがA夫から打ち明けられ，そのような対応しか思いつか

ないことに後悔し，自分を責めていることもわかった。

　B子は朝か夜かわからないことも多く，寝て起きると夜でも朝だと思い，部屋を掃除しようと動き出し，空の炊飯器のスイッチを押して炊飯しようとする。その都度，A夫も起きてしまい，ぐっすりと眠れない日が多いことがわかってきた。そのために，A夫は身体的にも精神的にも疲れが溜まっているようであった。また，B子はいくら止めても外出してしまい，時には自転車で遠く離れた隣市まで徘徊した。先日は，B子がいないことに気付き，A夫が探し回り，心配していたら警察から連絡が入って保護されていた，ということがあった。その時もA夫は大声で叱責し，手を挙げてしまったと話した。

　近所の人からはA夫に対し，「B子が道路の真ん中を歩いていて危険だから外出させないようにしてほしい」との苦情が寄せられ，近所に迷惑をかけられないというA夫の強い気持ちがあり，注意しても言う事を聞かずに外出しようとするB子に対して「叩いて止めた」と話した。

　D相談員は，B子の状態をA夫がどのように理解しているかをA夫から直接聞くことで，虐待をしている原因が明らかになるのではないかと考えた。それには，A夫に真実を語ってもらう必要があるため，A夫を一方的に非難し否定することをせずに誠実に話を聴こうと，A夫の立場になって面接を行った。そして，A夫の虐待行為の意味を解釈するように努めた。A夫は，体調不良があり，家事や介護の負担を軽減したい，B子に対する暴力をやめたい，などと訴えた。

　これに対しD相談員は以下のようにアセスメントした。

① A夫は認知症という病気の特性や症状に対する理解がない。
② 認知症に関する周辺行動の理解不足のために，虐待行為（怒鳴ったり暴力をふるうこと）が起こっている。
③ A夫は介護に余裕がなく身心ともに疲労し，家事に手が回らない生活実態である。
④ A夫は自身の暴力行為の事実を認め，やめたいと考えている。

⑤　近隣からは，関わりが拒否され，孤立している。

3）展　開
　①　カンファレンス
　本事例に関わる支援者全員が情報を共有し，家族全体の関係性を共通理解することにより，適切なアセスメントとプランニングをチームで行い，役割分担をして支援を進めるために，カンファレンスを行った。出席者は，地域包括支援センター保健師，主任介護支援専門員，担当民生委員，市高齢福祉課職員，市保健センター保健師で，D相談員が進行した。そして，ジェノグラムやエコマップなどを活用し図式化して整理した。その中で次の点が明らかになった。
　A夫は土木関係の仕事で親方を任されるほど一生懸命に仕事をした人であり，部下を大切にしていた人であること，B子はそのA夫に頼って生活していたことがわかった。また，困ったときに協力してくれる親族がいないため，これまでいろいろな問題が生じた場合に夫婦だけで解決してきた。
　また，A夫は非協力的なC彦に対して，介護の手助けを期待できないと考えている。C彦は同居しているものの，長距離トラックの運転手で不在なことが多い。また，消費者金融で借金をしては，A夫に肩代わりしてもらっていた。C彦自身は，「夫婦の事は夫婦で解決すべきだ」と考え，B子の介護には全く協力していないし，B子のことは「歳をとってわがままになった」と理解している。
　次に，これらの情報を基に認知症のB子に対し，どの時間にどのような支援が必要かを検討するため，時刻によってB子がどんな行動をしたか行動パターンを把握し，図式化した。その結果，夜6時には就寝するが，何度も起床すること，そのために午前中はうとうとして過ごしていることがわかった。また，夕方4時頃になると徘徊することもわかった。加えて，A夫がいないとB子が不安となりA夫を探し回る為，A夫は常に一緒にいなければならず，自由な時間が持てない。そして，24時間一人で認知症のB子を介護している状況がわかった。

B子は認知症を患う前からもともと人付き合いが苦手であったため，近隣との交流はなかった。また，A夫も仕事が忙しく，家にいることがなく，近隣との付き合いがなかった。近所の苦情により民生委員や保健師が一度訪問したが，迷惑をかけたくないと断った経緯がある。以上の情報を，インシデントプロセス法を用いて関係機関で共有した。

② アセスメント

カンファレンスを通してのアセスメント結果は，次の通りである。

① A夫とB子は，自分の家で生活を続けたいと思っている。
② A夫とB子は，これまで夫婦間の問題は夫婦のみで解決してきたB子はA夫に頼って生活していた。
③ A夫は責任感があり，リーダーシップを取れる頼りがいのある人である。
④ C彦はB子の病状と症状に理解がなく介護へ協力する意思が無く，A夫も期待していない。
⑤ A夫がいないとB子が不安となり認知症状が強化される，A夫の介護負担感が非常に大きい。
⑥ B子は夕方4時頃になると徘徊をし，A夫は目が離せない。

以上がこれまで収集した情報とアセスメント結果を踏まえて支援計画を策定するまでの経緯です。

（3）事例を検討してみよう

この事例のように，高齢者虐待対応にあっては，虐待をしている養護者に関わることも必要になってきます。その際に大切な相談員の姿勢や態度について考えてみましょう。また，カンファレンスを通してアセスメントした内容をもとに，アセスメント段階において重要となるストレングスの視点について考えてみましょう。次に，これまで収集した情報とアセスメント結果を踏まえて支

援計画を立ててみましょう。支援計画には，支援目標と具体的計画，そして，各具体的計画を達成するための方法に分けて策定してみましょう。この事例のような，男性が介護者となり在宅介護をしている方は少なくありません。この事例への支援というケースアドボケートのみならず，A夫と同様の「男性介護者」に対するクラスアドボケートに取り組む方法を検討してみましょう。

―― インシデントプロセス法 ――
　本事例で取り上げた虐待のようなインシデント（出来事）をもとに，参加者から利用者に関する情報を提供してもらい，その整理を行って，当面解決すべき課題は何か，課題解決に向けた方法の提案など，参加者が討議を通して一体的，能動的に支援のあり方を検討していく方法。

2　ホームレスと生活困窮者支援

　クライエントへの支援は多くの場合，単独の機関だけの対応では困難です。特にこの事例のように，地域に暮らすクライエントの場合，公的援助に辿り着く過程から多くの人の支援が必要になることがあります。
　この事例では，まさに"セイフティ・ネット"となった関係機関の連携と展開された支援の過程について考えてみましょう。

（1）事例の概要
　ホームレスの方は「衣食住」という最低限の生活基盤が保障されておらず，まさに生活困窮者の代表的な存在です。本事例は福祉事務所やNPO法人等の支援により「衣食住」が確保でき，就労による経済的自立を目指している事例です。

(2) 事例の展開過程
1) 基本属性

渋谷さん（55歳）は九州で出生。高校卒業後，東京の電気機械の製造工場に正社員として就職した。在職中に機械設計士1級の資格を取得，以後，50歳の時に会社が倒産するまで従事した。結婚後は千葉市内のアパートに転居。妻とは10年前に死別し子どもはいない。倒産後は公共職業安定所（ハローワーク）の紹介で千葉市内の工場に再就職するが，ここも昨年9月に倒産。しばらく預貯金で生活していたがアパート代の支払いが困難となり退去，今年の4月から路上生活となった。

2) 支援に辿り着くまでの過程

路上生活を始めて4カ月経過した8月20日，その夜もダンボールハウスで寝ていると，ホームレス支援をしているNPO法人の巡回相談員に声をかけられた。これまでの生活について話をしたところ，「私たち法人が運営している無料低額宿泊施設が千葉市中央区内にあるので，そこで生活の再建を一緒に考えましょう」と言ってくれた。

無料低額宿泊施設に行くと生活相談員から施設の目的や入所者のルールなどの説明を受け入所に同意した。手持金から10日分の宿泊費と食事代を支払ったが，今日から食事も3食とれ，布団に寝れることを渋谷さんは喜んだ。

翌日から生活相談員とハローワークに行き，機械設計や電気機械の製造工場での求人を探したが，55歳という年齢のためか見つからなかった。

8月30日，千葉市から生活困窮者自立支援制度の「自立相談支援事業」の委託を受けている千葉市中央区社会福祉協議会の相談窓口に生活相談員と行き，今後の生活について相談をした。自立相談支援事業の相談支援員は「手持金も底をついており，55歳という年齢から正規採用もかなり困難な状況ですね。生活保護を申請されて，当面は無料低額宿泊施設を生活拠点として求職活動したらどうですか」とアドバイスを受けた。

9月1日，千葉市中央区福祉事務所の生活保護の相談窓口に生活相談員と行った。窓口の面接相談員にこれまでの経過を話したところ，生活保護の申請を

すすめられ，申請書に署名し提出した。
3）開始期（インテーク・アセスメント・プランニング）

　福祉事務所に相談に行ってから3日後の9月4日，施設に福祉事務所のソーシャルワーカー（現業員）が訪問に来て，これまでの仕事の内容や兄弟のこと，資産や預貯金の状況，病気や通院状況等について聞かれた。

　ワーカーは本人との面接，関係機関（NPO法人・社会福祉協議会）からの情報から生活実態を把握し，生活課題を次のようにアセスメントをした。

　　・無料低額宿泊施設の利用料の支払いが困難である。
　　・就労意欲はあるが，年齢から正規雇用は困難である。

　アセスメントをふまえてワーカーは，次のようにプランニングをした。
　①　短期的支援計画
　　・生活扶助・住宅扶助により無料低額宿泊施設の利用料を支払う。
　　・当面は施設の生活相談員が就労支援を担当する。
　②　中・長期的支援計画
　　・施設での生活が安定したらアパートへの転居も検討する。
　　・福祉事務所の被保護者就労支援事業も検討する。

　9月13日，福祉事務所から郵便で「保護決定通知書」が届き，「9月1日付で生活保護の開始を決定します」と記載されていた。
4）展開（インターベンション）

　生活保護が決定されたので渋谷さんは施設利用料の心配がなくなった。福祉事務所のワーカーが定期的に訪問してくれ，施設の生活相談員ともに今後の生活設計を考えてくれるので安心であったが，ハローワークに行っても仕事が見つからない状況であった。

　保護開始から3カ月経った1月，ワーカーはモニタリングを行い，渋谷さんと生活相談員と協議し「被保護者就労支援事業」を活用することにした。渋谷さんは就労意欲も高く，疎外する病気等の要因もなく，適切な支援で早期に就労自立の可能性が見込まれるため，「被保護者就労支援事業」の一つで，ハ

ローワークとの連携事業である「生活保護受給者等就労自立促進事業」の該当ケースとした。この事業は，福祉事務所の就労支援員とハローワークの就職支援ナビゲーターがチームを組み，就職支援ナビゲーターによる個別支援により就職を目指すもので，渋谷さんのようなケースに有効な制度といえます。

翌週からナビゲーターによる面接が開始され，「これまで長くやってきた機械設計の仕事があればいいのですが，現実には求人がありません。体調も良いようなので職種にこだわらないで仕事を探しましょう」とアドバイスを受けた。その後，数社の最終面接を受けるまでに至り，現在もナビゲーターによる個別支援が続いている。

（3）事例を検討してみよう

路上生活している時にNPO法人の巡回相談員に声をかけられていなかったら，渋谷さんは現在どのような状況になっていたか考えてみましょう。

また，現在行っているナビゲーターによる就労支援でも就職が決まらなかった場合，支援計画をどのように修正・変更しますか。

3　建設現場の宿舎で生活する胃がん患者──入院と退院の支援

この事例では，身寄りがなく経済的課題を抱えたクライエントに対し，社会保障制度を活用しながら地域社会の協力を得て，その療養生活と地域生活の支援が展開されます。地域支援の展開とともに，医療分野で活躍するソーシャルワーカーの機能や役割についても学んでみましょう。

（1）事例の概要

この事例ではクライエントは，数カ月前から体調がすぐれず，救急受診の結果「胃がん」と診断され，かつ，下血による貧血症状を呈していました。医師が入院を勧めましたが，患者は経済的な不安を訴え入院を渋っていたため，ソーシャルワーカー（社会福祉士）が医師の依頼を受けて面接を開始しました。

（2）事例の展開過程
1）基本属性
　Aさん（男性・60歳）は東北で出生。中学卒業後，集団就職で上京して京浜工業地帯の工場で働きましたが，油にまみれた現場仕事に嫌気がさして，高度成長の波に乗って「よりお金の稼げる仕事を」と考え，いい条件の職を求めて転職しました。一時は，羽振りのいい時期もあったようでありますが，バブル崩壊後は転職を繰り返し，やがては日雇いの土木作業員になり，建設現場を転々とするようになりました。結婚歴はありません。数年前から，現在の雇い主のもとで，日雇いの土木作業員として働いていますが，ここ数カ月は体調を崩し，思うように働くことができません。両親は他界し，唯一の兄も疎遠となっており，頼れる人もなく宿舎の同僚に付き添われ，救急受診に及んだものです。

2）支援に辿り着くまでの過程
　建設現場での宿舎生活は，不規則な食事と飲酒や喫煙に依存した，健康とはほど遠いものであり，収入も蓄えにまわす余裕がないという生活が，常態となっていました。そんな中での僅かな蓄えも，ここ数カ月の就労日数の減少によって底を尽きてしまいました。

3）開始期（インテーク・アセスメント・プランニング）
　MSW（Medical Social Worker）は，医療福祉相談室を訪れたAさんに，あいさつと自己紹介の後に，相談室の業務内容や，院内でのMSWの役割について，一通り説明をしたうえで，Aさんの面接を開始しました。
　Aさんは，国民健康保険には加入していますが，ここ1年ほど，保険料は支払えず滞納している状態で続いています。「先生には胃がんだと言われ，入院となれば仕事は首になる（解雇される）かもしれないし，入院はしたいけど，お金はないし，どうしていいかわからない」「……どうしたら入院できるのか？……できる方法があれば助けて欲しい」と，取り乱し，哀願と言ってもいいほどの訴えでありました。来院が宿舎の同僚に付き添われてのもので，雇い主がどんな考えを持っているのか，Aさんの療養生活の支援を期待できるのか，

その姿勢は不明でした。しかし、病名は「胃がん」、かつ症状は下血による貧血症状を呈しています。

　まずは、今のAさんにとっては入院の必要があり、安心した療養生活が保障されなければなりません。MSWは、そのためには医療費の問題を解決することが先決であると考えました。MSWは、Aさんに生活保護制度をわかりやすく説明し、理解と同意を得た後に、福祉事務所に調査を依頼しました。福祉事務所の担当者も事情を理解し、後日、病院に調査に来てくれることなり、Aさんは安堵するとともに入院治療する決心がつきました。しかしながら、最終的には「首になるかもしれない」という言葉に表れているように、退院後の仕事と生活に大きな不安を抱いたままでした。そこで、MSWは、この点については、Aさんの心理と病状が安定してから、雇い主や福祉事務所をまじえて話し合うことが望ましいものと判断して、Aさんの体力の回復を最優先に据え、治療に専念させることとしました。

4）展開（インターベーション）

　入院後3日くらいで、下血の症状は治まり、おおよそ10日が経過すると精密検査は終了し、医師よりAさんに入院診療計画が説明されました。その内容は、「貧血の症状が回復次第、手術を行うことに決定した」とするもので、これに本人も同意しました。入院4週間後手術は無事に終了し、特にがんの転移もなく術後の経過も順調なものでありました。

　さらに、生活保護を申請してから約1カ月が経過した後、生活保護決定通知書がAさん宛てに届きました。前後して、MSWには福祉事務所の担当者から、入院時に遡って医療扶助の開始を決定した旨、連絡がありました。この連絡を受けて、MSWは事務処理等で間違いが発生しないように、院内関係部署にその旨を周知するとともに、当病院は、生活保護法の指定医療機関であり、適用される医療保険区分は医療扶助の取り扱いになりますので、Aさんには、医療費に自己負担が発生しないことを説明しました。この知らせにAさんも一安心の様子でした。その後、福祉事務所から、入院療養にかかる身の回り品などを購入するための費用として、日用品費が支給され、下着やパジャマ、あるいは、

新聞やテレビカードなどの購入もできると喜んでいました。このように生活保護の決定は，金銭的な不安を取り除き，Aさんの気持にゆとりをもたらし，精神的に安定した，療養生活を過ごすことができました。
　次の課題は退院の準備でした。術後の経過が順調とはいっても，しばらくは通院加療が必要であり，直ぐに就労が可能なわけではありませんので，退院先の住まいの確保から始めなければなりません。そこで，MSWは，退院援助の手始めとして，Aさんがどのように考えているか，その意向の把握を試みました。
　Aさんの意向は「帰るところもないので，できることなら入院前の雇い主のもとで働きたい」「もし，働かせてもらえないにしても，先生から働いてもいいという許可がでるまで，宿舎で生活させて貰えるとありがたいのだが……」と，胸の内を打ち明けました。幸いなことに，雇い主は入院している間も，日雇い雇用であるAさんを気遣い，心を砕いてくれていました。MSWは，生活歴，家族関係や入院直前の生活実態に鑑み，他の方法を見出すことは困難であると判断して，Aさんの希望を尊重し「宿舎で生活することや就労可能となったときの雇用の継続」について，Aさんを交えて雇い主と話し合うことにしました。
　その結果，雇用主もAさんの置かれている状況を理解してくれて，快くAさんの退院後について，宿舎での生活を認めてくれるとともに，就労可能となったときの雇用も約束してくれたのです。
　残る問題は，退院しても直ぐに働けるわけではありませんので，退院後の当面の生活費をどうするかです。この点については，福祉事務所の担当者から「医師の就労の許可が出て，実際に働けるまでは生活保護は継続する」という福祉事務所としての方針が示され，Aさんも退院までの期間，安心して療養に専念できました。退院を控えた時期なると，担当看護師より日常生活の注意事項や管理栄養士から食事指導などがあり，術後，約1カ月の入院療養を経て退院となりました。Aさんは，現在，雇用主の宿舎で在宅療養に努めています。

（3）事例を検討してみよう

　Aさんに関わった関係者をあげて、それぞれが果たした役割を整理し、Aさんに支給された生活保護の内容は、入院中と退院後でどう変わったか比較してみてください。また、生活保護が受けられないとき、活用できる社会福祉制度などがあれば、その名称と簡単な内容を整理してみてください。

4　社会的養護施設で暮らす子どもたちの現状と権利養護

　この事例では児童養護施設で発生した子ども間暴力を仲裁するために、子どもたちの間に入った職員にアクシデントが生じ、「被措置児童等虐待」のリスクが発生してしまいました。生育歴で暴力を体験してきた子どもたちへの支援に関係する機関の連携や、リスクが発生した場合の対応など、とかくケアワークに注目されがちな児童養護施設について、ソーシャルワーク組織としての機能や役割を紹介した事例です。

（1）事例の概要

　ある児童養護施設内の日課である学習時間中に、タカシ（小学校6年生男児）と同室内にいた数人を巻き込んで騒いでいました。リョウ（中学校2年生男児）が静かにするよう注意しました。しかし、タカシが無視した態度をとったため、リョウがタカシに殴りかかり、タカシの顔面を殴打しました。その時、傍にいた職員のタナカさんは止めに入り、リョウの腕を思い切りつかみました。これにより、タカシは右目が腫れあがる負傷をし、リョウの腕にも痣ができるケガをさせてしまいました。

（2）事例の展開過程
1）援助対象とその課題

　児童養護施設に入所をしている子どもたちの多くは、親から虐待を受けていたり、不適切な養育環境に置かれてきた経験があります。虐待は〈暴力〉を介

した〈力による支配〉関係でもあります。

　「いじめ問題」とも共通することですが，「いじめられていた子」が，いつしか「いじめる子」に転じるのと同じように，「暴力を受けてきた」子どもが「暴力をする側」に転じることもあります。事例のように，ちょっとしたことで，ケンカになってしまうこともあります。この〈暴力の構図〉は世代を越えて繰り返されることになります。これが〈暴力の連鎖〉とも言えます。そして，職員は子ども間に「暴力」状況が生じないよう働きかけることや「暴力」状況が起こった時に，どのように対処するかが大きな課題となります。

2）支援に辿り着くまでの過程

　児童養護施設に入所が決定するまでには，子どもたちは児童相談所で一時保護されます。そこで家庭復帰が可能なのか，社会的養護施設に行くのかが決定されます。その決定は，判定会議及び援助方針会議でさまざまな情報を集め，多角的に判断され決定されます。具体的には社会診断，心理診断，医学診断，そして，行動診断等の情報を総合して決定されます。施設入所には，親権者の同意が必要です。しかし，一番，大切なことは，子ども自身の納得です。医療機関で行われているインフォームドコンセントにあたるものとして，「なぜ，施設入所しなければならないのか」「施設の具体的な生活とはどういうものか」説明が行われ，事前に施設見学も実施されることもあります。さらに，『子どもの権利ノート』が施設入所前に渡されるようになってきました。これは，子どもの権利条約12条「意見表明権」など施設生活で保障される権利や，もしも施設生活の中で権利侵害があった場合，その救済方法が分かりやすく書かれています。

3）開始期（インテーク・プランニング）──「自立支援計画」の策定とは

　1997年に入所型児童福祉施設に入所する子ども，一人ひとりに対して「自立支援計画」を策定することが義務づけられました。施設入所から当面（概ね3カ月），児童相談所が策定した「援助指針」を「自立支援計画」に反映していきます。その後，児童福祉施設が関係機関と協議をして「自立支援計画」を成案として具体的支援を行っていきます。策定にあたっては，「子どもの問題」，

特に行動や発達の問題と支援方針だけでなく、「親指導」「家族関係調整」に関しても策定から実践を踏まえた視点が盛り込まれているかが重要です。この基本的な理念の実現こそが、アメリカで行われてきたパーマネンシープランニング（恒久的支援計画）を体言化できるか否かにかかっているのです。それは、今までの日本の子育て支援施策や社会的養護システムも裏返せば「切れ目だらけ」のシステムだった現状がありました。

4）展開（インターベンション）──関係機関と連携しながら

児童養護施設の子どもたちは、地域の学校に通っています。したがって、小学校、中学校、高等学校との連携は不可欠です。特に小・中学校との連携では、施設長が親権代行者となるため入所当初から学校との情報共有が行われます。特に近年、深刻な虐待ケースの場合、施設入所に際して、親権者の同意が取れない場合があります。その場合は児童福祉法第28条により、家庭裁判所に申し立てをした後、審判により、児童養護施設入所の決定が行われます。しかし、親権者や家族には、入所施設名を伝えないため、当然、教育委員会を通して学校側に個人情報の取り扱いについて慎重な配慮を求めます。

さらに、具体的な支援に関する施設と学校との連携について、前述したように子どもたちは、施設入所以前の家庭環境で、学校にほとんど通っていなかったり、学習習慣自体が身に付いていない現状でした。さらに近年、注意欠陥多動性障害（ADHD）や学習障害（LD）、広汎性発達障害などの診断名が付いてくる子どもたちが多くなってきています。したがって、学習支援だけではなく、心理治療的支援が必要な子ども達もいます。そこで、学校以外にも教育相談センターや児童精神科医とも相談受診・通院を行っています。

（3）事例を検討してみよう

事例を読んで、子ども同士、子どもと職員の関係や対応について、以下の項目について意見交換してみましょう。

1）子ども集団の関係性と職員の関わり方

まずタカシとリョウのケースについて検討してみましょう。そして、職員の

タナカさんの対応についても考えてみましょう。

リョウは幼児期に施設入所しているため、施設ではリーダー的存在です。その反面、自分の意に沿わないと職員に暴言を吐いたり、反抗的な行動に出ることがありました。年少児に対して面倒をみることもありますが、やはり意に沿わないと力で押さえつけようとする行動が顕著になってきていました。そこで本児の粗暴な行動を改善するため、児童相談所に通所指導継続中でした。

一方、タカシは、状況判断ができず思いつきで行動してしまうことが多い子どもです。最近、年長児の真似をして年少児に対し、威圧的な行動が目立ってきています。さらに、不用意な発言で年長児から疎ましく思われていました。今回の件もそのような背景があって起きてしまいました。

そして、職員のタナカさんは、大学を卒業して、施設に就職して2年目の職員です。2人のケンカを必至で止めようと思ったのですが、結果として子どもにケガをさせてしまいました。やはり、子ども間のトラブルに関して、その予防的対策や子ども集団の雰囲気等を察して、対応することも経験やスキルとして学んでいかなければなりません。

2）「施設内虐待問題」への対応

確かにタナカさんは故意にケガをさせた訳ではありませんが、職員による子どもへの不適切な関わりや体罰事件も起きてしまっています。そこで、2008年の児童福祉法改正により、「被措置児童等虐待」に関する規定が設けられました。その背景として、2004年の国連子どもの権利委員会から「施設における体罰の禁止」が勧告されたことも大きな要因です。今回の法改正のこうした背景を考えるとき、施設内での権利侵害問題を対岸の火事として捉えるのではなく、社会の厳しい眼を意識し、子どもが安心して安全に生活できる権利の実現を目指して、入所児童の権利擁護に本格的に対応すべき事態に至ったと認識すべきだと考えます。

3）事故発生後の対応について

まず、第1に子どものキズの手当（処置）をすることが大切です。さらに、必要ならば、医療機関で診断や治療も行います。その後、それぞれ当事者から

事実確認を行います。確かに学習時間に騒いでいたのは，タカシに問題があります。しかし，リョウが注意したことは当然であるものの暴力は振るうべきでない等，双方の問題点を明確にした上で，間違った行動については厳重な注意をします。また，リョウに対しては暴力をもって問題解決を図ることは許されないことを改めて伝え，タカシには謝罪するように伝えます。職員のタナカさんもケガをさせたことで，リョウに謝罪するよう伝えます。毎日，生活している者同士，関係修復はなるべく早い段階で行っておくべきでしょう。

そして，被害児のケガについては，取り急ぎ，保護者に電話で報告をいれ，当該，児童相談所にも連絡します。必要な場合には「事故報告書」を後日提出します。

5　障害者の人権と社会参加——知的障害者の社会参加の支援

ノーマライゼーションの理念は障害者福祉の領域から端を発し，今やソーシャルワーク全体の理念でもあります。障害者の円滑な社会参加が可能となるよう，ソーシャルワーカーがその理念の社会への浸透を企図しながら，どのように社会的（ソーシャル）に機能するのか事例を通して考えてみましょう。

（1）事例の概要

障害者の人権を語る時，忘れてはならない人物がいます。その人は「ノーマライゼーションの父」と称されるバンク－ミケルセン（N.E.Bank-Mikkelsen）です。1950年代，デンマークでは多くの知的障害者は大規模施設の劣悪な環境下で収容されていました。1960年代に入り，当時社会省で知的障害者福祉の仕事に携わっていたバンク－ミケルセンは，知的障害者の親の会の訴えに共感し，知的障害者の処遇方法を改め，脱施設化を推進させました。

ノーマライゼーションとは「障害があるからといって，社会から阻害され差別される理由はないのです。たとえ身体的あるいは知的な障害があっても，彼は一個の人格を持ち，障害がない人と人間として何ら変わりないのです。障害

がある者が，社会で日々を過ごす一人の人間としての生活状態が，障害のない人々との生活状態と同じであることは，彼の権利なのです」[(1)]。

　これから2つの事例を紹介します。事例に登場する知的障害者は，一人はグループホームで，もう一人は在宅で生活しています。2人とも施設ではなく地域で暮らしていますが，本人たちにとって地域社会での生活は100％満足できるものではないようです。

（2）事例の展開過程1——グループホームで暮らす知的障害者の場合

　Nさん（55歳，男性）は，幼少の頃から精神薄弱児施設（現・障害児入所施設）で暮らしてきました。満年齢の18歳で退所し，就職することとなりました。身寄りがないため住み込みで農業の手伝いをしていましたが，数年間働くと農業の仕事に嫌気がさし，無断外出を繰り返すようになりました。その後，社会福祉施設で営繕の仕事の助手として30年間仕事を続けてきましたが，措置から契約への制度の変遷の中で仕事を続けることが困難となりました。

　現在，就労継続B型の事業所で働きグループホームで仕事仲間と共同生活をしています。グループホーム入所時，身寄りのないNさんの将来を考え，ある人が保佐人に就任しました。家庭裁判所における保佐人申請時，それまで働いていた福祉施設長がNさんに内緒で積み立てていた数百万円の貯金がNさんに知れることとなりました。福祉施設長は，Nさんの老後の備えとしてお金を積み立ててきたのです。

　他人との協同作業が苦手なNさんは，しばらくすると体調不良を理由に早退したり，時には無断欠勤するようになりました。また，仲間と一緒に食事を摂らないことも時々ありました。グループホームの世話人や保佐人が心配するのですが，Nさんは，「アパートに移りたい」「貯金は好きなように使わせてくれ」と，不満を口にするようになりました。世話人や保佐人など周囲の支援者たちは，Nさんが年金（障害基礎年金2級）と作業所の給料でなんとか暮らしてほしいと願っています。こうした願いはNさんに理解してもらえないようです。

（3）事例の展開過程2——自宅で暮らす発達障害者の場合

　Sさん（38歳，男性）は，現在自宅で両親との3人暮らしです。小中学校は普通学級で，高校は通信教育で学びました。小学校では，社会科の授業では教師の代行をするほどの実力を発揮しました。中学校ではいじめに遭い不登校を経験しました。高校卒業後，ひきこもり状態が続きました。それでもSさんが関心をもてるアルバイトの仕事を自身で見つけて働き出すのですが，しばらくすると辞めてしまいました。

　Sさんの興味関心の領域は狭いのですが，その知識の豊かさは常人の比ではありません。そして，その情報源のほとんどが某新聞と某テレビ局のニュース番組からのようです。自室には某新聞がうず高く積まれていて，こだわりの強さが窺えます。Sさんの両親は，Sさんに何らかの障害があるこを受け容れることができなかったようです。高校卒業後，ひきこもり状態でなかなか仕事が見つからないことを心配しながらも，Sさんの意思を尊重し，両親から行動を起こすことはなかったようです。Sさん自らの市役所の障害福祉課などへ相談に訪れ，作業所を紹介されましたが，通所に至っておりません。支援者の紹介で就労継続の作業所に通い始めましたが，作業所仲間の一人と折り合いが悪くなり，やがて欠勤することが多くなりました。「汗をかいて湿疹ができたので，涼しい季節になったらまた戻って来ます」などがその欠勤理由でしたが，季節が秋になっても職場に戻ることはありませんでした。

　Sさんは，新しい情報を入手すると，すぐに誰かに話したくなるという習癖があります。バスや電車の中であろうと，偶然隣り合わせに座っている他の乗客に話しかけてしまうこともあります。特に精神不安の状態にある時は一方的に相手に話し続け，驚かせてしまいます。Sさんの両親は，今後もSさんが自宅で暮らしていけることを望んでいます。因みにSさんは数年前から年金（障害基礎年金1級）を受給しています。

（4）事例を検討してみよう——障害者の社会参加

　NさんとSさんに共通する点は，本人の話を最後まで聞いて，理解してくれ

る人に信頼を寄せていることです。ソーシャルワーカーは利用者である障害者の意見や考え方の良き理解者でなければなりませんが，同時に，障害者の最善の利益を考えなければなりません。

　金銭感覚に乏しいNさんが現在の生活を維持しながら将来に備えるために，ソーシャルワーカーとして支援すべき基本方針はどうあるべきでしょうか。Nさんの最善の利益とはどのようなことでしょうか。対人関係に苦手意識のあるSさんが，社会と繋がりをもつために，ソーシャルワーカーとして支援すべき基本方針とはどうあるべきでしょうか。Sさんの最善の利益とはどのようなことでしょうか。ソーシャルワーカーを目指す皆さんはどう考えますか。

6　孤立化する人々——孤独死対策から考える

　現代社会は"無縁社会"化が深刻化し，高齢者を中心に孤立した生活の招くさまざまな問題への関心が寄せられています。ここでは，孤立化した高齢者の直面する命の危機にソーシャルワーカー（社会福祉士）がどのように介入することが求められるのか，援助観を問われた事例を紹介します。

（1）孤独死とは

　皆さんは，孤独死（孤立死ともいう）という言葉を耳にしたことはありますか。「自宅で誰にも看取られずに亡くなり，その死が数日間経ってから発見される死。一般的には自殺は除かれる死」と定義する人もいます。

　周知のように，超高齢化社会に突入している日本社会において，一人暮らし高齢者は急増し，しかも結婚しない若い男女が増えている中で，「孤独死（孤立死）」は誰にも起こる可能性があります。

　毎年，孤独死で亡くなっている人は，約3万人にのぼるとまで言われています。

　その意味では，福祉現場では，「孤立化」している人が多いのです。このような「孤立化」している人々にアプローチしていくことも，福祉援助の過程で

は重要なテーマと言えるでしょう。

　筆者が「孤独死対策」に関わっていた時のエピソードを紹介しましょう！筆者が「孤独死対策」に関わるようになったのは市役所（高齢福祉課）に勤めていた時で，要介護高齢者を支える「ケアマネジャー」の仕事に就いていた約10年前です。

（2）一人暮らしの高齢者への介入事例
1）援助開始までの経緯

　公営住宅に暮らす田中敏子さん（仮名）は当時84歳，軽い認知症でしたが，何とか一人でやっていました。歩くのには杖が必要でしたが，買い物や通院は自力で可能で，自炊もしていました。

　しかし，聴覚に軽度の障害があり，電話はほとんど受けることができませんでした。性格も頑固で気難しく，ときどき周囲の人々とのトラブルが生じており，近所の人々からは煙たがられている，一人暮らしの高齢者だったのです。

　ある日，田中さんを定期的に訪問しているヘルパーから，担当ケアマネジャーだった筆者に連絡が入りました。「団地の2階に住んでいる田中さん宅のチャイムを鳴らしても応答がない，ドアは鍵がかかっており部屋の中に入れない，2日前に訪問したときには風邪気味で，少し気にしていた」というのです。ヘルパーとケアマネジャーは，心配になって「田中さんが家の中で具合が悪くなっているのではないか。もしかして最悪の場合，亡くなっているのではないか」と考えました。

2）ベランダからの侵入──緊急対応とリスク

　そこで，ケアマネジャーは，なかば不法侵入になるのではないかという思いが頭をかすめながらも，ベランダから侵入しました。そして，サッシも鍵がかかっていなかったので，部屋に入りました。幸い，田中さんは元気で，昼寝をしていただけでした。ヘルパーが来る時間にドアの鍵をはずしておくのを忘れていたのです。そして筆者は，非常に腹を立てた田中さんに，「不法侵入ではないか！」と叱責され，怒鳴られた光景を今でも鮮明に覚えています。

実際，福祉現場では，「強い異臭がある」「窓ガラスにハエが群がっている」といった，外部から見て明らかに異状な場合，つまり亡くなっているのではないかと推察される場合には，原則として住居者本人に了解をとらなくても，警察も捜査目的ということで簡単な手続きだけで「侵入」が可能です。また，「電気が数日前からつけっぱなしである」「郵便受けに新聞が何日もたまっている」という，亡くなっているかどうかはわからないが異状が感じられる場合も同様です。

　しかし，応答はないがあいまいな状況，例えば，昼寝をしているのか？ 買物に出かけているのか？ 体調を崩していて呼び鈴に反応しないのか？ などがわからない状況もあります。「もしかして倒れているかもしれない。至急対応すれば，命を救えるかもしれない」とまわりが感じたとしても，本人の了解のないまま合法的に自宅に侵入するには，相当な手間がかかります。

3）事例の考察

　このような「孤独死対策」の現場に遭遇する援助者は，即決的な判断力が求められます。しかも，「命」にかかわることになれば，直ぐに対応しなければならないこともしばしばです。その意味では，思い切った行動（援助）をとることもあります。

　ただし，その場合には，必ず上司と相談して決めることです。携帯電話が普及していますので，状況報告だけは怠らないようにするべきです。また，思い切った行動に出る場合には，できるだけ，誰かに同席してもらうことが重要です。前述の筆者の経験から言えることですが，必ず，一部始終をヘルパーに関わってもらいました。思い切った行動（援助）に出るためには，何かトラブルが生じても，適切な行為だったと証言してもらえる人を同席してもらうことが重要なのです。

　なお，最後に，思い切った行動に出て，結果的には何の問題もなく，利用者（クライエント）に叱責された場合には，素直に謝罪することも忘れてはなりません。

(3) 孤独死はまぬがれたが……
1) 入院援助を強行した事例
　次に，筆者が担当したケースを，もう一つ紹介しましょう。これは，本人の意に反してなかば強制的に入院してもらい，孤独死をまぬがれることができた例です。

　91歳の高田君子さん（仮名）は，築60年になる持家で一人暮らしをしていました。高田さんは軽度の要介護高齢者で，週1日だけヘルパーに来てもらい，掃除や洗濯などをしてもらっていました。性格は温厚だが，近所の人々との交流は好まないタイプでした。生涯結婚もせず，姉妹はみな他界してしまい，身寄りは，87歳の従妹だけだったのです。高田さんは「自分は，この家に60年住んでいるので，最期はどうなろうと，ここで死にたい」と，日頃からヘルパーや筆者に強く主張していました。そのため，将来，高田さんの健康状態が悪くなれば自宅での看取りも考えなくてはならない，と筆者らは考えていたのです。

　ある日，ヘルパーが訪れると，高田さんは風邪をひいたのか，寝込んでいた。ヘルパーは病院への通院を勧めたが，「寝てれば治る」と言ってどうしても応じてくれませんでした。とりあえず，ヨーグルトや牛乳など必要な食料品を買ってきて，ヘルパーは家を後にしました。

　その2日後，ヘルパーが，定期訪問日ではなかったのですが，心配になり様子を見に行くと，かなり衰弱している状態だったのです。筆者もすぐに駆けつけ，高田さんに「救急車を呼ぶので了解してほしい」と確認をとりました。しかし高田さんは，「もう長くないので，このまま最期を自宅で迎えたい。病院へ入院するのは嫌だ」と，衰弱していながらも小声でしっかりと，意思表示をしたのです。しかし，「このまま寝込んでいては，数時間後に亡くなってしまう。すぐに訪問看護師や在宅医療，24時間体制のヘルパー体制を組むのは不可能」と，筆者には「入院」しか考えられなかったのです。

　意識がなかばもうろうとしている高田さんに，「入院して少し元気になったら，退院して在宅で看取る体制を作るから」と言って，しぶしぶ入院を承諾してもらい，救急車で病院へ搬送しました。それまでも実際に，衰弱した高齢者

の多くが，入院して点滴などの治療を受けることで一定程度回復し，家に戻るのを見てきたからです。

　しかし，高田さんは入院2日後に，老衰で亡くなりました。日頃から自宅で死にたいという希望に反して，病院で最期を迎えたのです。

2）**事例の考察**

　この高田さんのケースは，ヘルパーが体調の異変に気づき，「孤独死」を防げたケースです。しかし，高田さんの日頃からの願いを考えると，筆者は非常に複雑な気持ちでした。

　この高田さんのように最期を自宅で迎えたい人と，何か異状があれば誰かに気づいてもらい救急車で搬送してもらいたい人と。同じ一人暮らしの高齢者でも，希望はさまざまです。

　ただ，本人の気持ちがどうであろうと，体調を崩し衰弱している状態を発見すれば，よほど事前に本人の希望を聞いていて，看取りの段取りがついている場合以外は，救急車を呼び，入院というプロセスを踏むのが，援助方針の基本です。

　身寄りがいない高齢者でも，定期的な訪問看護サービスやヘルパーサービス，在宅医療などのチームを組むことで，在宅での看取りは可能です。しかし，在宅サービスの不足のためそのようなチームを組めない地域の方が多く，一人暮らし高齢者が自宅で最期まで暮らせるとは限りません。

（4）事例をもとに検討してみよう

　このように「孤立化」している人々が増えていく援助過程においては，援助者の思い切った行動や本人の意思に反して，援助をしなければならない場面に遭遇することが多々あります。このようなケースでは，援助者同士のケース会議や上司への報告が重要となりますが，ケースによっては時間との勝負になる場面もあります。

　時には，本人（クライエント）の希望に反して，半ば強引に病院や施設に預かってもらうといった「自己決定」に反する援助過程を踏まなければなりませ

ん。利用者の意思を尊重することが，援助技術の基本ですが，社会的な常識を優先せざるを得ない場面に遭遇することもあります。

ぜひ，皆さんも身寄りの居ない「孤立」しているクライエント（利用者）への援助プロセスについて意見交換してみましょう。これまで紹介した筆者の事例について，3～4人のグループで話し合って，問題の所在，援助者の対応などを検証・分析してみましょう。

7　若者の孤立と自死

現代の"無縁社会"の中で孤立化しているのは高齢者ばかりでなく，若年層の孤立化，貧困化が新たな問題として提起されています。さらに，その孤立化した若年層は未来に希望を抱くことが出来ず，自死を選んでしまうこともあります。しかし，彼／彼女らを支援する制度は十分ではありません。現状の問題提起をした事例です。

（1）"若者"をめぐる事例から
1）"若者"とは

"若者"とはどんな存在なのでしょうか。そもそも"若者"って誰のことを言うのでしょうか。これらに満足に応答することは，実は難しい。難しい問題は保留しておきます。

社会福祉の援助という文脈だけに沿えば，ひとまず言えることは，"若者"というだけでは，少なくとも現今の社会福祉制度の援助の対象にはなりにくい。健康（常）ということが，前提になるからでしょうか。あるいは，身体的な意味で，さらに経済的な意味で自立した存在，その可能性の高い存在，と位置づけられているからでしょうか。"若者"に障害や貧困という事態が加わると，社会福祉制度の援助の対象にぐっと近づきます。

本節では，以上のことも踏まえつつ，"若者"に関するある事例を通して，"若者"への援助課題を具体的に考えていきます。

2）事例の概要とソーシャルワーカーの介入方法

　ホームレス状態にある20代の男性が，自死を図ったが未遂に終わり，現在東京都内にある病院に入院中である。主治医の依頼に応じて病院所属のソーシャルワーカーが働きかけるが，当人は多くを語りたがらない。ソーシャルワーカーの粘り強い働きかけが功を奏してか，これまでの経緯や生い立ちをもポツリポツリと語り始めた。

（2）事例の展開過程
1）基本属性

　松本恵一さんは，27歳独身です。現在はホームレス状態。将来を悲観し，睡眠薬多量服用による自死を図ったが未遂に終わる。東京都内新宿区の社会福祉法人の中堅病院に担ぎ込まれる。発見が早かったことが幸いし，一命はとり止めたが，自身のことは語りたがらず，将来への悲観的様相も強い。主治医を中心としたカンファレンスでは，治療チームに加わった精神科医の提言により，退院時に向けての支援，退院後の生活相談・指導，他機関・他職種との連携等を鑑みて，病院所属のソーシャルワーカー（以下，MSW）の援助の必要性が確認された。

2）生活歴

　クライエントは中学卒業後，郷里の東北地方Y県を離れ，都内のとある飲食店に就職し，アパートにて一人暮らしを始めた。当初の約束とは違い，休日は見習いという名の下にほとんど取れず，一般企業でいう"サービス残業"も相当あった。店主との諍いがきっかけとなってこの飲食店を退職後，かねてから関心のあったIT関連企業やゲームソフト制作会社等への就職活動を試みたが，低学歴ということもあって，非正規雇用という形で働きはじめるしかなかった。しかし，将来への展望も開かれぬまま，会社を転々とした。

　昨年の秋から，アパートの家賃も払えなくなり，ホームレス状態に突入した。当初は，ネットカフェ，マンガ喫茶等を転々としながらも，ホームレス仲間との"ゆるい関係"を通して，働き口や生活保護に関する情報を得ていた。

NPOや宗教団体が主催する炊き出しにはほとんど行かなかった。ホームレス集団の一員とみられることを嫌い、また、貧困ビジネスにひっかかることを恐れていた。この状態を家族に語ることはできず、音信不通状態である。恥ずかしいこと、さらには余計な心配はかけたくなかったという。

　ホームレス仲間とは、情報の交換の域を出なかった。あの人々とは違うというプライドもあったし、必要以上の気遣いがわずらわしかった。郷里にいる古くからの親友とは、アパート暮らしをしているときは、時々連絡を取り合い、それなりの関係は維持していた。最近では、いよいよ路上生活（駅、公園、河川敷等）をせざるを得なくなり、携帯電話の費用も賄えなくなった。これらは痛手だった。路上生活の恐怖に加え、携帯電話の使用不可ということは、細々と続けていた就職活動の断念と、郷里の親友との連絡不可ということを招いた。たまたま手に入れた睡眠薬で自死を図ったのはその直後であった。

3）アセスメント

　クライニントのストレングスの確認、ワーカビリティの可能性、等々を探っていくためにも、具体的な社会資源とのマッチングを展開していくためにも、ソーシャルワーカーはより一層突っ込んだ援助関係の形成・活用が必要であると考えている。

（3）演習課題——グループ討論・発表・質疑応答

　まず、自身のことを語りたがらないクライエントへの糸口になること、特にインテーク段階で心がけておきたいことをリストアップしてみましょう。次に、語りたがらないクライエントに向けて、知りたい情報を得るためには、どんな点に注意していけばよいでしょうか。ソーシャルワーカーの倫理綱領も参考に考えてみましょう。そして、活用可能な社会資源はどのようなものがあるでしょうか。フォーマル、インフォーマル、両側面から整理し、提示してみましょう。

(4) 事例をもとに検討してみましょう

1)"若者"の対人関係

　事例に登場する人物は，相当程度困難な問題を抱えつつも，他の人に積極的に相談することはありませんでした。福祉事務所のソーシャルワーカーやカウンセラーの存在は知っていたのでしょうか。知ってはいても敷居が高かったのでしょうか。そもそも専門職に相談するほどの問題と自認していたのでしょうか。知り合い（ホームレス仲間）や親友といえる存在もいましたが，彼らに相談なり，愚痴をこぼしていた形跡も見られません。下記の参考文献を参照し，"若者"の対人関係に着目して，他の人に相談しない理由を考えてみましょう。

　＊参考文献：土井隆義『友達地獄』ちくま新書，2008年。
　　　　　　　大平健『やさしさの精神病理』岩波新書，1995年。

2)"若者"へのセーフティネット・システム

　若者への生活に関するセイフティネットは，圧倒的に不足していると言われています。下記の参考文献を参照しながら，若者へのセイフティネット・システムを具体的に構想（予防的なものも含む）し，その必要性を改めて考察し，整理しまとめておきましょう。

　＊参考文献：工藤啓・西田亮介『無業社会』朝日新書，2014年。
　　　　　　　宮本みち子『若者が無縁化する』ちくま新書，2012年。

3)"若者"の自死

　若者の死亡原因の筆頭は自死です。10代，20代，30代，それぞれの死亡原因を確認し，そのうちの自死理由を把握し，その背景要因を探りましょう。発達的要因，家族関係や友人との対人関係，精神障害との関連等は，当事者の孤立状況を暗示するものが多いはずです。相談援助者は，いかにしたら，当事者の孤立状況から自立した生活への援助につなげられるのでしょうか。自立と依存の関係も改めて問い直してみましょう。

注
(1) 花村春樹『「ノーマライゼーションの父」N. E. バンクーミケルセン』ミネルヴァ書房, 1998年。

参考文献
小木曽宏・宮本秀樹・鈴木崇之編『よくわかる社会的養護内容』ミネルヴァ書房, 2013年。
川人博『過労自殺(第二版)』岩波新書, 2014年。
内閣府編『自殺対策白書 平成26年版』2014年。

第6章　次の学びに向けて準備しよう

1　次の相談援助演習の準備に向けて

(1) これまでの体験の振り返り──本書の学びの特性と関連づけながら

　本書では相談援助演習について，15回のプログラムを3段階に分けて紹介するとともに，事例を多用して，ソーシャルワーク実践について具体的イメージを持つことが出来るよう構成されています。具体的には，ソーシャルワーク実践の基本となる知識や支援方法（技術），そして備えるべき価値観の基本を，ソーシャルワークの実践基盤の基礎として，第2章において15回のプログラムで体験的に学習できるよう提案しました。そして，第3章では，インテークの展開を丁寧に説明しました。ソーシャルワーク実践では，開始期での最初の出会いを茶道の"一期一会"の言葉に例えて，初期の関係形成の大切さと難しさを指摘することがあります。本書でもこの開始期の支援の対象となる利用者との出会いの過程を，具体的な場面や活用する方法ごとにプログラム化し，面接の体験を複数回設定しました。

　さらに，第4章では，学生時代の学びでは体系的，あるいは連続性をもって体験学習することが難しい支援過程を15回の演習に展開したプログラムの提示を試みました。

　本書では，なるべく理論と実践を具体的に関連づけて演習教材として提供できるよう「4．演習の考察」など解説部分を設けて，可能な限り両者を関連させて学びの過程が進むとともに，読者のイメージの中にソーシャルワーク実践を具体化することを試みました。特に第6章に掲載した事例は，守秘義務を遵守した上でそれぞれの領域のリアリティに迫りながら，現状を紹介しています。

　ぜひ，演習授業の事前学習や学生相互の自主学習などの素材としては無論のこと，間もなく体験するであろう「相談援助実習」の実習先選択や実習計画の作成にあたっての現状理解にも活用してください。今後の学びは，まずは「相談援助実習」での利用児・者や地域住民，そして各実践現場の職員各位の協力を得ての"現場体験"との関連を想定しながらの「演習」の授業となります。

言い換えればより一層明確に実践力を試行する段階へと演習が進んでいきます。そこでここでは一度これまでの演習体験の到達度に自己評価を加えて、今後の学び、そして相談援助実習への備えに活かしていきたいと思います。

(2) 自己評価をしてみよう

これまでの演習の資料、特にワークシートやレポート等に書かれた教員のコメントやフィードバックを参照しながら以下の自己評価表に現在の自分の学びの到達度をチェックしてみましょう。評価表は、それぞれの項目の評価レベルと演習の授業の到達度の相互評価で自分の現在の学習成果を評価します。

たとえば、「1) 知識との関連づけ」では、評価レベル1の「基礎知識」については、自分の学習の到達度が、「知識については、社会福祉の基本的な用語も理解できているものの、レポートの際など、つい使い忘れてしまう」場合には、学習到達度2の「知識の妥当な理解ができている」に該当します。同様に評価レベルごとに、学習の到達度を自己評価してみましょう。全体の評価はどのようなバランスになりますか。一番望ましいのはすべての評価が到達度4に達することです。

評価レベル：下の項目ほど難易度があがります
学習の到達度：左の項目ほど難易度があがります

	学習の到達度4	学習の到達度3	学習の到達度2	学習の到達度1
評価レベル1				○○ができている
評価レベル2		××ができていない		
評価レベル3				活用できなかった
評価レベル4				
教員のコメント	＊自己評価の後、教員に助言してもらいましょう。			

具体的な評価の根拠を書き入れましょう。

各領域の専門知識や相談援助技術に関する知識を演習の授業でどの程度活用できていますか。以下の1）～4）の自己評価表に、現在の自分自身の学びの到達度を記入しておきましょう。

1）知識との関連づけ

	知識を正確に理解し，演習で活用できている	理解した知識を演習で活用しようとしている	知識の妥当な理解ができている	知識を言葉として知っている
基礎知識				
領域の知識				
方法論の知識				
考察や評価				
教員のコメント				

2）方法の習得

	演習で適切に活用できている	演習で活用しようとすることができている	活用方法の妥当な理解ができている	知識を言葉として知っている
コミュニケーション技術				
ミクロレベル（CW，GW）				
メゾレベル（CW，CSW）				
間接的支援方法（マネジメント）				
教員のコメント				

3）価値観の体現

	演習での言動や考察に適切に活用できている	演習での言動や考察に体現しようとしている	妥当な理解ができている	知識を言葉として知っている
価値観の妥当な理解				
人権の尊重の理解				
社会正義の理解				
ソーシャルワークの価値基盤の理解				
教員のコメント				

4）記録技術の洗練

	記録技術を正確に活用して、体験を文章化できている	記録技術を活用して体験を文章化しようとすることができている	記録技術を理解できている	基本的な文法を活用できる
体験したことの率直な文章化				
主観と客観の書き分けが明確な文章化				
記録として構成・考察が妥当な文章化				
明確な論拠に基づく記録としての文章化				
教員のコメント				

（3）これからの相談援助演習の学び方

　これまでの学びとこれからの学びが大きく変わるのは、その学びより具体的なソーシャルワーカーという職業の意識が加わってくることです。大学や専門

学校によっては実習を2段階に設定して早い時期に60時間程度の現場実習を体験している場合もあるかもしれません．その場合であっても，その他の講義科目との関連からしても，体験できるのは一定のコミュニケーションと実践現場の理解にとどまります。リアリティのある職業としてのソーシャルワーク実践の理解や，専門職としてのソーシャルワーカーに期待される役割や機能を実感するのは，高学年に設定されている3週間以上の実習を体験して以降のこととなります。

　人によっては，社会福祉士にとどまらず，精神保健福祉士（国家資格）やスクールソーシャルワーカー（団体認定資格）を目指してさらに学習を重ねることもあるものと思います。今後学びを継続していく中で実習での体験を活かしながら，皆さんの中に将来の職業ビジョンを内在化させ，就職活動へと連動していく過程でもあります。人によっては，学びを連続し職業へとキャリアイメージを連続・洗練するだけでなく，多様な体験学習を重ねることで等身大の自己像を内在させることが可能となった結果，敢えてソーシャルワークを将来の仕事として選択しないという自己決定に辿り着く場合もあるでしょう。それもまた，大切にすべき自己決定ですし，相談援助演習の過程やその間に体験する実習はその人にとって，等身大の自分と出会い自己受容を重ねていく必要かつ意味ある過程であったと言えるでしょう。

　むしろ，同様の体験と時間をかけてもただ漫然と体験を重ねるだけでは，演習での学びの機会を活かせず，ソーシャルワークの仕事が本当に自分の目指す仕事なのか，自分が志向する専門性なのかよくわからないまま，レールを敷かれたままに受験対策の波に乗っていきかねません。利用児・者同様皆さんの人生もかけがえのない，一度きりの人生です。そしてその中でも最初の職業選択の機会は人生の岐路になりがちで，大切な自己選択・自己決定の過程であるともいえます。この機会にこれまでの演習の授業を振り返るとともに，今後の演習の授業への臨み方や，そこでの学びをそのごの自分のキャリア設計にどのように生かしていくのか具体的に考えてみましょう。

　本章では具体的に関連する各種資格の紹介もしてあります。これらを参照し

ながら高学年に進んで体験するソーシャルワークの学習過程を主体的に進めていってください。

2 相談援助実習との関連性

(1) 演習で学んだことの確認

　社会福祉は実学であるといわれます。それは，机上の理論ではなく，実際の社会の中で，市民の幸せのために役に立つ学問であるという事です。演習の中で，数多くの事例検討を行ってきていると思いますが，皆さんはその事例の登場人物に対して，心から傾聴し，共感し，受容できていましたか。どこかで，紙の中の架空の登場人物だと思い，誠心誠意向き合うことができなかった，ということはありませんでしたか。おそらく，そこまでの思い入れをもって授業の中の事例にあたってはいなかったかもしれません。

　でも，それは無理のないことなのです。紙の中に書かれている事例は，実話を基にしてあるといっても，実践経験のない皆さんにはバーチャルな世界ですので，実感を伴った検討はそもそも無理なのです。

　だからこそ，現実世界で実施される実習が意味を持ってきます。相談者本人の前に立ち，視線を合わせた状態ではテキストや教材の事例のように，他人事のような無責任な対応はできないではずです。生身の相談者・利用者と実際に相対する中で，授業の中では経験できなかった現場の緊張感や雰囲気を感じて，相談者・利用者と誠実に応対する意義を学ぶ場となります。私たちソーシャルワーカーが絶対してはいけないこと，それは「適当に・いい加減に」対応することです。

　実際の相談者・利用者を目の前にして，その視線に晒されたとき，私たちは目の前にいるクライエントに対して，決して「適当に・いい加減に」対応することなどできません。それは専門職としての責任と倫理からくるものです。それを実習現場の中で感じてほしいのです。

（2）自分を試す

　皆さんは大学の中の講義や演習を通じて，ソーシャルワーカーとして行動（これを実践と呼びます）を理解してきました。それは，自分勝手な思い込みによる行き当たりばったりの行動であったり，ベテランスタッフによるいわゆる経験と勘による主観的な行動ではなく，事前情報とクライエントの思いを反映した目的が設定され，理論に基づいた根拠のある意図された行動の事です。

　実習では，大学の講義で習った理論と，演習の授業で体験した面接技法を実際の場面で実施してみることになります。頭の中で理解していたつもりの事や，教室の中で仲間同士と行うロールプレイが，実際に利用者を前にした時，習った通りに実行できるかどうか試すことになります。

　しかし，多くの場合「こんなはずではなかった。習ったことと違う」という感想を持つことになると思います。大学の中で習ったこと，体験したことが，実際の場面では殆ど活用できないショックを味わうことになるでしょう。なぜならば，対人援助の実践は，取扱説明書を読めば理解できるような「物」を取り扱うわけではないからです。私たちが支援の対象とするのは物ではなく人間です。人間である以上，感情も意思も持っていて，それも時々によって変化するのですから，私たちは対象者の状況に応じて臨機応変に対応しなければなりません。決して私たちの理屈や都合を押し付けてはならないのです。

　この対象者に合わせて臨機応変にというのは，一朝一夕にできることではなく，クライエントと向き合う中で徐々に身に付けていくスキルです。相手の状況に合わせる，相手の波長に合わせることをペーシングと呼びます。

　ソーシャルワーカーになるための勉強途中である皆さんは，実習に出てすぐにこのペーシングができなくても当然です。心配することはありません。実習現場に立った時，大学で学んだことがすぐに活用できなかったとしてもそれは当然のことで，「大学の講義は役に立たない」とか，「自分はソーシャルワーカーに向いていない」などと拙速に結論を出さないでください。

　大学で学んだことを実習の中で実践してみて，できたことできなかったこと，うまくいったことうまくいかなかったことを見極めて，その理由を考えること

が重要です。「できたできない」ことが問題ではなく，「なぜ」かを考えることが大切なのです。実習の中で自分を試して，自分の現在の力量や対象者に接する姿勢，対象者を受容しようとする態度をチェックすることが実習の大きな目的になるのです。

(3) 国家試験には相談援助の実技試験はない

皆さんは，幻覚妄想のある人に話しかけられた時，その話の内容を理解したいと思うでしょう。しかし，幻覚妄想が語られている「ことば」の意味がわからないでしょうし，また，その「ことば」の中にある心や感情の動きもわかりにくいと思います。

「この人には妄想がある」という「理解の仕方」はできるでしょうし，「この人はきっと苦しんでいるんだろう」という「レベル＝意味」での「理解の仕方」は可能でしょう。

しかし，この「理解の仕方」は前者の場合は，精神疾患の知識の有無ということの範囲での「理解の仕方」ですし，後者は，常識的な感情の動きの中での理解であるにすぎません。これでは，クライエントの「ことば」を表面的になぞっているだけで，心の叫びに対して専門職として反応していることにはなりません。

このようなソーシャルワーカーとしての心のあり方は，短時間の一発実技試験で推し量れるような簡単なものではありません。皆さんが実習を行っている間に，実習指導者からスーパーバイズを受けながら，皆さん自身が自分の援助観や価値観と向き合うことを通してしか確認することができないものなのです。面接技法のテクニックを確認するのならば実技試験を行えば事足りますが，ソーシャルワーカーとしてのあり方は，実習現場の中で，実習生・対象者・実習指導者・実習指導教員が協働して行う実践的取り組みなのです。

(4) ソーシャルワーカー見習いとしての実習

私たちが相談援助の中で必死になって掴もうとすることがあります。それは，

クライエントの間違いのない思いやニーズです。ここで「間違いのないクライエントの思いやニーズ」と強調したのには理由があります。

福祉専門職（あえて幅広くこのように表現します）の中には，「あの人はきっとこう思っているのだ」「このようにして差し上げればいいのよ」とあまりにも，簡単に決めつける人が多いのではないかと憂いています。私たちが受け止めなければならないのは，「クライエントの本当の思いやニーズ」です。

皆さんが既に何らかの実習を経験していた場合，こんな風景を見ませんでしたか。たびたびトイレに足を運ぶ高齢者はいませんでしたか。「さっき行ったばかりなのに」と思った人も多いと思います。なぜ，あれほど高齢者がトイレに頻繁に足を運ぶのでしょうか。それはおそらく，排泄を失敗したくないという強い思いがあるのではないかと思います。つまり，人間として決して冒されたくない「聖域」としての排泄があり，それだけは「絶対に失敗したくない強い思い」から，「前もって，前もって」トイレに行こうと行動されているのではないでしょうか。こういった心理状況は，その時（私たちがその年齢や状況）になってみないと，実は理解できないことではないでしょうか。その時になって初めて気づくことができる事も多いと思います。

しかし，私たちは年齢や状況，環境の違う相談者の方の相談に乗らなければなりません。同じ年齢になるまで待っている訳にはいきませんし，同じ環境に身を置くことも難しいでしょう。そのような状況で，私たちは相談対応をすることになります。実習中はもちろん実習生の立場で学ぶわけですが，学生という立場に甘んじることなく，実習指導者の適切な指導を受けながら，ソーシャルワーカー候補生という気概を持って実習に臨みましょう。

3　精神保健福祉士の資格と相談援助

（1）社会福祉と精神保健福祉

皆さんは，精神保健福祉に対してどのようなイメージを持っていますか。

もしかしたら，「社会福祉士を目指しているから，自分には関係ない」と思

表6-1　社会福祉と精神保健福祉の関係

社会福祉	精神保健福祉
高齢者福祉	認知症，老年期うつ病，グリーフケア，介護者支援
児童・母子福祉	児童虐待，不登校，ひきこもり，発達障害，スクールソーシャルワーク，結婚・育児をめぐる問題，ドメスティックバイオレンス
障害者福祉	3障害一元化による障害者支援，重複障害，発達障害
医療福祉	難病，合併症，救急患者，アルコール問題，グリーフケア
司法福祉	犯罪者・犯罪被害者のメンタルヘルス，嗜好問題
その他	コミュニティソーシャルワーク，災害時のメンタルヘルス，貧困問題，自殺対策，産業メンタルヘルス，福祉教育，外国人のメンタルヘルス等

出所：筆者作成。

われる方もいるかもしれません。しかし，新聞やニュースでも取り上げられているように，認知症をめぐる様々な問題，年間約3万人を維持している自殺者の問題，薬物乱用・依存の問題，被災者の心のケア，福祉従事者のバーンアウト（燃え尽き症候群）など，社会福祉と精神保健福祉はどの分野においても密接に関わっています（表6-1参照）。

　また，2011年に4大疾患（癌・脳卒中・急性心筋梗塞・糖尿病）に新たに「精神疾患」が加えられ，5大疾患として国の重点疾患の一つになりました。精神疾患は，今や社会全体で考えるべき国民病です。現在，「精神障害者」と呼ばれる人たちは320.1万人（2011年患者調査）も存在しています。当事者だけでなく，家族や身近な人々を合わせると，多くの国民が精神疾患をめぐるさまざまな問題に苦しんでいるともいえます。精神保健福祉は，実は誰にとっても身近なものであり，社会福祉のどの領域においても関わってくる問題なのです。

（2）精神保健福祉士の職場

　現在，全国で6万5,040人の精神保健福祉士が登録しています（公益社団法人日本精神保健福祉士協会ホームページ2014年12月現在）。精神保健福祉士の職場としては，1950年代に精神科病院に配置が始まり，1960年代には保健所に配置され，現在はこれらに加えて，障害者総合福祉法による障害者支援施設，自治体や精

表6-2　精神保健福祉士の資格

> 「精神保健福祉士」は，精神科ソーシャルワーカー（PSW：Psychiatric Social Worker）という名称で1950年代より精神科医療機関を中心に医療チームの一員として導入された歴史のある専門職です。社会福祉学を学問的基盤として，精神障害者の抱える生活問題や社会問題の解決のための援助や，社会参加に向けての支援活動を通して，その人らしいライフスタイルの獲得を目標としています。
>
> **精神保健福祉士の定義（精神保健福祉士法第2条）**
> 　「精神保健福祉士」とは，精神障害者の保健及び福祉に関する専門知識及び技術をもって，精神科病院その他の医療施設において精神障害の医療を受け，又は精神障害者の社会復帰の促進を図ることを目的とする施設を利用している者の地域相談支援の利用に関する相談，その他の社会復帰に関する相談に応じ，助言，指導，日常生活への適応のために必要な訓練その他の援助を行うことを業とする者をいう。

出所：公益社団法人日本精神保健福祉士協会ホームページ（http://www.japsw.or.jp/psw/index.htm，2014年12月28日アクセス）より抜粋。

神保健福祉センターなどの行政機関，司法施設やハローワークの職業相談員等，さまざまな分野で活躍しています。また，最近では企業の産業メンタルヘルス担当者，小中学校に配置され始めたスクールソーシャルワーカーなど，その職域も拡がっています。

（3）精神保健福祉士になるためには

　精神保健福祉士を取得するためには，4年生福祉系大学の場合，在学中に表6-3の指定科目をすべて履修する必要があります（社会福祉士との共通科目あり）。精神障害は「疾患と障害を併せ持っている」という特徴があり，精神保健福祉士のカリキュラムには，ソーシャルワーカーに求められる社会福祉の知識と技術を学ぶ科目と精神医学やメンタルヘルスを学ぶ科目の両方が配置されています。また，精神科医療機関での実習90時間以上と障害者支援施設や行政機関などの実習，2つの実習を合わせて210時間以上の実習が必要です。社会福祉士と同様に国家試験に合格して登録すると，精神保健福祉士になることができます。

表6-3　精神保健福祉士国家試験：指定科目

共通科目	人体の構造と機能及び疾病
	心理学理論と心理的支援
	社会理論と社会システム
	現代社会と福祉
	地域福祉の理論と方法
	福祉行財政と福祉計画
	社会保障
	障害者に対する支援と障害者自立支援制度
	低所得者に対する支援と生活保護制度
	保健医療サービス
	権利擁護と成年後見制度
専門科目	精神疾患とその治療
	精神保健の課題と支援
	精神保健福祉相談援助の基盤（基礎）
	精神保健福祉相談援助の基盤（専門）
	精神保健福祉の理論と相談援助の展開
	精神保健福祉に関する制度とサービス
	精神障害者の生活支援システム
実習・演習科目	精神保健福祉援助演習（基礎）
	精神保健福祉援助演習（専門）
	精神保健福祉援助実習指導
	精神保健福祉援助実習

出所：公益財団法人社会福祉振興・試験センターホームページ（http://www.sssc.or.jp/seishin/shikaku/se_ol.html，2014年12月28日アクセス）。

4　スクールソーシャルワークの資格と相談援助

（1）スクールソーシャルワークとは

　教育も福祉分野もそこでの子どもたちの日常生活そのものに焦点を当て，今起こっている現実的課題に取り組む実践的分野です。そしてその両者を有機的に結びつけ，子どもの生活を支援しているものがスクールソーシャルワークで

す。日本のスクールソーシャルワーク実践と研究の第一人者といわれる山下英三郎は，「学校生活を過ごす中でさまざまな困難に直面している子どもたちが，可能性を十分に発揮できるようにするためにソーシャルワーカーによる援助システムである」[1]と定義するとともに「子どもの個人に対する直接的な援助だけではなく，学校や家庭，地域社会の相互の関係を緊密化することによって問題の解決を図る」[2]として子どもが生活する上での社会環境にも着目しています。このようにスクールソーシャルワークは，子どもの成長，発達において学校教育を十分に活用していけるように支援していくことです。

その支援の視点は，子どもの内面的な課題を取り上げ，個人の変容を目指すだけでなく，その子どもの生活環境にも目を向けて，生活の質の向上を目指し，個々の課題の解決を図っていきます。

（2） スクールソーシャルワークの始まりとその支援活動

スクールソーシャルワークの活動は，「今世紀はじめの米国において，経済的・社会的原因によって教育を受ける権利を享受できないでいる子どもたちへの援助から始まった」[3]といわれています。そのアメリカで1906年に開始された訪問教師事業がその始まりだと考えられ，この制度化が学校社会事業の創設とされており，ソーシャルケースワークの技法が主として活用されていました。また，1851年の義務教育制度の発足により，通学指導員という家庭，学校，地域の間の連携を図る支援者も訪問教師と共に必要性が認識されるようになりました。それらの支援者は，経済・社会的問題を抱えているために教育を受けることができない子どもたちの支援から始まりました。

また，それまで前身となる活動はありました。わが国では，1986年に埼玉県所沢市教育委員会の委嘱を受け（身分は，嘱託の教育相談員）。制度化された訪問相談員の実践が本格的な始まりであると考えられています。学校内での子供たちに対するサポートシステムの希薄さに関心を持った先に紹介しました山下英三郎がスクールソーシャルワークをアメリカで学び，わが国に導入した実施的な第一人者であります。山下は，スクールソーシャルワークについて「教育や

心理という限られた領域で人や問題をとらえる方法ではなく，個々人の生活全体を見通して，困難に直面している一人ひとりのニーズに応じたサポートをしようとするスクールソーシャルワークのアプローチは，個人を取り巻く環境の変革をも視野に入れる。したがって，学校制度のあり方も当然のことながら，問いかける」と，12年間にわたり実践活動を行っていました。⁽⁴⁾

　その活動形態は，子どもの現況に即した家庭訪問が中心でした。その援助活動内容は，子ども自身に対する直接的なアプローチに留まらず，保護者へのアプローチや教員へのコンサルテーション，児童相談所，家庭裁判所，医療機関，警察などの地域の諸機関との連携，調整，仲介などの機能を担っていました。⁽⁵⁾

　その後，制度化されたスクールソーシャルワーク事業は，2000年に兵庫県赤穂市と関西福祉大学とのモデル事業，香川県，大阪府，大阪市内私立高校，滋賀県，茨城県結城市，国立千葉大学付属小学校など2000年以降，各地で導入が進められ，2008年に先の文部科学省の「ソーシャルワーカー活用事業」により，全国展開されるようになっていきました。

（3）スクールソーシャルワークの必要性

　学校は，私たちの生活を豊かにするための学びの場として，人間が創設したものでありますがそれに反し学校そのものが児童生徒の生活のしづらさを生み出す場ともなっており，その環境改善が必要となっています。実際に学校は学習の場としての機能のみならず，家庭問題を抱える児童生徒の生活障害を発見し，介入できる場として，学校は児童生徒の日常生活への援助機能も有しています。そしてそれは，都市化の進行等により，核家族化が進み，家族機能の弱体化，近所等の地域関係が希薄化する中で家庭問題を発見解決する機能をもはや非専門的な地域社会だけに求めることは困難であり，その役割が学校に期待されている現状です。

　1970年代頃は，校内暴力が問題化し，子どもの非行化が社会問題ともなりました。そして，校内暴力が沈静化していきましたが，さらに近年ではいじめの問題が起こり，児童生徒が自殺に追い込まれる実態も起り，いじめ等を原因と

する不登校問題がクローズアップされ，その対応や学級崩壊に対する取り組み等がなされています。また，保護者に対する対応も子どもへの教育的な視点での関わりのみならず，保護者自身へも直接的な対応が求められています。また，子どもの権利を守る視点を広くもち，学校環境をみると教員によるハラスメント行為や暴力的な行為等の問題も報じられており，学校内で中立的な立場性でこれらの問題に対応する必要性があります。

　こうしたさまざまな学校内における問題解決に文部省（当時）は，1995年にスクールカウンセラー制度を調査研究委託事業として開始しました。スクールカウンセラーの人数や派遣校は年々増加し発展をとげています。しかし，子どもの「心へのアプローチ」のみならず，環境への働きかけや学校内外での他職種，他機関との連携，社会資源開発等，子どもの援助課題が複雑で多様化する中でスクールカウンセラーと連携し活動できるソーシャルワーク機能が求められようになり，国による制度化が開始されました。

（4）文部科学省における「スクールソーシャルワーカー活用事業」

　文部科学省は，2008年度から15億4,000万円の予算措置により，「スクールソーシャルワーカー活用事業」を立ち上げ，ほぼ全都道府県において実施しました。しかし，予算措置が終わると同時にソーシャルワーカーの配置を廃止した自治体も存在しました。現在では，独自の財源を用いて各自治体が配置を行っています。このスクールソーシャルワーカー配置の初めての事業は，さまざまな児童生徒の問題行動（いじめ，不登校，暴力行為等）は，「心の問題」と共に「家庭の問題，友人関係の問題，地域社会あるいは学校など，子どもたちが置かれているさまざまな環境に対して働きかけることができる人材や，学校内外の枠を超えて関係機関等との「つなぎ」役のできるコーディネーター的な存在が求められている」という認識から学校等の教育現場において始まりました。

　そこでスクールソーシャルワーカーに求められる人材は，「社会福祉士，精神保健福祉士等の資格を有するもののほか，教育と福祉の両面に関して，専門的な知識・技術を有するとともに，過去に教育や福祉の分野において活動経験

の実績があるもののうち，SSWerの職務を適切に行える者」としています。そこでの職務は，①問題を抱える児童生徒が置かれた環境への働きかけ　②関係機関等とのネットワークの構築・連携・調整　③学校内におけるチーム体制の構築・支援　④保護者，教職員等に対する支援・相談・情報提供　⑤教職員等への研修活動　が挙げられています。

(5) スクールソーシャルワーカーの資格

　文部科学省は，今後の課題として①雇用形態（配置形態・勤務条件整備），②社会的認知の拡大（学校定着へ向けての社会的認知を高める），③教員との連携（教員から理解を得る），④カウンセラーとの連携（棲み分け・役割分担），⑤専門性の確立（教育，福祉への専門性の強化）を挙げています。これらの整理された課題を現実的に解決することが急務であり，そのための方策として，社団法人日本社会福祉士養成校協会が認定資格として積極的に行ってきました。このスクールソーシャルワーカーの資格は，社会福祉士及び介護福祉士法や精神保健福祉士法のそれぞれ第28条に規定する社会福祉士か精神保健福祉士の登録を受けた者がスクールソーシャルワーカーの教育課程の必要科目の修得をした者が対象となっています。スクールソーシャルワークの教育課程の中では，専門とするスクールソーシャルワーク論や演習，実習指導そして，教育現場等での80時間の実習が課せられており，その他に教育学概論，教育行政や児童心理，発達心理など社会福祉士の指定科目以外の学習も必要となります。

(6) スクールソーシャルワークと相談援助

　スクールソーシャルワークにおける支援活動の視点は，常に子どもを中心に考え行動することが求められます。大人が中心となりがちな社会の中で子どもの気持ちや考えが自由に表現でき，子どもらしく生活できる場を提供することが求められています。この演習のテキストでは，スクールソーシャルワークの演習を扱っていませんがソーシャルワーク全般として対象者が誰であっても人権尊重，権利擁護，社会正義などの価値に重きをおくことには変わりありませ

ん。基本からブレることなく,子どもが主体的に生活ができるように支援していくことが求められます。

注
(1) 京極高宣監修『現代福祉学レキシコン 第2版』雄山閣出版,1998年,328頁。
(2) 同前。
(3) 岩崎久志『教育臨床への学校ソーシャルワーク導入に関する研究』風間書房,2001年,103頁。
(4) 山下英三郎『スクールソーシャルワーク』学苑社,2003年,128頁。
(5) 同前書,124-126頁。
(6) 『スクールソーシャルワーカーの時代到来——その活動と課題』(ブックレットNo.1)日本学校ソーシャルワーク学会,2008年,9頁。
(7) 「『スクール(学校)ソーシャルワーク課程(仮称)』設立に向けて——教育領域におけるソーシャルワーカーの任用推進をめざして」社団法人日本社会福祉教育学校連盟,2008年度全国社会福祉教育セミナー第9分科会資料,2008年,14頁。

参考文献
公益社団法人日本精神保健福祉士協会ホームページ。
淑徳大学総合福祉学部社会福祉学科「精神保健福祉援助実習の手引き」2014年。
相談援助実習研究会「はじめての相談援助実習」ミネルヴァ書房,2013年。

終　章　"共に生きる社会"を目指して

1 ソーシャルワークの新たな定義が示すもの

　これまで，さまざまな事例等を通じて，ソーシャルワーカーという専門職が担う相談援助を行っていくための技術や知識を学んできましたが，本章では少し趣を変えて，そもそも「ソーシャルワーク」とは何か，そしてその専門職であるソーシャルワーカーが目指すべき「共に生きる社会」とはどのようなものなのかを考えてみたいと思います。

（1）「ソーシャルワークの定義」の改定
　これまで，「ソーシャルワーク」とは何か，という問いに対するオーソドックスな回答として，2004年に12月に承認された，国際ソーシャルワーカー連盟（IFSW）と国際ソーシャルワーク学校連盟（IASSW）いう2つの国際的な団体が定める以下のような「ソーシャルワークの定義」が用意されていました。
　ソーシャルワークの専門職は，人間の福利（ウェルビーイング）の増進を目指して社会の変革を進め，人間関係における問題解決を図り，人々のエンパワメントを解放を促していく。ソーシャルワークは人間の行動と社会システムに関する理論を利用して，人々がその環境と相互に影響し合う接点に介入する。人権と社会正義の原理は，ソーシャルワークの拠り所とする基盤である（日本ソーシャルワーカー協会ホームページ，http://www.jasw.jp/enkaku/enkaku.html，2015年1月4日アクセス）。
　この定義については，すでに他の講義等で学んでいる人も多いと思いますので詳細な説明は省きますが，この定義が2014年7月，オーストラリアのメルボルンで開催されたIFSWとIASSWの総会で改定され，「ソーシャルワークのグローバル定義」として以下のように改められました。

　　　「ソーシャルワークは，社会変革と社会開発，社会的結束，および人々のエンパワメントと解放を促進する，実践に基づいた専門職であり学問で

終　章　"共に生きる社会"を目指して

ある。／社会正義，人権，集団的責任，および多様性尊重の諸原理は，ソーシャルワークの中核をなす。／ソーシャルワークの理論，社会科学，人文学および地域・民族固有の知を基盤として，ソーシャルワークは，生活課題に取り組みウェルビーイングを高めるよう，人々やさまざまな構造に働きかける。／この定義は，各国および各地域で展開してもよい」(社会福祉専門職団体協議会国際委員会＋日本福祉教育学校連盟による日本語定訳, http://www.jacsw.or.jp/01_csw/, 2015年1月4日アクセス)。

　この内容については，たとえばこれまでの福祉の「先進国」以外の国々からの声が反映されているといった評価できる部分や，その一方で，ともすると「ソーシャルワーク」を「専門職」のみしか担えない，限定された領域や集団のみに留めかねない危険性があるなど，検討すべき新たな課題も含まれています。また，「この定義は，各国および世界の各地域で展開してもよい」と述べられている通り，今後，日本やアジア地域において，定義に関するさらに詳細な解釈がなされていくこともあるでしょう。

　ともかく，ソーシャルワークを学びその専門的知識や技術を駆使してソーシャルワーカーとしての職務を担うのであれば，この改定された定義を正しく理解し，また常に意識しておくことは必要不可欠です。

(2) 専門的価値（観）としての「社会正義，人権，集団的責任，および多様性尊重の諸原理」

　そうは言いつつも，「ソーシャルワークのグローバル定義」に関する検討や議論はこれからの課題でもあるので，ここでは1点のみ，ソーシャルワークの中核ともいえる専門的価値（観）に関わる部分について，皆さんと一緒に考えてみたいと思います。

　わが国の社会福祉を支える全国組織の一つである，社会福祉専門職団体協議会（社専協）の国際委員会では，今回の改定に際して，国際ソーシャルワーカー連盟（IFSW）の「ソーシャルワークのグローバル定義」新しい定義案を

考える10のポイントを公にしていますが，その中で，これまでの「人権」と「社会正義」に加えて，「多様性の尊重」と「集団的責任」を明示した点について触れ，以下のように箇条書き的に説明しています。

・人々がお互い同士，そして環境に対して責任を持つ限りにおいて，「人権」が日常レベルで実現される。
・人々が互いのウェルビーイングに責任を持ち，人と人の間，そして人々と環境の間の相互依存を認識し尊重している状態を指す。
・人権（＝個人の権利）と集団的責任の共存が必要。
・共同体の中で互恵的な関係を確立する（「ポイント３　集団的責任の原理」より抜粋，http://www.jacsw.or.jp/06_kokusai/IFSW/files/SW_teigi_kaitei.pdf，2015年1月4日アクセス）。

　これをもう少し解きほぐして言えば，国や地域，宗教や文化や習慣，あるいは年齢，性別，障害の有無といった個々人の違いを違いのまま尊重してその権利を守ると同時に，その権利の擁護の持続については，すべての国や人々がお互い同士に責任があるということです。
　そして，その意味においては，ソーシャルワーカーは，共に生きる社会の実現のために，人々のためにではなく，人々と共に働くという姿勢が求められているといえるのです。

（3）「共生の理念」について
　ここで，改めて「共に生きる＝共生」について理解を深めておきましょう。
　「共生」とは，一般的には生態学や生物学において「異種の生物が，相互に作用し合う状態で生活すること」を意味する"symbiosis"の訳語として知られていました。それが，1990年代以降，特定領域の専門用語を超えて社会のさまざまな場面で用いられるようになり，たとえば，1992年の第7回経済人コー円卓会議（The Caux Round Table, CRT　日米欧の経営者からなる独立した民間グルー

終　章　"共に生きる社会"を目指して

プ）で「共生」が論じられるなど，来るべき21世紀に望まれる社会の在り方を示す指針として，「共生の理念」が語られるようになりました。

そして，社会福祉について言えば，1980年代以降に国際社会共通の理念として重視されるようになった「ノーマライゼイション」と合わせて広く使用され，現在に至っています。

ただし，わが国における「共生の理念」の源流は，「仏教」の教えに基づきつつ，「共生」を「ともいき」と呼んでより多くの人々へ働きかけを行った戦前期の活動まで辿ることができるものであり，キリスト教的「神の像」に基づく個人の自立や自由を背景とする「ノーマライゼイション」とは異なる系譜であることに注意が必要です。

しかしこの違いは，西洋と東洋の，あるいはキリスト教と仏教の優劣や後先というような問題ではなく，それぞれ異なる歴史や文化の中から，違いを超えて共通の実現すべき社会に至っている点こそ重要だと理解して下さい。

社会福祉の歴史や思想に関する優れた研究を残した吉田久一は，この点を踏まえて「仏教的『共生』『自他不二』的縁起相関と，キリスト教的『公正』『正義』とは，教義的建て前を異にしながら，社会福祉政策や福祉サービス実践を，内面から支え，共に社会福祉価値を提起するパートナーとなっていく使命がある」[1]と指摘しています。つまり，ノーマライゼイションの更なる具現化と共に生きる社会の実現は，国際社会共通の課題であり，ソーシャルワーカーの最も重要なミッションなのです。

以上のような共通理解を踏まえた上で，ソーシャルワーカーは具体的には「共生」をどのように捉えて共に生きる社会を実現していくべきなのかを，次に考えてみましょう。

2　ソーシャルワーカーのアイデンティティと共生

（1）ソーシャルワーカーのアイデンティティ

ソーシャルワークのグローバル定義にあるように，ソーシャルワーカーの実

践の基盤には，社会正義や人権，集団的責任，および多様性の尊重といった，専門的価値（観）が置かれています。そのようなソーシャルワーカーのもつ専門的価値に則って，ソーシャルワーク実践の使命や目的，対象が決まり，それに基づいてソーシャルワーカーの専門的機能と役割が決まります。そして，その専門的機能や役割を遂行するためには，専門的知識（方法や理論）を身に付け，それに応じた専門的技術を駆使して行動を起こしていくのです。このように，「人権にかかわる問題を放置できない，何とか解決に向けて支援していかねば」といった専門的価値を最優先させ，それを共有することが，ソーシャルワーカーのアイデンティティであり，それは資格の有無にかかわらずソーシャルワーク専門職に不可欠な要素です。

　国際的にみるとソーシャルワーカーの資格制度が整備されている国はごくわずかですが，資格制度がなくてもソーシャルワーカーとしてアイデンティティを有し活動している人々は，多数存在します。また，ソーシャルワーカーと名乗る人がいない国々でも，貧困や暴力，差別などの社会問題やさまざまな生活課題は存在し，改善のために隣人や村人，村長や宗教家，国王，国外からの支援者などが，何らかの支援をしています。そして，そのような活動を総称して，ソーシャルワーク実践として捉えることが可能です。

　ソーシャルワーカーは，専門的価値を第一に置き，そのために必要な専門的機能を果たし，専門的知識や専門的技術を駆使していくのです。つまり，ソーシャルワークの価値を要として，支援方法や支援技術が方向づけられていくのです。例えば，高齢者虐待への対応から考えてみると，「高齢者の人権」に専門的価値を置き，そのために人権擁護や対応システムの整備，緊急保護などの専門的機能を遂行していく。そして，それを行うために基本的人権，高齢者虐待防止法制，社会資源などの知識を活用し，介入技法や面接技法，虐待防止施策の策定などの専門的技術を活用していくのです。そのように考えると，「今，ここで」起きている問題を，ソーシャルワークの価値に照らして，「放置できない」「何とかしなければ」と自らの内側から湧き上がってくる熱い思いや倫理観，価値意識，感性が求められ，そこにソーシャルワーカーのアイデンティ

ティがあるといえます。

(2) 利用者とソーシャルワーカーの関係性としての共生

　ソーシャルワークは，利用者とソーシャルワーカーの対等な関係性を基本として展開されます。つまり，社会福祉は利用者が生きていくことを援助するということですので，これまでのソーシャルワーカーと利用者の関係を「してあげる，してもらう」という関係から，「ともに生きる」という対等な関係への転換が求められます。また，ソーシャルワーカーの福祉サービス利用者への理解としては，「援助の対象としての人間」から「ともに生きる存在としての人間」へと転換が求められます。この二者関係を意識してソーシャルワーク実践が取り組まれる必要があります。

　このように，対等な関係のなかで支援が行われることは望むべきあり方ではありますが，今日の福祉現場の実態を踏まえると課題も多く残されています。たとえば，既製のサービスや制度を利用者にあてはめることに主眼が置かれ，そのサービスや制度に該当しないニーズをもった人の存在が社会問題として認識されにくくなってしまうことも起こりえます。したがって，相談援助にあたってはこれまでの実践のなかでの援助関係を見直しながら，真に対等な関係を構築するために利用者ニーズに合ったサービスの提供を行うという方向を再確認し，さまざまな権利擁護活動を通してそれを実現していく必要があります。

(3) 共生社会

　私たちは，人と人との関わりの中で生きています。家庭の中では，家族のかかわりの中で支え，支えられ生活しています。また，自分や家族の生活，例えば，衣・食・住などの基本的な生活や子育て，介護などは，家庭内だけでなく，家庭外の活動にも支えられています。つまり，家庭生活は地域の人々や社会とのつながりの中で成り立っていると言えます。認知症者の人や障害者，要介護者などの生活を助け合う活動，年齢や国籍の異なる多様な人々と交流を深める活動，子どもたちが安心して，活動的に遊ぶことができる場を設けるなどの地

域を快適にする活動，豊かな自然が持続するような環境を守る活動などがあります。このように，私たちは一人で生きているのではなく，私たちを取り巻くさまざまな人々に支えられて存在しているのです。人は誰しも，本来，一人では生きてはいない，その存在論的事実を忘れぬようにしなければなりません。特に，共生社会の担い手として，社会問題や生活課題に向き合い，当事者の支援にあたるソーシャルワーカーには，それが強く求められます。

　ある本の中に，そのことを考えさせるエピソードが紹介されていました。インド人と日本人との会話の中で，日本では「他人に迷惑をかけるな」と子どもに教えるが，インドでは迷惑をかけるなではなく「迷惑をかけている」と教育をする，という内容でした。このエピソードから気づかされることは，人間は生を受けて世の中に存在してから，あらゆる人々に迷惑をかけながら生きているのであり，そのことを自覚していくこと，そして，お互いに迷惑を掛け合って社会が成り立っていること，言い換えれば決して一人で生きているのではなく，皆に支えられ，その関係の中に存在しているといえます。

　共生社会とは，人間は一人では生きてはいない，他者との関係の中で生きているということの認識から始まり，相手の置かれている状況に自らを置いて考えてみるという，内的，意識的努力の過程を通して他者の理解が深まり，実現していくものです。そのような共生社会を実現するために，個人レベルから地域レベルへ，そして社会全体へと働きかけていくことがソーシャルワーカーに求められています。

注
(1)　吉田久一「解説　仏教と福祉」原典仏教福祉編集委員会編『原典仏教福祉』北辰堂，1995年，162頁。

参考文献
北島英治『ソーシャルワーク論』ミネルヴァ書房，2008年。
相談援助実習研究会編『はじめての相談援助実習』ミネルヴァ書房，2013年。

あとがき

　本書は，平成26年度淑徳大学出版助成金の交付を得て作成したものです。併せて，本年，淑徳大学は創立50周年を迎え，その節目の年にあたり同大学の社会福祉学系教員（主に相談援助演習科目担当者）が中心となって研究会を立ち上げ，度重なる議論や研究を経て公刊にいたりました。

　社会福祉学教育において相談援助演習科目は主軸となるものであり，専門職教育という意味でも重要な位置づけとなっています。ただし，学生の皆さんにとっては相談援助と言われても抽象的には理解できても，何をどのように学んだらよいか，迷ってしまう人も多いのではないでしょうか。

　その意味で，本書は福祉現場からの視点で事例などを多く掲載しており，各場面でどのように社会福祉士（ソーシャルワーカー）が相談対応していけばよいかを示唆しております。そして，学生が自ら考えるヒントを数多く盛り込んでいますので，本書を活用しなら演習に取り組み相談援助技術を体得していただければ幸いです。

　一般的に演習科目は，教育者各自の力量に依るところが大きいものですが，よりよい教材を用いることで教壇に立ち始めた指導者でも，一定水準の授業を展開できると考えます。そのため，指導者となって月日が浅い若手教員の皆様に，ぜひ本書をご活用いただければと思います。

2015年2月

大乗淑徳学園理事長
長谷川匡俊

索　引

あ　行

アイデンティティ　273
アウトリーチ　169, 222
アカウンタビリティ　119
アセスメント　22, 27, 102, 177
安全確認　26
いじめ問題　234
一時保護　26
医療ソーシャルワーカー　→ MSW
医療扶助　231
インタビュー　111
インテーク　22
インテーク面接　174
ウェルビーイング　272
エバリュエーション　197
演習振り返りシート　155
援助方針会議　26
エンパワメント　91, 216, 270
オープン・クエスチョン　113

か　行

介護老人福祉施設　17
開始期　230
カウンセリング　9
学習障害　235
価値意識　274
価値観　57
家庭内介護　147
カンファレンス　224
基本的応答技法　131
共感の理解　165
共生社会　275
記録技術　125
緊急保護　274

クライエント　4
クラスアドボケート　226
グループ学習　182
グループホーム　238
グループワーク　→集団援助技術
クローズド・クエスチョン　113
傾聴　154
契約　177
ケースアドボケート　226
ケース検討　186
ケースワーク　→個別援助技術
幻覚妄想　259
現業員　228
言語コミュニケーション　64
権利擁護　20, 40, 84
公共職業安定所　227
広汎性発達障害　235
高齢者虐待　221
高齢者虐待防止法制　274
国際ソーシャルワーカー連盟　270, 271
国際ソーシャルワーク学校連盟　270
国民健康保険　230
孤独死　243
子ども虐待　25
子どもの最善の利益　28
個別援助技術　8
個別ケア　22
コミュニケーション　11, 64
コミュニティワーク　→地域援助技術
5W1H　124
コンサルテーション　9
コンパラティブニーズ　119

さ　行

ジェスチャー　68
ジェネラリストワーカー　10

ジェノグラム　149
支援計画　196
事後学習　46
自己紹介　111
自己評価　103, 138
事故報告書　237
施設入所承認の家事審判請求　27
実技指導　12
実習計画書　38
実践記録　14
児童虐待　169
児童相談所　25, 82, 164, 234
児童福祉司　25
児童福祉法改正　236
児童養護施設　27, 235
　──入所　235
社会資源　92
社会正義　101, 272
社会福祉　4
　──運営管理　9
　──活動法　9
　──計画法　9
　──士及び介護福祉士法　12, 16
　──主事任用資格　17
　──調査法　9
就職支援ナビゲーター　229
集団援助技術　8, 22, 138
集団的責任　272
主体的側面　95
守秘義務　114
受理会議　26
障害者支援施設　261
障害者総合福祉法　261
自立　11
　──支援計画　28, 234
　──相談支援事業　227
人権　47, 272
人権尊重　101
信頼関係　127
スーパーバイズ　105
スーパービジョン　9, 105
スクールソーシャルワーク　265

ストレス　148
ストレングス　91, 102
　──・アプローチ　207
生活困窮者自立支援制度　227
生活相談員　17
生活保護　139, 227, 246
　──受給者等就労自立促進事業　229
精神疾患　259
精神保健福祉士　17, 256, 260
精神保健福祉センター　261
成年後見制度　20
説明責任　→アカウンタビリティ
全体性の原理　11
専門職の原点　24
総合相談室　150
相互評価　103
相互理解　43
想像　90
　──力　13
相談援助演習　2, 3, 12
　──のための教育ガイドライン（案）　i, 11, 12
相談援助技術　8, 10, 11
相談援助の価値・知識・技術　13
相談面接技法　21
ソーシャルワーカー　2
　──のアイデンティティ　273
ソーシャルワーク実践課程　10

た　行

ダイナミックス　22
他者紹介　111
多様性の尊重　272
地域援助技術　8
地域包括支援センター　17, 118
逐語記録　99, 184
注意欠陥多動性障害　235
展開　231
　──過程　165
統合失調症　145
特別養護老人ホーム　17, 132

索　引

ドメスティックバイオレンス　→DV

な 行

日常生活自立支援事業　20
入院診療計画　231
入退院支援　20
人間ウォッチング　70
認知症　48

は 行

バーンアウト　261
バイステックの7原則　21
ハローワーク　→公共職業安定所
パワーレス　144
バンク-ミケルセン，N.E.　237
判定会議　27
非言語コミュニケーション　21, 68
被措置児童等虐待　236
被保護者就労支援事業　228
貧困ビジネス　247
フィードバック　124
フェルトニーズ　119
福祉事務所　139, 231
プライバシーの尊重　114
プランニング　194
暴力の構図　234
ホームレス状態　246

ま 行

マッピング技法　176

無縁社会　245
無料定額宿泊施設　227
名称独占　19
燃え尽き症候群　→バーンアウト
モニタリング　201

や・ら 行

優先順位　195
ユニット　132
要保護児童対策地域協議会　27
ライフイベント　91
リスク回避　14
利用者主体　214
倫理観　274
倫理綱領　52
連想力　13
ロールプレイ　3, 66, 82, 123, 136, 207

欧　文

ADHD　→注意欠陥多動性障害
DV　144
EBS　15
IAASW　→国際ソーシャルワーク学校連盟
IFSW　→国際ソーシャルワーカー連盟
LD　→学習障害
MSW　154, 231

執筆者紹介（執筆順，所属，執筆分担）

長谷川　匡俊（大乗淑徳学園理事長：まえがき・あとがき）
佐藤　俊一（淑徳大学総合福祉学部教授：序章）
戸塚　法子（淑徳大学総合福祉学部教授：第1章1〜3）
石井　幹夫（淑徳大学総合福祉学部兼任講師：第1章4，第2章8，第6章2）
林　房吉（特別養護老人ホーム淑徳共生苑施設長：第1章5）
柏女　霊峰（淑徳大学総合福祉学部教授：第1章6(1)）
西尾　孝司（淑徳大学総合福祉学部准教授：第1章6(2)，第2章2）
山下　興一郎（淑徳大学総合福祉学部准教授：第1章6(3)，第2章5・6）
稲垣　美加子（淑徳大学総合福祉学部教授：第2章1・15，第3章，第4章，第6章1）
菅田　理一（東洋大学ライフデザイン学部助教：第2章3）
藤野　達也（淑徳大学総合福祉学部教授：第2章4）
山邉　文代（淑徳大学総合福祉学部兼任講師：第2章7，第5章3）
渋谷　哲（淑徳大学総合福祉学部教授：第2章9・14，第5章2）
伊藤　美和（淑徳大学総合福祉学部兼任講師：第2章10）
山下　幸子（淑徳大学総合福祉学部准教授：第2章11・13，第3章，第4章）
山口　光治（淑徳大学総合福祉学部教授：第2章12，第5章1，終章2）
村上　信（淑徳大学総合福祉学部教授：第3章，第4章）
米村　美奈（淑徳大学総合福祉学部教授：第3章，第4章，第6章4）
小木曽　宏（児童養護施設房総双葉学園施設長：第5章4）
矢島　陽一（淑徳大学・千葉明徳短期大学非常勤講師：第5章5）
結城　康博（淑徳大学総合福祉学部教授：第5章6）
柳澤　孝主（いわき明星大学人文学部教授：第5章7）
伊藤　千尋（淑徳大学総合福祉学部専任講師：第6章3）
藤森　雄介（淑徳大学国際コミュニケーション学部准教授：終章1）

はじめての相談援助演習

2015年3月30日　初版第1刷発行　　〈検印省略〉

定価はカバーに
表示しています

編　　者	相談援助演習研究会
発行者	杉　田　啓　三
印刷者	中　村　知　史

発行所　株式会社　ミネルヴァ書房
607-8494　京都市山科区日ノ岡堤谷町1
電話代表　(075)581-5191
振替口座　01020-0-8076

© 相談援助演習研究会ほか, 2015　中村印刷・藤沢製本

ISBN978-4-623-07243-9
Printed in Japan

はじめての相談援助実習

相談援助実習研究会 編

A5判／250頁／本体2500円

介護保険法改正でホームヘルパーの生活援助はどう変わるのか

結城康博・松下やえ子・中塚さちよ 編著

四六判／324頁／本体2800円

孤独死を防ぐ

中沢卓実・結城康博 編著

四六判／258頁／本体1800円

福祉職員研修ハンドブック

津田耕一 著

A5判／210頁／本体2000円

福祉現場OJTハンドブック

津田耕一 著

A5判／258頁／本体2800円

児童相談所はいま

斉藤幸芳・藤井常文 編著

A5判／258頁／本体2500円

―― ミネルヴァ書房 ――